检察理论与实践新知

（第一辑）

JIANCHA LILUN YU
SHIJIAN XINZHI

贾志宏　主编

中国检察出版社

《检察理论与实践新知（第一辑）》
编委会

主　　编	贾志宏
副 主 编	冯振东　李学军　潘宗全
	王青松　魏宝成
执行编辑	王海东　厉志红　张学刚
	郝科朝　王　兵　王志凯
	杨利峰

前　言

习近平总书记强调，时代是出卷人，我们是答卷人，人民是阅卷人。新时代，人民群众在民主、法治、公平、正义、安全、环境等方面有新的更高要求，对检察机关如何在供给侧提供更好法治产品、检察产品有新的更高期待。最高人民检察院党组书记、检察长张军指出："如何做好检察理论研究这篇大文章，以与时俱进的检察理论指引发展变革的检察实践，更好推动新时代检察工作创新发展，是我们必须持续关注、努力推进的重大课题。"

面对新理念新要求，检察机关要在权力运行模式、办案思维方法、法律监督理念方式等方面加快转变，在职能定位、发展路径和行为遵循等方面加快适应，理论研究工作也亟待与时俱进，拿出行之有效的解决方案和理论支撑。唐山市人民检察院在院党组的领导下，在全市检察人员的参与下，以课题研究为抓手，以检察改革为导向，以业务实践为基础，在全市大兴调查研究之风。院领导带头研究课题，推动形成理论研究人才、青年检察干警重点参与的比学赶超研究氛围，立足检察机关"四大检察""十大业务"，紧紧围绕捕诉一体、认罪认罚从宽处理、巡回检察、公益诉讼、保护民营企业发展等重点，将一大批服务保障改革发展经验升华为理论成果，有力促进了检察工作的高质量发展。为更好推动理论研究成果的落地见效，继续巩固检察理论研究的有益氛围，我们择其优者付梓刊行，形成本书。在此特别感谢本书中辑录的论文作者和全体检察人员的积极参与。

理论是行动的先导，检察实践的每一步发展都离不开检察理论的指引。检察理论研究只有始终与宏观决策、改革发展、检察业务合拍共振，才能找准定位、彰显价值。接下来我们将进一步加强前瞻性研究，站在时代发展前沿，紧贴法治建设要求，紧扣检察职业特点和改革规律，在积极探索"四大检察"工作全面协调充分发展、繁荣中国特色社会主义检察理论上不懈努力，为新时代发展贡献更好、更优的检察产品。

编　者

2020 年 6 月 15 日

目 录

理念与实务

京津冀协同发展的检察定位和路径探索
………………………………………… 贾志宏 / 3

新时代检察机关优化法律监督产品供给研究
………………… 李学军　王海东　郝科朝 / 8

信用卡相关犯罪实证分析…………… 胡斯琴 / 24

检察公益诉讼在地下水资源保护中的价值阐释及实现路径
………………………………………… 韩　伟 / 40

浅析刑事诉讼中检察官与被害人之间的关系……… 冯玉明 / 50

双赢多赢共赢理念下构建新型诉侦诉审诉辩关系研究
………………………………… 赵智慧　岳向阳 / 59

"以人民为中心"做好新时期控申检察工作
………………………………… 单庆梅　薄英杰 / 71

履职与服务

检察机关服务打好防范化解重大风险攻坚战问题研究
——以河北省唐山市为例………… 王青松　杨　达 / 81

扫黑除恶专项斗争实证问题研究………… 李世勇　魏　云 / 88

金融领域风险防控与检察职能发挥
　　…………………………………王海斌　刘海东　马艳杰／98
民营经济司法保护与检察职能发挥
　　…………………………………陆爱东　任艳红　丁莉颉／107
浅谈办理污染环境犯罪案件法律适用问题…………于思萌／115
完善办理危害食品安全刑事案件司法解释研究……张竞文／123

办案与监督

民事检察调查核实权的行使……………………………马淑亚／133
民事虚假诉讼检察监督的路径分析……………………刘秀伟／146
机动车交通事故保险理赔领域虚假诉讼案件检察监督实务研究
　　………………………………………………张国强　韩　伟／155
重大案件侦查终结前讯问合法性核查实务问题研究
　　………………………………………李世勇　伊　刚　王　兵／169
对民事调解书的检察监督及建议………………………杨建玲／177
民事再审检察建议制度研究……………………………陈秀萍／184

改革与前瞻

刍议未成年人检察社会支持体系的构建与完善………蔡晓锦／195
认罪认罚案件量刑建议精准化研究……………………许　麟／204
刑事执行检察办案模式选择与实现路径
　　………………………………………张庆来　王六亿　王　兵／212
监狱巡回检察制度的完善研究…………………………王喜来／220

检察机关提起刑事附带民事公益诉讼需要厘清的三个关系
.... 马淑亚 / 229

逮捕案件公开审查规范化研究 .... 姚文卿 / 238

运行与管理

牢记初心使命 维护公共利益 以公益诉讼为牵引全面
　提升基层院建设水平 .... 王青松 杨 达 / 249
司法责任制背景下检察业务监督管理机制研究 ...... 刘树利 / 256
司法责任制背景下检察机关案件质量评查运行机制研究
.... 孙卫新 / 265
员额检察官动态管理机制研究 .... 李彦军 / 273
浅谈司法责任制改革背景下正确处理放权与有效监督的关系
.... 张运成 / 283
浅谈司法责任制下案件质量问责体系构建 .... 于思萌 / 290

探索与创新

检察机关监督行政强制措施的必要性与可行性 ...... 姚文卿 / 301
浅析检察建议制度存在的问题及完善措施 .... 蔡晓锦 / 310
正确把握涉检信访工作定位创建"枫桥经验"检察版
.... 刘树利 / 319
论未成年人刑事案件集中管辖制度 .... 王济坤 / 330
基层民行检察发展之路径选择 .... 杨建玲 马淑亚 / 338
检察环节律师权利与监督实证研究 .... 刘树利 / 350

理念与实务

京津冀协同发展的检察定位和路径探索

贾志宏[*]

【摘　要】　检察机关主动融入京津冀协同发展大局，完善制度建设，强化服务举措，努力实现检察工作与推进京津冀协同发展的深度融合并提供坚实检察保障。

【关键词】　京津冀协同发展　检察保障

2020年是习近平总书记对唐山作出"三个努力建成"重要指示十周年，唐山市检察机关深入贯彻《京津冀协同发展规划纲要》和《河北省人民检察院关于充分发挥检察职能服务和保障京津冀协同发展的指导意见》要求，聚焦"努力把唐山建成首都经济圈重要支点"，为奋力推动京津冀协同发展国家战略更好落实落地积极贡献检察力量。

一、聚焦协同发展，主动发挥"唐山所能"

（一）立足区位特点

唐山毗邻京津，距北京154公里，距天津108公里，区位优势明显。作为河北经济第一大市，每年实施亿元以上京津合作项目200个以上，完成投资300亿元以上，在首都经济圈重要支点上成为了承接京津产业合作支撑地、世界级城市群支撑地和生态

---

[*] 作者单位：河北省唐山市人民检察院。

环境改善支撑地。唐山市委提出以全方位融入京津冀协同发展大局作为解决唐山发展难题的"金钥匙",深入推进百家科研院校、百家央企、百家知名民企、百名高端人才进唐山"四个一百"活动,以战略眼光打造京津发展第二空间。

(二) 立足服务大局

聚焦"共建共享",检察机关组织开展"一院一品护发展"活动,以全市之力推动与京津共融发展,工作经验在检察日报头版头条刊发。聚焦"产业转移",曹妃甸区院、芦台区院紧密对接京冀曹妃甸和津冀(芦·汉)协同发展示范区建设,开展"立体清单式"服务,助力承接北京非首都功能疏解和产业转移。聚焦"互联互通",古冶区院在高铁装备生产企业设立检察工作站,全方位协调保障交通一体化建设。聚焦"联防联治",迁西县院开展的长城公益保护工作,被评为河北"十大法治事件";滦南县院组建"滦河生态环保治理联盟",为区域环境治理作出贡献。聚焦"协同创新",高新区院积极为传统工业引进京津新技术、新标准铺路搭桥,推动"京津孵化、唐山产业化"。

(三) 立足案件办理

建立办案配合机制,市院与北京石景山区院就跨区域案件协作、联席会议研判等签署文件达成共识;以京津冀协同发展工作交流会为契机,聚力健全完善司法便民、律师阅卷等措施。建立未成年人案件异地帮教机制,路南区院接受天津武清区院委托,对未成年被不起诉人进行考察,并鼓励其到截瘫疗养院做爱心志愿者,取得了良好的帮教效果。建立快速反应机制,与天津宁河司法局建立"通知即启动"的社会调查机制,极大提升了诉讼效率。建立公益绿色通道机制,市院办理的沉船损害海洋生态环境的民事公益诉讼案件,经请示省院后,直接与天津海事法院联系,天津市院大力帮助,海事法院主动对接,为立案工作开辟了绿色通道,该案办理模式尚属全国首例。

二、积极推动实践，对标研判"突出问题"

（一）聚焦理念落后问题

随着协同发展的推进，京津乃至全国各地到冀投资创业增多，对法治的需求日益增长。由于历史原因，京津的法治发展较为成熟，对公正、公开、平等、透明的法治规则要求比较高。这就要求唐山检察机关和干警适应新形势，进一步强化程序正义、权利救济、人权保护、司法公开等意识，以理念更新推动检察工作创新发展。

（二）聚焦素能不高问题

京津冀金融服务、跨境电子商务、航运服务等经济活动更加活跃，在相对宽松的政策下，非法集资、诈骗等犯罪可能会有所抬头，甚至成为犯罪的高发领域。这些都对检察机关打击犯罪提出新挑战，也对检察干警具备金融、贸易、知识产权等专业领域知识提出新要求。

（三）聚焦协作不畅问题

以大气环保公益诉讼案件办理为例，大气环保公益诉讼检察权运行的边界与行政辖区高度重合，一旦遇到大气环保公共利益和行政区划交叉，如法律关系主体分处不同区域、损害行为跨越不同区域、损害后果分散在不同区域，则可能产生管辖或协作配合问题，也有可能无法准确界定公益损失。

三、精准护航发展，着力打造"检察品牌"

（一）打造经济互联的"检察通道"

在融入京津、对接京津中谋求最大化发展，当好京津冀世界级城市东北部副中心城市。服务保障"六稳""六保"。通过组织召开在唐京津国有企业和民营企业座谈会，将京津冀协同发展交流会的部署要求坚决贯彻落实见效；护航首钢京唐等国企的精品钢铁项目落地，推动北方沿海地区大型临港新型装备制造基地建设；以更大力度支持民营经济健康发展，既更大力度保护民营企业和企业家的合法权益，又力推民营企业筑牢守法合规经营底线，严格区分罪与非罪界限，最大限度降低办案对企业造成的影响。服务保障现代化基础设施体系建设。聚焦京津唐半小时经济圈、生活圈、物流圈，深入研究基础设施建设领域管理中的薄弱环节和潜在风险，提出检察建议，堵塞管理漏洞，推动城市治理能力提升。服务保障能源原材料枢纽港建设。唐山港货物吞吐量已位居世界第2位。针对在航运领域发生的随意倾倒油污泥浆、浪费水资源的行为，将恢复性司法理念运用于生态环境司法保护，加大生态环境公益诉讼力度，让行为人在受刑罚处罚的同时承担民事赔偿责任。

（二）打造技术创新的"检察温室"

助力将唐山打造成京津冀地区重要的高新技术产业化基地，加大对高端制造、智能制造、互联网产业等新兴领域知识产权刑事司法保护力度。健全支持鼓励创新的容错机制，注重研究科研成果资本化产业化、科研成果转化收益中的新情况新问题，不轻言违法犯罪。加强与各级科协、京津冀三地知识产权保护机构的联系，准确把握科研单位和科研人员的司法需求，在职责范围内积极主动为科研单位和科研人员提供帮助。

（三）打造社会稳定的"检察堡垒"

坚决当好"首都护城河"，以强烈政治担当守好首都"东大门"，积极化解"疫后综合症"，努力实现省市委提出的"北京不能去，河北不能聚"的目标。对涉众型金融犯罪强化追赃挽损，用足用好认罪认罚从宽等刑事政策，高效缓解涉案矛盾，切实防止因司法办案引发次生风险。举全市之力坚决打赢扫黑除恶收官战，坚决做到"一个不放过，一个不凑数"。高度重视和妥善处理在协同发展中引发的涉检信访案件，充分利用网上直播听证系

理念与实务

统,借助"外力"解决重大复杂疑难案件,将释法说理贯穿接访、办案全过程。

(四)打造山青水绿的"检察屏障"

全面加强与京津在生态建设方面的协调合作,深化开展打击破坏野生动物资源犯罪专项行动,围绕三地群众普遍关注的空气、用水、垃圾处理等民生热点积极作为,综合运用检察建议、纠正违法、督促起诉、支持起诉、提起诉讼等方式,促进行政机关依法行政、严格执法。

四、坚持合作共赢,探索搭建"对接平台"

(一)建议设立专门培训基地

接受京津冀司法机关人员培训,定期举办专题研修班或理论研讨班,互派检察业务专家、优秀教师,司法、执法人员、高校专家教授进行专题授课,促进营造相互了解、相互信任、相互借鉴的合作氛围,推动三地司法人员司法理念的更新和融合。

(二)建议完善专家学者智库

从三地的高等学校、科研院所、律师事务所、企业等,聘请熟悉金融知产、环境保护、商贸航运的专家学者、律师、公司高管,组成检察机关服务保障京津冀协同发展专家库,为检察机关做好相关服务保障工作建言献策、提供咨询服务。

(三)建议互派挂职干部

现在京津冀三地党政机关挂职干部交流频繁。唐山市目前有两名来自北京的挂职副市长,一名兼任京冀曹妃甸协同发展示范区党工委书记,一名分管唐山对外开放工作,给唐山经济工作注入了活力。建议检察机关互派干部交流挂职,既可以使我们学习京津检察机关先进的司法理念和办案经验,又可以培养年轻后备干部,在多岗位、多地历练中增长才干。

新时代检察机关优化法律监督产品供给研究[*]

李学军　王海东　郝科朝[**]

【摘　要】　习近平总书记强调,时代是出卷人,我们是答卷人,人民是阅卷人。新时代,人民群众在民主、法治、公平、正义、安全、环境等方面有新的更高要求,对检察机关如何在供给侧提供更好法治产品、检察产品有新的更高期待。新一届高检院党组从新形势新要求新任务出发,提出了"讲政治、顾大局、谋发展、重自强"的新时代检察工作要求,明确统筹推进刑事检察、民事检察、行政检察、公益诉讼检察工作全面协调充分发展,为人民群众提供更丰富、更优质的法治产品、检察产品。面对新要求新理念,我们就要用更优的办案质量、更强法律监督能力来回应,持续深化检察机关供给侧结构性改革,努力让人民群众在每一起司法案件中感受到公平正义。

【关键词】　检察产品　质量　供给侧　改革

当前,检察工作机遇与挑战并存,任务和使命更加艰巨。检察工作中还存在一些问题和不足:对照经济社会高质量发展的新需求,服务大局的针对性、成效性还有待提高;对照全面依法治国的新要求,法律监督的规范度、影响力还有待加强;对照在办案

---

[*] 本文系最高人民检察院2019年检察应用理论研究重点课题阶段性成果。
[**] 作者单位:河北省唐山市人民检察院。

中监督、在监督中办案的要求，司法办案的质量效果还不够高、不够好。对此，要高度重视，坚持求真务实，坚持问题导向，以理念变革为先导，以创新发展为主线，以机构改革为推手，以有效履职为着力点，优化检察职能，优化分类管理，优化产品质量，优化品牌效应，推动检察工作持续健康发展。具体路径如下：

一、优化检察职能，推动检察工作全面协调发展

检察职能是宪法和法律赋予检察机关的职责，是检察机关设立存在的依据和目标。检察机关恢复重建以来有效履职尽责，发挥了不可替代的作用，但也存在检察机关职能发挥不充分、不协调的问题。此处的优化检察职能，主要是优化检察机关职能运行方式和效果，使宪法和法律赋予的检察职能得到充分均衡发展，而非指优化检察机关职能设置问题。

（一）完善服务大局机制

法治是最好的营商环境，检察机关要为人民提供良好的法治产品、检察产品，应当坚持把检察工作主动融入经济社会发展大局中谋划，与发展大局同频共振、同步合拍，把司法办案作为服务大局的根本途径，发挥各项职能的复合效应，突出检察特色，高效履职、精准服务。首先要依法维护市场经济秩序。围绕质量变革、动力变革和效率变革，依法打击侵犯商标权、专利权、著作权、商业秘密等侵犯知识产权犯罪，保护产权，促进创新；准确把握法律界限、工作方式，对改革创新中造成一定损失的失误、偏差行为，杜绝随意入罪，努力营造崇尚改革、激励改革、保护改革的法治环境；加强行政执法与刑事司法的衔接，监督纠正公安机关、审判机关处理经济纠纷的不当行为，努力维护经济活动的当事人合法权益；对接国际贸易规则，保障海洋经济和临港产业有序发展，注重法律适用审查，加强对涉外民商事纠纷、涉外劳动争议等案件的诉讼监督，为全面发展开放型经济提供法治化

营商环境。其次探索适应民营经济发展需要的服务举措，综合运用惩治、打击、监督、保护、预防、咨询等职能，完善工作措施，形成服务大局的规模效应。当前经济下行压力较大，民营经济具有创新活力强、吸纳就业能力大等特点，依法维护民营企业合法权益可以有效防范社会风险，是检察机关服务经济社会大局的必然要求。法治化营商环境首要特点是依法平等保护，这也要求对民营经济像保护国有经济、集体经济一样一视同仁。要尽量减少司法办案活动对民营经济正常经营活动的干扰，在涉及民营经济违法犯罪时，可捕可不捕的坚决不捕，可诉可不诉的坚决不诉，适用保全措施时要严格区分涉案财物和合法财物，总之要尽量保证民营企业的合法权益，维护正常的经营秩序。

（二）维护社会和谐稳定

人民群众最基本的要求莫过于社会稳定安宁、人民安居乐业，生命财产得到保护。因此聚焦人民群众基本要求，检察机关应当依法严厉打击危害国家安全、公共安全和社会稳定的犯罪，切实增强危机意识和责任意识，树立底线思维，以最谨慎的态度、最周密的部署、最严密的工作打造最和谐的社会环境。检察机关应当落实总体安全观战略，坚决抵制颠覆渗透活动，谨防外部势力干预，在办理涉及边疆安全、民族团结的案件时坚决打击违法犯罪，震慑一批藏独疆独分子，充分彰显检察机关维护国家安全的坚强决心。依法惩治涉枪涉爆、公共交通、安全生产等领域危害公共安全犯罪，保障人民群众生产生活的顺利进行，让人民群众安心生产、放心出行、安全生活。依法打击抢劫、强奸、盗窃、诈骗等侵犯公民人身权利和财产权利的犯罪，此类案件直接涉及公民个人切身利益，也是检察机关日常办理案件中数量最多的，检察机关应当加强对此类案件的分析研究，制定常见案件的量刑标准，提高大数据分析应用，提高司法办案效率。非法吸收公众存款、集资诈骗、互联网金融等案件涉及人数较多、地域分布较广、涉案金额较大，如果不妥善处理，极易引发群体性事件，检察机关应当重点关注此类案件,加强与相关行政执法部门、社会团体、行业协会的协作配合,多措并举、惩防结合,全力维护社会大局稳定。

(三)积极践行社会治理创新

56年前,浙江枫桥创造了依靠群众解决矛盾的"枫桥经验"。它坚持以积极的态度正视和化解矛盾,最大限度增加和谐因素,最大限度减少不和谐因素,最终实现新的和谐状态,是我国政法领域的一面旗帜。"枫桥经验"是化解矛盾的经验。检察机关作为国家法律监督机关,担负着维护人民合法权益、维护社会公平正义、维护社会和谐稳定的神圣使命,必须贯彻以人民为中心的发展思想,以"最大限度防范矛盾,最大限度化解矛盾,最大限度促进社会治理"为目标,正视案件背后人与人之间客观存在的矛盾纠纷,特别是在法条有限、事情无穷之间发挥检察智慧,用检察办案的"天时""地利"赢得"人和"。此外,还要从说事理、讲道理的角度增强普法的力度,努力实现案结事了,办案效果的最大化。检察机关应当探索"枫桥经验"的新模式,把化解矛盾纠纷贯穿司法办案始终,正确适用认罪认罚、赔偿谅解等从宽处罚情节以及不捕、不诉、附条件不起诉等办案机制,最大限度地减少社会对抗。坚持案件化办理信访事项,深入化解涉检信访案件,切实做到矛盾不化解不脱钩、问题不解决不罢休、群众不息诉不放手。精准研判非法集资、季节性盗窃和互联网非法放贷讨债等群众深恶痛绝、社会反映强烈的易发、多发犯罪的规律特征,有针对性地提出防范检察建议,促进重点领域、重点行业、重点人群治理,积极维护社会和谐安定。

(四)推动"四大检察"全面协调发展

坚持提质增效,做优刑事检察;坚持补齐短板,做强民事检察;坚持担当负责,做实行政检察;坚持多赢共赢,做好公益检察。新时代检察机关形成了"四大检察""十大业务"的新格局,为的就是要改变以往"重刑轻民"的弊端,为人民群众提供更加均衡丰富的检察产品、法治产品。已经完成的全国四级检察机关内设机构改革是一个很好的开端,下一步检察机关要着力补齐短板弱项。检察机关应当推动"四大检察"全面均衡充分发展,继续做强刑事检察,补足民事行政检察,推动公益检察稳步拓展。

二、优化分类管理,激发全体干警干事创业活力

检察事业的发展需要薪火相传的、真心热爱检察工作的人员来担当尽责。实现人员分类管理是本轮司法体制改革的重点内容,也是实现检察队伍的专业化、职业化的重要举措。人员分类管理可以让每个检察人员的职业规划变得清晰,激发干警们的创造力和创新力,从而为检察事业永续发展提供人才保障。

(一) 优化岗位调配

每名检察干警的能力、爱好、特长、兴趣等并不相同,要激发干警们干事创业的热情,就要潜心发现每名干警的潜力和特点,并将其与岗位职责相匹配,做到人岗相适。人员分类定岗要按照符合规定的员额比例、条件、编制和职数使用管理规定,实行组织安排与个人选择相结合,重点聚焦各类岗位职责和工作需要、个人专长等进行分类定岗,实行以岗择人,努力做到人岗相适应。"四大检察"各不相同,"十大业务"皆有侧重,业务与行政岗位各有千秋,因此应当科学编制检察机关岗位职责规范,将每个部门每个岗位的具体职责进行规范化和标准化。仔细挖掘每名干警的优点和长处,将其与具体岗位匹配,实现人尽其才、人尽其用,将实现每名干警的个人理想与检察事业的共同理想相结合,推动检察事业行稳致远。

(二) 加强岗位交流

为全面提升检察人员素质、能力水平,应当有序推动检察人员在各部门之间的交流,如定期安排检察官到"12309"检察服务中心进行轮岗,办理信访接访事项,让办案检察官更直观地了解

当事人的需求，提高释法说理水平，提高息诉罢访能力。人员分类管理后，检察官、检察辅助人员和司法行政人员的身份并不是固定不变的，应当吸收优秀的检察辅助人员和司法行政人员按期进入检察官队伍，同时也应当选择检察官队伍中具有管理服务才能的，提拔担任行政职务。上下级检察机关之间也应当进行检察官的交流，建立检察官逐级遴选制度，将基层优秀的检察官遴选到上级检察机关，提升上级机关的业务指导水平。必须明确的是，检察机关专业化职业化建设并不意味着人员岗位应当固定不变，适度进行岗位交流是必要的，也是有利的，因为随着经济社会的发展、矛盾纠纷的深化，现阶段很多案子往往是多方面交织在一起的，需要办案检察官具备多方面业务知识，因此为了与办案情况相适应，也应当推动检察官定期有序交流，培养锻炼多方面能力素质。加强岗位交流也是实现检察人员人尽其才的一种重要途径。

（三）优化动态管理

员额制改革目的在于实现检察队伍的精英化、专业化，为保证队伍的源头活水，必须持续对员额制检察官队伍进行动态调整，让能者上、庸者下，建立一支高质量高素质的检察队伍。员额制不仅仅是一种身份、一种待遇，更是一种荣誉、一种责任。进入员额制，并不意味着一劳永逸，如果员额制检察官不能为人民群众提供优秀的法治产品、检察产品，不能让人民群众感受到公平正义，或者滥用职权、徇私舞弊，做些违法乱纪的事，损害党和政府的权威和司法公信力，或者在其位不谋其政，得过且过，不敢负责不敢担当，那么就应该对其进行惩戒或者退出员额，让其他优秀人员补充进来。通过建立能进能出的检察官员额动态管理机制，能够倒逼员额内检察官不断提高自身素质，不断以饱满的精神和拼搏的态度办好案，办精案。同时也能鼓励广大检察辅助人员和司法行政人员不断勤勉履职，让他们看到进入员额的希望并不是遥不可及的，以此增强他们的工作积极性。优化员额制动态管理,通过不断淘汰素质能力水平欠缺的,补充法律涵养较高、业务能力突出的优秀法律人才进来,最终实现检察队伍的精英化。员额动态管理的另一层含义是在不同地区之间进行员额比例的调剂,即根据各地区经济社会发展水平、人员编制、案件多少繁简,在全省范围内进行统筹,向经济社会发达地区、案件数量较多且人均办案量大以及广大基层地区倾斜。因为各地区经济社会发展水平差异很大、案件情况复杂多变,必须根据各地实际情况,定期由省检察院对全省范围内各地区、各单位办案情况进行汇总分析,适时对各地员额进行调整,确保员额向案多人少地区和基层地区倾斜。

(四)加强领导能力建设

科学调整领导班子,配好各院的"火车头"。领导班子的能力水平直接影响了各院检察职能的发挥。必须持续加强领导班子能力建设,将政治坚定、敢于担当、业务过硬、作风优秀的法律人才选拔到领导岗位上,要特别注重青年领导干部的培养,使各院的领导班子都能成为中国特色检察事业的坚定信仰者、坚决捍卫者和忠实实践者。入额院领导要带头办理重大疑难复杂新型案件,打造规范高效办案样板,充分发挥提升办案质效的"头雁"效应,带动广大检察干警为人民群众提供丰富的检察产品。

(五)抓好精准培训

检察官案件办理质量取决于检察官的执业能力和水平。自从国家实施统一的法律职业资格考试之后,检察官的整体业务素质有了很大提升。但法律是跟随社会的发展而不断更新,尤其是对新生事物的相关规定,特别是涉及行业专业知识的法律条文,需要检察官不断培训学习,才能真正理解法律条文制定的意义和社会背景,才能更好地把握法律规定的社会价值。只有加强对检察官执业技能的培训,才能有效提升检察官办案质量,满足人民群众对公平正义的要求。培训要改变以往大水漫灌式的不足,抓好精准培训,根据检察官、检察辅助人员、司法行政人员的不同特

理念与实务

点开展针对性培训。同时，培训要注重业务实践，突出培训实用性。探索检察官教检察官的方式，从检察官中选出一批法律素养高、业务能力强的检察官担任教师，定期为检察官授课。要把政治培训放到与业务培训同等重要的位置，讲政治与抓业务是分不开的，因为检察机关本身就是政治性很强的业务机关，脱离政治讲业务，就案办案，只会陷入方向性的迷惘。做好精准培训，推动广大检察干警政治素质、业务素质与时俱进、开拓进取，才能适应新时代的需要，才能满足人民的需求。

三、优化产品质量，夯实检察工作坚实基础

办案质量是检察机关的立身之本，检察机关应当提供高质量的检察产品。产品质量过关，人民群众才能对检察机关信任和放心，检察公信力才能得以树立。

（一）把提升理念作为提高办案质量的先导

理念一新天地宽。面对国内外环境的深刻复杂变化和人民群众日趋丰富的需求，检察机关首先应当更新办案理念，树立现代文明、平和司法理念。曾经的重打击犯罪、轻人权保障，是与检察机关的宪法定位不相符的，检察机关从事的是公平正义的事业，这就要求检察机关必须不偏不倚，做到公平公正，既不放纵罪犯，也不冤枉好人，平等对待当事人。即使面对的是穷凶极恶的犯罪嫌疑人，检察官也应当保持冷静清醒，保障其诉讼权利和人身权利。在案件证据存疑时，"宁失不经、不杀无辜"。已经有足够多的冤假错案证明，正是在案件证据上的把关不严，一味轻信，才造成一幕幕的悲剧。检察机关必须牢固树立以审判为中心的司法理念，以证据为硬性标准认定案件事实，筑牢质量基础，全面提高证明和指控能力，提升办案效果。在监督工作上坚持双赢多赢共赢的理念，以督促被监督者自行纠正为上策，着力提高司法效率。

15

（二）把办案与监督的高效融合作为提高办案质量的支撑

检察机关的宪法定位是法律监督机关，同时检察机关也是业务机关，主要业务是司法办案。检察机关要履行好法律监督职责，必须寓监督于办案之中，脱离了办案，法律监督就是空中楼阁，就是一句空话。因为只有在办案中才能发现问题的所在，提高监督的针对性和精准性。也只有把应当监督的事项当作案件来办理，才能提高监督的规范化、程序化。曾有同仁提出，应当在检察机关进行内设机构改革，将业务部门的监督职责剥离，单独成立监督部门，如诉讼监督部，当出庭检察官在庭审中发现审判人员有违法裁判行为时，应当将线索移交诉讼监督部门，由诉讼监督部门检察官对审判人员违法裁判行为进行监督。理由是监督事项是一项复杂的工作，出庭检察官无法在繁重的具体办案中有效进行监督，将诉讼监督职能从业务部门剥离，可以让出庭检察官专心办案，由诉讼监督部门检察官专理监督，提高检察机关诉讼监督针对性和有效性。笔者不同意这种观点，且不说这种分离会造成机构的臃肿和职责的模糊，就将办案和监督分离而言，就是对司法规律的背离，在实践中根本不具有可行性。事实上，业务活动中的办案和监督是很难进行明确区分的，将出庭办案和诉讼监督强行分离，只会造成重复工作，浪费司法资源，降低办案质效。

（三）把捕诉一体作为提高办案质量的契机

刑事检察工作中的"捕诉一体"办案机制，实现了捕、诉的无缝衔接，实现了捕诉权能的集中行使，检察机关从审查逮捕阶段就加强引导取证工作，提出有效的补充侦查提纲，减少审查起诉阶段退查的次数，完善了检察引导侦查的刑事犯罪侦诉体系。全面强化捕后跟踪监督工作质效，无论捕与不捕，都要针对证据未达到确实、充分的标准列明补查提纲，定期督导补查情况，完善全流程监督机制。全面强化捕后引导侦查工作质效，紧紧围绕定罪量刑的要件事实，明确侦查方向、及时督促取证，充分发挥检察机关审前主导作用，构筑检警一体化大指控格局。同时"捕诉一体"办案机制下,检察官能灵活机动地配备时间,调整捕、诉的节奏,着力办理重大、疑难案件,客观上保证了案件质量。"捕诉一体"机制下审查起诉和审查逮捕职能由同一检察官行使,检察官在审查起诉前就对案件基本情况已经了解,避免了重复阅卷、审查、制作法律文书等过程,有效减少了退回补充侦查的次数。对于事实清楚、证据充分,不需要再侦查的案件,可以直接提起公诉。这样可以极大地提高诉讼效率,缩短在押犯罪嫌疑人、被告人羁押时间,有效地保护犯罪嫌疑人、被告人的合法权益。

(四)把落实司法责任作为提高办案质量的重点

检察机关以往的办案模式,是"检察人员承办,部门负责人审核,检察长或检察委员会决定"。这种办案模式,充分体现了"检察一体化"的原则,有利于防止检察权的滥用,但其缺点在于"审者不定,定者不审",导致权责模糊,一旦发生冤假错案,责任主体难以确立,责任追究难以落实。司法的亲历性、裁判性、中立性等特征要求在坚持检察一体化原则下,适当提高检察官的相对独立性,通过制定检察官权力清单,明确检察官职责权限,让检察官在职权范围内独立自主作出决定。司法责任制就是对这种趋势的回应,也是对长期以来行政化审批案件弊端的矫正。司法责任制的重点是放权,向一线办案检察官放权,无论是通过授权制抑或委任制,其本质是让一线办案检察官在一定范围内独立负责,实现权责一致。检察机关司法责任制改革,在本质上是对检察权的重新配置,是对司法属性的回归。司法责任制明晰了不同人员的办案责任,使原本模糊的办案界限变得清晰了,琐碎的办案流转变得简单了。检察官独立负责让检察官对案件的态度变得更加审慎认真,从而为办案质量的提高奠定了坚实的基础。

(五)把案件质量评查作为提高办案质量的保障

坚持突出检察官司法办案主体地位与加强监督制约并重的原则,健全对司法办案活动的统一集中管理,强化案件质量评查等监督机制，确保案件处理程序和结果合法、客观、公正。案件管理部门依托统一业务应用系统对检察业务部门已经办结的各类案件开展质量评查，及时发现、纠正和防范司法不严格、不公正、不规范现象，倒逼司法办案质效提升。案件质量评查可以采取常规抽查、重点评查、专项评查、逐案评查、上下互查和交叉评查等方式，以案件卷宗、法律文书以及统一业务应用系统的相关记录作为依据，客观、公正、全面地评价办案质量，评查结果记入检察官司法档案。一要完善案件质量评查程序，明确案件评查条件、对象选取程序、评查专家确定，确保评鉴工作具有随机性、广泛性、代表性；二要完善案件质量评查标准，确保评鉴尺度统一、定性权威、结论公正客观；三要完善案件质量评查与绩效考核、问责制度相衔接的工作机制，确保案件监督、管理结果充分纳入各检察院、各部门和个人的考核中，确保案件质量评查中发现的重大过错可顺畅对接相应的责任追究机制。

（六）把案件责任追究作为提高办案质量的后盾

检察机关司法责任制改革旨在进一步突出检察官办案主体地位，检察官是基本办案组织的组织者、协调者、指导者，享有程序启动权和部分案件决定权，对案件事实定性和质量把关。同时，根据权责统一原则，必须相应落实和强化检察官司法责任，检察官经检察长授权，在职责范围内独立自主作出决定，并对其决定负责，终身负责。检察长或者检察委员会改变或者部分改变检察官决定的，由决定者对其各自决定范围内事项负责。检察官对于权限以外的案件、事项或程序向上级请示汇报时，也必须对案件的事实证据部分负责。对检察官追究办案责任应当遵循司法办案规律，明确错案责任是一种过错责任，检察官只有在故意或者重大过失的主观心理状态下，才需承担责任，避免对检察官责任追究不当，对检察官实行履职保护制度，使检察官能够专心办案。只有出现严重不当司法行为时，才能成为错案责任追究的对象。一是滥用职权行为，如刑讯逼供、暴力取证或以其他方法获取证据、毁灭、伪造、变造或隐匿证据；二是玩忽职守，对于犯罪嫌疑人的合理辩解和辩护律师的无罪辩护视而不见，导致案件认定事实证据与实际严重不符。

（七）把智慧检务建设作为提高办案质量的方向

习近平总书记在2019年中央政法工作会议上指出："推动大数据人工智能等科技创新成果同司法工作深度融合。"检察信息化建设具备标准化高、流程性强、透明度好和可追溯性等优点，使有效地把司法办案的具体要求转化成运行的强制程序成为现实，推动整合检察资源，规范业务流程，创新工作模式，有助于推动司法规范化，提升司法公信力。检察信息化建设已不仅是司法办案中的一种辅助手段，而是一种办案模式、一种战略，即智慧检务战略。智慧检务将会带来司法办案的重大变革，有效破除人为办案的不确定性、效率低下等缺点，实现司法办案的标准化、规范化、高效化。伴随着近年来科技强检战略的实施以及大数据、AI智能等前沿技术的不断突破，信息化手段在司法办案中的运用更加得心应手。以最先上线运行全国检察机关统一业务应用系统为核心，以及后期统计系统、各业务条线子系统等形成的庞大阵容，实现了司法办案活动全过程动态且标准化的管理，同时还能够帮助领导层更快地作出决策，调整办案资源，这都给检察工作信息化、科学化、智能化发展夯实了坚实基础。另外，以多媒体远程诉讼、提讯系统为代表的网络视频类应用，也极大地增加了办案流程的透明度和可控性，提高了司法办案效率，已经成为检察工作信息化的重要抓手。最后，近年来类似辅助量刑系统、两法衔接系统、公益诉讼情报分析系统等智能辅助类应用也逐渐在检察土壤中生根发芽。这些都是科技创新成果与检察办案业务深度融合的典型，从运行效果来看，大大促进了司法办案质量的提高和办案效率的提升。

四、优化品牌效应，促进检察工作行稳致远

检察工作实现跨越式发展，还应当着力打造特色品牌，提高产品的知名度和影响力。检察品牌是检察产品质量的高层次发展，是检察机关主动回应人民群众需求，实现检察工作高质量发展作出的必然选择。

（一）打造办案品牌

办案是检察工作的生命线，检察工作的发展最终要落在办案上。因此检察机关要将主要资源和人员向一线业务部门倾斜，综合部门也要全力以赴做好办案的保障工作，以使办案人员能够不因办案以外事项过多分散精力，集中精力办好每一起案件。要敏锐捕捉重大案件线索，全程监督立案侦查，积极引导调查取证，有力有效证明犯罪，精准高效指控犯罪，及时提出综合治理建议，不断增强检察机关在惩防犯罪、维护稳定中的主力军作用，切实打造有力惩防犯罪、有效防控犯罪品牌。检察机关不仅要办理有罪的案件，也要办理无罪的案件，在现有证据无法达到内心确定无疑的时候，要敢于作出不起诉决定，当发现已办理的案件存在冤假错案情形时，要敢于纠正错误。通过办案，擦亮检察机关法律监督的金字招牌。检察机关不仅要办理大案要案，也要办理小案微案，只要是侵害了群众的正当合法权益的，检察机关就要担负起办好案件的责任，不因案件的大小而掉以轻心，要以人民群众的利益是不是受损作为出发点，将维护人民群众利益作为一切办案工作的落脚点。检察机关打造办案品牌，让人民群众对检察工作充满信心。

（二）打造特色品牌

各地区经济社会发展、人文自然环境、自然资源资产禀赋差异很大，因此检察机关应当立足法律监督这一宪法定位，对本地的检察监督工作进行摸底调研，逐一梳理原有的工作优势、工作

特点和人才优势，并对标全国，了解其他地市最先进的监督工作经验，谋划符合本地实际的监督精品项目，做大、做强、做实、做细检察监督，打造检察监督特色品牌，更好服务地区经济社会发展大局。比如金融业发达的地区，应当着力推进金融检察，严防非法集资、金融诈骗等案件发生，着力防范化解金融风险。再如江河湖海等水资源丰富地区，应当着力推进污染防治，有效开展公益诉讼检察，维护一方青山绿水。检察工作要取得实效，就必须放在当地经济社会发展大局中去谋划、去推进，要根据各地区的实际需求，探索检察工作服务模式，在服务大局上打造出特色品牌。

（三）打造队建品牌

习近平总书记多次强调人才是最宝贵的资源。建设一支高素质检察人才队伍，是深化司法改革、强化法律监督、依法公正履职的客观要求。首先，应坚持"人人都是人才，人人皆可成才"的理念，把广大检察干警全部纳入人才培养视野，统筹做好检察官人才、检察辅助人才、司法行政人才等人才队伍建设。其次，着力抓好对高层次检察人才的培训培养工作。组织业务能力突出的干警参与办理重大疑难复杂案件、研究前沿理论问题，鼓励其积极参加全省、全国竞赛活动。支持鼓励在省级以上刊物上发表学术论文，不断总结推广先进经验，持续广泛提升办案水平，着力打造一支学术造诣深厚、实践经验丰富、业务本领过硬、在检察系统有一定声望和影响力的专家队伍。采取专项培训、定向培养、外部交流等方式，着力补充金融证券、知识产权、环境资源、生物医药、信息网络等领域的紧缺人才。再次，着力抓好对青年检察人才的培训培养。把青年干警这支新生力量的培养摆在更加突出的位置来抓，投入更多精力，赋予更多重任，优先、大胆使用脱颖而出的青年才干。建立健全青年人才挂职锻炼、岗位培养等机制，加强专业技能实践锻炼，把理论研究与解决实践重点难点问题结合起来，实现由知识型向能力型的转变。最后，着力培养基层基础人才和畅通人才上升渠道。统筹推进上下级人才协调发展。上级院在重点培养拔尖人才的同时，既要通过任职、挂职锻炼等方式，鼓励和引导人才向基层流动，也要通过逐级遴选、以案代训等方式，畅通基层人才上升渠道，实现人才资源的高效合理配置。

（四）打造形象品牌

检察机关在人民心中的形象直接影响了检察公信力，甚至司法公信力和国家形象。为此检察机关有责任、有义务持续推进形象改善工程建设，通过加强宣传引导，推进检务公开，让人民群众看到真实的检察机关，看到检察机关为推进社会公平正义作出的持续不断的努力，打造检察机关形象品牌。深化检务公开，接受社会监督，让公平正义看得见，打造检察机关良好形象。构建开放动态透明便民的阳光司法机制。一要积极推进重要案件信息发布平台建设，重大案件、有争议的案件、社会反映较大的案件、检察环节作出终结性处理决定的案件以及重大监督决定，应当公开审查结果，提高检察办案的透明度。二要积极推进法律文书公开平台建设，已生效的法律文书应当做到统一上网，方便群众自由查询，除涉及国家秘密和公民隐私外，应当做到应上尽上。三要积极推进辩护与代理预约平台建设，充分保障律师阅卷、调查取证和会见犯罪嫌疑人等执业权利，充分尊重和听取律师意见。四要积极推进新媒体公开平台建设，认真回应社会关切。检察机关应当适应媒体融合发展的趋势，积极利用新技术、新应用，让检务公开跟上时代的潮流，方便群众的需求。检察机关要深化宣传引导工作运行机制改革，构建"大宣传"工作格局，强化主动宣传、立体传播，以宣传部门为主导，以业务部门为主体，形成多方面、多领域、多角度的宣传体系，讲好检察故事，传播好检察声音，让公平正义的正能量滋养广大群众的心田。

五、余论

　　检察产品、法治产品是检察机关服务人民群众的直接体现，这一产品与普通物质产品最大的不同是，它的质量标准远远高于普通物质产品，并且随着社会经济发展水平、人民权利意识觉醒程度而不断提高。检察产品、法治产品的消费者即广大人民群众的需求即是产品改进的方向，无法适应消费者需求的产品注定是要被淘汰的。检察机关要满足人民群众的需求，得到人民群众的拥护，就必须不断推进供给侧结构性改革，改进产品工艺，提高产品质量，增强产品透明度，提升产品竞争力，让人民群众用得放心、用得舒心。新时代检察机关必须具有工匠精神，精心打磨检察产品，精益求精、追求卓越，让经得起历史和实践检验的检察产品源源不断涌向人民手中。

　　司法是社会公平正义的最后一道防线，它寄托着人们对社会公平正义的最后希望。如果司法产品出现了质量问题，人民内心的公平正义信念就会动摇，社会法治的基石就会有坍塌的危险。检察机关应当持续深入推进司法体制改革，持续提升司法办案质量效率和检察公信力，推动检察职能得到全面、充分履行，为人民群众提供更丰富、更优质的法治产品、检察产品。为此各地各级检察机关从理论与实践的角度进行了不懈的探索，取得了不少有效的模式和方法。最高人民检察院也对此进行了系统谋划和统筹协调，为全国检察机关提供了模式范本，推广了一批典型成熟的做法。本文立足于检察机关供给侧结构性改革，从检察职能、人员管理、产品质量、品牌效应四个方面出发，分析提出了部分对策措施，研究解决检察机关如何在新时代更好满足人民群众对民主、法治、公平、正义、安全、环境等方面的广泛需求，以充分实现检察机关的宪法定位，充分履行检察机关的法定职能，不负历史和人民的重托。

信用卡相关犯罪实证分析

胡斯琴[*]

【摘　要】　金融业作为现代经济的核心，其持续平稳发展关乎国家经济发展大局。信用卡相关犯罪活动迅速蔓延，不仅严重扰乱了国家金融秩序的稳定，还严重威胁银行及合法持卡人的资金安全。笔者以实务中办理案件为基础，对有关罪名进行梳理和辨析，并提出预防对策和建议，以期对此类案件的办理和防范有所裨益。

【关键词】　信用卡　犯罪　预防　检察

随着电子商务的飞速发展和信用卡的日益普及，信用卡相关犯罪活动迅速蔓延，不仅严重扰乱了国家金融秩序的稳定，还严重威胁银行及合法持卡人的资金安全。为正确认定并妥善处理涉及信用卡犯罪的案件，充分发挥检察职能作用，维护正常的金融管理秩序，笔者以滦州市人民检察院办理案件为基础，对有关罪名进行梳理和辨析，并提出预防对策和建议，以期对此类案件的办理和防范有所裨益。

一、问题来源

金融是一国经济的命脉，习近平总书记指出："金融兴，经济

---

[*] 作者单位：河北省滦州市人民检察院。

兴，金融稳，经济稳。"较传统金融业务而言，我国的信用卡业务虽然起步晚，但却发展迅速，势不可当，已经成为现代金融业务中的重要领域之一。与此同时，信用卡引发的相关犯罪也日益增多，并且呈现专业性、隐蔽性、智能化、取证难、认定难等特点，其发展势头不容小觑。另外，相关机构或行为人的违规、违法行为极易引发信用卡持卡人信息泄露、资金损失等重大风险，增加潜在的社会不稳定因素，危及经济金融安全。故此，严厉打击信用卡相关犯罪，为信用卡业务乃至国家经济的健康发展保驾护航，同时对相关犯罪的预防和惩治贡献检察力量、检察智慧，是切实贯彻张军检察长的指示、充分履行检察职责、保障国民经济发展的具体表现。

据统计，2015—2019年，该院受理公安机关提请批准逮捕的信用卡相关犯罪案件共计9件9人，占总体案件数量的0.8%，受理公安机关移送审查起诉的信用卡相关犯罪案件共计22件23人，占总体案件的1.47%。上述案件涉嫌罪名除了最常见的信用卡诈骗罪之外，还涉及盗窃罪、非法经营罪及收买信用卡信息罪等。其中，信用卡诈骗罪在相关案件中占比为86%，且这些案件均系恶意透支型的信用卡诈骗案。从采取强制措施的情况来看，公安机关提请批准逮捕案件比例为40%，主要理由为拒不认罪或者造成损失金额巨大且无法归还。从最终处理结果来看，因情节轻微不起诉的有2件2人，其余均经起诉并判决有罪，具体刑期为有期徒刑1年至6年不等，并处罚金。

总体而言，该院近年来办理的信用卡相关犯罪案件，虽然数量不多，但案件涉及中国银行、中国建设银行、中信银行等多家银行及金融机构，案件涉及金额少则一万元，多则几十万元，上述案件造成经济损失共计340余万元，在该市目前金融类犯罪案件中属于危害较大的案件类型之一。

二、罪名分析

（一）盗窃罪

案例一：犯罪嫌疑人蔡某在一农村信用社 ATM 机取款时发现前面办理业务的男子忘记拔出借记卡，便产生非法占有目的，从该卡中分两笔支取现金共计 6000 元。

1. 借记卡是否属于"信用卡"的范畴

确定"信用卡"的概念，是研究信用卡及其相关犯罪的前提。"信用卡"于 20 世纪 50 年代问世于美国，经过 30 多年的发展才逐渐进入中国大陆。1985 年，中国银行北京分行首次将"长城卡人民币信用卡"推向市场，各家银行亦紧随其后，我国信用卡家族逐步壮大。然而，信用卡的产生和发展在给人民生活带来便利的同时，也衍生出许多社会问题。对此，1995 年，全国人民代表大会常务委员会出台《关于惩治破坏金融秩序犯罪的决定》，首次规定信用卡相关犯罪，及时、有效地弥补了 1979 年刑法的不足。该《决定》规定，"信用卡"指的是商业银行和其他金融机构发行的电子支付卡，我国刑法意义上的信用卡的概念就此应运而生，也被 1997 年刑法延续使用。

然而，随着金融产品的更新换代，国家金融法规也随之更新，"信用卡"这一概念开始发生改变。1999 年，中国人民银行颁布《银行卡业务管理办法》，将银行和其他金融机构发行的各种形式的电子支付卡细分为信用卡和借记卡，并将信用卡再细分为贷记卡和准贷记卡。该《办法》第 6 条规定："贷记卡是指发卡银行给予持卡人一定的信用额度，持卡人可在信用额度内先消费、后还款的信用卡。准贷记卡是指持卡人须先按发卡银行要求交存一定金额的备用金，当备用金账户余额不足支付时，可在发卡银行规定的信用额度内透支的信用卡。"2011 年《商业银行信用卡业务监督管理办法》仍然沿用这一分类，在第 7 条规定："本办法所称信用卡,是指记录持卡人账户相关信息,具备银行授信额度和透支功能,并为持卡人提供相关银行服务的各类介质。"换句话说,在金融领域,信用卡和借记卡最大的区别在于是否具有透支功能。

而在刑事法律领域,全国人民代表大会常务委员会于2004年作出《关于〈中华人民共和国刑法〉有关信用卡规定的解释》,其中明确规定:"刑法中的'信用卡',是指由商业银行或者其他金融机构发行的具有消费支付、信用贷款、转账结算、存取现金等全部功能或者部分功能的电子支付卡。"可见,该立法解释对信用卡的内涵进行了扩大,其不仅包括国际通行意义上的具有透支功能的信用卡,也包括不具有透支功能的借记卡。综上,本案中涉及的借记卡,虽不属于银行管理意义上的"信用卡",却属于我国刑法意义上"信用卡"的范畴。

2. 在ATM机上盗刷他人信用卡,应如何定性

《刑法》第196条第3款规定,盗窃信用卡并使用的,按照盗窃罪定罪处罚。此外,2008年,最高人民检察院《关于拾得他人信用卡并在自动取款机(ATM机)上使用的行为如何定性问题的批复》及2009年最高人民法院、最高人民检察院《关于办理妨害信用卡管理刑事案件具体应用法律若干问题的解释》(以下简称《解释》)将拾得、骗取他人信用卡并使用(包括ATM机)的行为认定为"冒用他人信用卡"的行为,构成犯罪的,规定以信用卡诈骗罪定罪处罚。

但是,对于被害人遗忘在ATM机中,已经输入密码状态的信用卡,是否应当适用上述规定,在实践中存在争议。以本案为例,有观点认为,该情况属于犯罪嫌疑人蔡某"拾得"他人遗失物并"使用",当然属于《解释》规定的"冒用"他人信用卡的情形,应当以信用卡诈骗罪定罪处罚;有观点认为,被害人输入密码的行为早已完成,而输入密码是ATM机识别持卡人身份的唯一方式,在已经完成识别的情况下,犯罪嫌疑人不可能再实施"冒

用"行为，故不符合信用卡诈骗罪的构成，应当以盗窃罪定罪处罚。

笔者认为，《解释》的规定包含着"获取"信用卡和"使用"该卡两个行为，拾得、骗取等为获取卡片的手段，而之后的"使用"，是指行为人在交易过程中，假冒他人的身份，达到让交易对方当事人误以为自己就是合法持卡人的效果，从而获取非法利益的行为，这才是"冒用"他人信用卡的完整构成。众所周知，从ATM机取款的过程可以分解为插入卡片、输入密码、输入金额、取得钱款、退出卡片五个步骤，ATM机作为机器，其只能通过密码来辨别行为人是否为合法持卡人，所以"冒用"过程只能发生在"输入密码"环节。密码正确，ATM机就默认行为人系持卡人本人或者经过持卡人授权，从而按照其指令操作；密码错误则无法进行下一步的操作；如果输入密码错误达到一定次数，ATM机默认行为人非法持卡，从而通过吞卡的方式保护持卡人的合法权益。所以，分析本案犯罪嫌疑人蔡某的行为，其并不存在"冒用"他人信用卡的行为，因为在其产生非法占有目的的时候，输入密码环节已经结束，当时被害人的卡以及卡内钱款均由ATM机内钱库占有，与裸露在外的钱款无异，故犯罪嫌疑人蔡某在按下取款数额那一瞬间是完成了将他人钱款转移占有的过程，即属于"秘密窃取"他人财物的行为，应当按照盗窃罪定罪处罚。

（二）信用卡诈骗罪

案例二：犯罪嫌疑人卢某向中国建设银行申领白金信用卡一张，并向该行提供其购房合同一份。之后，犯罪嫌疑人卢某累计透支消费11万余元，经银行多次催收超过三个月仍不还款，另外，卢某承认其购房合同系伪造。

案例三：犯罪嫌疑人李某先后在中国银行、中国农业银行、中信银行、光大银行办理信用卡共计四张，透支额度为1.7万元至6万元不等。之后，其使用上述信用卡透支消费，导致一年后该四张信用卡全部逾期，金额达10万余元，经各发卡行多次催收且均超过三个月，仍不还款。

信用卡诈骗罪，是指以非法占有为目的，利用信用卡并进行诈骗活动，骗取数额较大财物的行为，本罪是信用卡相关犯罪中最为常见的罪名，同时也是金融犯罪案件中高发的罪名之一。本罪所侵害的是复杂客体，其不仅对银行及信用卡相关人员的财产所有权造成损害，同时也给国家的金融票证管理制度造成严重侵害。根据我国《刑法》第196条的规定，信用卡诈骗犯罪分为四种情形：（1）使用伪造的信用卡，或者使用以虚假的身份证明骗领的信用卡的；（2）使用作废的信用卡的；（3）冒用他人信用卡的；（4）恶意透支的。

1. 如何正确认定"恶意透支"

我国刑法规定，"恶意透支"，是指持卡人以非法占有为目的，超过规定限额或者规定期限透支，并且经发卡银行催收后仍不归还的行为。换言之，行为人是否具有"非法占有目的"系判断是否属于"恶意透支"，从而认定是否构成犯罪的前提。在正确认定行为人的犯罪目的时，需要注意以下问题：一是行为人透支后经发卡银行催收不归还的行为，只是认定其主观上具有非法占有目的的客观表征之一，不能当作认定非法占有的唯一要素；二是要着重审查行为人非法占有目的产生的时间，因为根据行为与责任并存的原理，非法占有目的必须存在于透支时，如果透支时有归还的意思，透支后由于客观原因不能归还的，不能认定为信用卡诈骗罪；三是鉴于行为人恶意透支行为源于信用卡本身固有的透支功能而产生的投机行为，所以要正确区分该类犯罪与普通的借贷纠纷，具体而言，要综合行为人信用记录、还款能力和意愿、申领和透支信用卡的状况、透支资金的用途、透支后的表现、未按规定还款的原因等情节作出判断，从而正确认定其是否具有"非法占有的目的"。

2018年，最高人民法院、最高人民检察院经过整理、汇总司法实践中常见的"非法占有目的"的情形，对《解释》进行修正,成为目前判断行为人主观目的最权威的指导意见。根据《解释》第 6 条规定,以下六种情形可以认定为具有"非法占有的目的":(1)明知没有还款能力而大量透支,无法归还的;(2)使用虚假资信证明申领信用卡后透支,无法归还的;(3)透支后通过逃匿、改变联系方式等手段,逃避银行催收的;(4)抽逃、转移资金,隐匿财产,逃避还款的;(5)使用透支的资金进行犯罪活动的;(6)其他非法占有资金,拒不归还的情形。

案例二、案例三中,犯罪嫌疑人卢某利用伪造的购房合同骗取信用卡,透支后拒不还款,很明显在申领时便已具备非法占有的目的。犯罪嫌疑人李某则陆续向不同银行申领信用卡,从使用情况来看,均系在透支完前卡的额度之后启用下一张信用卡,也可以认定其在主观上没有还款意愿,其所透支的款项全部用于消费挥霍,最后造成四张信用卡全部逾期,导致发卡银行财产利益受损。综上,在确认两名犯罪嫌疑人具有非法占有目的的情况下,确定其透支属于"恶意",进而判定其构成信用卡诈骗罪。

2. 如何审查发卡行的"有效催收"

按照我国《刑法》第 196 条的规定,经过发卡行催收是构成恶意透支型信用卡诈骗案的必备前提要件,故发卡行的催收情况也是此类案件的审查重点。所谓"催收",是指发卡行在发现持卡人超限额或者超期限透支后,对持卡人以信函、电话、短信等形式督促其尽快还款的行为。从立法原意来看,法律规定催收要件,一方面是为了将善意透支排除在犯罪之外,另一方面是为了将行为人因疾病、搬迁、出国等客观原因确实没有收到银行的催收账单、催收文书以致未能及时还款的情况排除在犯罪之外。所以,从理论上讲,只要能够促使持卡人履行还款义务,发卡银行可以使用多种催收方式。

然而,在司法实践中,关于如何界定"有效催收"存在争议,例如,由于银行催收方式的多样性,无法统一认定催收的起始时间;再如,行为人否认经过催收,银行也只能提供催收人员的证言，无其他客观证据佐证的情况下如何认定以及银行人员同一天拨打多次催收电话的情况应当如何认定催收次数等。对此，2018年《解释》中，对"有效催收"的具体条件予以明确规定：（1）在透支超过规定限额或者规定期限后进行；（2）催收应当采用能够确认持卡人收悉的方式，但持卡人故意逃避催收的除外；（3）两次催收至少间隔30日；（4）符合催收的有关规定或者约定。综上，对于是否属于有效催收，应当根据银行提供的电话录音、信息送达记录、信函送达回执、电子邮件送达记录、持卡人或者其家属签字以及其他催收原始证据材料作出判断，真正落实刑法主、客观相一致的原则。

（三）非法经营罪

案例四：犯罪嫌疑人段某注册成立一家网络技术有限公司，后使用多个朋友的名义申领POS机，并实际控制上述POS机和绑定的银行卡。犯罪嫌疑人段某在没有发生任何交易的情况下，利用POS机为他人刷卡套现，并将套现资金循环用于信用卡账单的归还，意图通过提高他人信用额度后从中收取手续费。截至案发，被告人段某非法套现金额为10401362.91元，造成37张信用卡逾期共计251196.85元。

1. 利用POS机刷卡套现的行为如何准确认定

如上所述，我国刑法意义上的信用卡包括贷记卡和借记卡，因借记卡须持卡人先存款，不涉及信用额度，故涉及恶意透支类型犯罪的信用卡仅限于贷记卡。分析贷记卡的性质可知，其是由银行发行的，给予持卡人一定的授信额度，持卡人可在授信额度内先交易后还款的信用支付工具。所以，该卡的自身功能决定了持卡人具备将信用额度转化为现金的可能。当然，信用卡也有预借现金的功能，但是存在额度小（通常情况下，预借现金额度仅为总授信额度的50%）、利息高、没有免息期、不支持分期还款、影响提额申请等诸多弊端，导致持卡人直接取现成本高、风险大、还款压力也大。故此，部分特约商户利用银行严格控制预借现金的实际状况，使用自己申请的销售点终端机具（POS机），以虚构交易等方式为他人信用卡套现，按照一定比例收取手续费，以此牟利。

分析上述商户的客观行为，首先，其使用的虚构交易、虚开价格等手段，本身就是社会主义市场交易秩序所不允许的行为，其扰乱了作为国家宏观调控管理和决策之重要依据的信用卡业务的真实交易和数据情况。其次，其因实施违反信用卡使用规则的行为而非法获利，侵害的法益不仅是银行资金的安全，还有整个社会主义市场经济秩序。最后，上述商户不加区分刷卡套现人员的还款意愿和能力，为了追求非法利益，盲目支持持卡人套现，为信用卡诈骗类犯罪的滋生提供了土壤。故2018年《解释》第12条规定，"违反国家规定，使用销售点终端机具（POS机）等方法，以虚构交易、虚开价格、现金退货等方式向信用卡持卡人直接支付现金，情节严重的，应当依据刑法第二百二十五条的规定，以非法经营罪定罪处罚"，符合法律精神也具有合理根据。

案例四中，犯罪嫌疑人段某利用自己注册的公司、特约商户的身份以及申领的POS机，以虚构交易的方式，以为他人提高授信为目的，倒账套现，非法经营数额特别巨大；从后果看，其不仅严重扰乱了金融管理秩序和市场秩序，还因透支给各持卡人造成损失，按照《解释》的规定，追究犯罪嫌疑人段某非法经营罪的刑事责任，确属罚当其罪，是罪责刑相一致基本原则的具体体现。

2. 利用POS机为自己套现是否构成非法经营罪

关于行为人利用POS机刷卡套现，在实践中存在分歧的另一个问题是，如果行为人与持卡人重合，那么其为自己套现的行为是否认定为非法经营行为。有观点认为，传统意义上的"经营"是指企业的供应和销售，在经营关系中，包括经营者和经营相对方两个主体。在行为人和持卡人重合的情况下，经营者和相对方是同一个人，所以不可能存在"经营"关系，故不应当构成非法经营罪。另一个观点则认为，不论相对方是谁，行为人违反国家规定，客观上实施了非法套现的行为，符合非法经营罪的法定构成，应当以该罪定罪处罚。

笔者认为，分析一个行为是否构成犯罪，应当严格按照我国刑法的相关规定进行判断，所以应当跳出传统意义上的概念，分析刑法对非法经营行为的具体规定。该罪系从1979年刑法的投机倒把罪演变而来，因在实践中，投机倒把罪逐渐演变为"口袋罪"，所以1997年刑法对其进行分解，增设"非法经营罪"这一罪名，对违反国家规定非法经营，扰乱市场秩序，情节严重的行为进行规制和处罚。根据《刑法》第225条的规定，该罪包括：（1）未经许可经营法律、行政法规规定的专营、专卖物品或者其他限制买卖的物品的；（2）买卖进出口许可证、进出口原产地证明以及其他法律、行政法规规定的经营许可证或者批准文件的；（3）未经国家有关主管部门批准非法经营证券、期货、保险业务的，或者非法从事资金支付结算业务的；（4）其他严重扰乱市场秩序的非法经营行为。

为了防止该条第（4）项再次沦为"口袋罪"，2011年，最高人民法院印发《关于准确理解和适用刑法中"国家规定"的有关问题的通知》，要求各级人民法院审理非法经营犯罪案件，要依法严格把握《刑法》第225条第（四）项的适用范围……有关司法解释未作明确规定的，应当作为法律适用问题，逐级向最高人民法院请示。即如果判定某个行为属于"非法经营"行为，必须有司法解释的明确规定。随着社会主义市场经济的不断发展和犯罪形态的逐步增多，最高人民法院、最高人民检察院以司法解释的形式陆续规定非法出版、擅自经营电信业务、擅自发行或销售彩票、利用POS机为持卡人套现等多种行为，情节严重的，依照非法经营罪定罪处罚。法律将信用卡非法套现行为规定为"非法经营"，其否定的是行为人以虚构交易、虚开价格、现金退货等方式向信用卡持有人支付现金的行为，即非法将信用卡内授信额度转化为现金的行为,这种行为使得金融机构的资金脱离了正常的管控,从而陷入高风险之下,同时扰乱了国家正常的金融管理秩序,这与具体的交易对方当事人是谁无关,司法解释也并未将为本人套现的情形排除在外。所以,行为人即使为自己套现也应按照非法经营罪定罪处罚。

(四)妨害信用卡管理罪

案例五:犯罪嫌疑人于某因其被列入失信黑名单,无法申领信用卡,故请求其妻子史某办理信用卡为其使用。犯罪嫌疑人史某申领中国建设银行的信用卡之后,该卡一直由于某实际持有并透支消费。最初,犯罪嫌疑人于某能够按时还款,但在该卡累计透支14万余元时,其不再还款,经银行催收并经过三个月,仍无人还款,遂银行报案至公安机关。经查,犯罪嫌疑人于某使用该卡透支消费,部分用于购买奢侈品,部分用于家庭开支。

2005年,全国人民代表大会通过了《刑法修正案(五)》,制定了一系列信用卡相关的罪名,其中,妨害信用卡管理秩序罪就是新增加的罪名之一。根据《刑法》第177条之一的规定,本罪在客观方面有以下四种表现:(1)明知是伪造的信用卡而持有、运输的,或者明知是伪造的空白信用卡而持有、运输,数量较大的;(2)非法持有他人信用卡,数量较大的;(3)使用虚假的身份证明骗领信用卡的;(4)出售、购买、为他人提供伪造的信用卡或者以虚假的身份证明骗领的信用卡的。这就有效解决了我国信用卡发展态势与法律规定较为滞后之间的矛盾,对于更好地遏制和惩治信用卡相关犯罪起到了积极作用。

1. 经持卡人同意而持有其信用卡是否属于"非法持有他人信用卡"

根据《银行卡业务管理办法》第28条第3款的规定,银行卡及其账户只限经发卡行批准的持卡人本人使用,不得出租和转借。据此,从理论上讲,只要是持有他人信用卡,即使经过持卡人同意,仍属于"非法持有"。但鉴于本罪立法目的是规制行为人在没有合法合理根据的情况下大量持有（5张以上）他人信用卡，行为人具有为实施金融诈骗类犯罪做准备的嫌疑，所以，在实践中并非所有"非法持有"的情况都按犯罪处理。具体而言，可分为三种情形：第一种是获得信用卡的行为本身违法，如通过盗窃、收购信用卡而持有。第二种是获取途径不违法，但是持有行为违法，如拾得他人信用卡，不依法归还持卡人或金融机构而自己持有。以上两种情形，均构成刑法上的"非法持有"。第三种是经持卡人同意持有信用卡的情况，需要具体情况具体分析，如果行为人持有的是他人没有作废、可以透支的贷记卡，即使经过持卡人同意，达到了法定追诉的数量标准，也应当按照"非法持有型"妨害信用卡管理罪定罪处罚。但如果行为人系为持卡人保管、取款而持有信用卡，收藏他人没有余额、不能透支的借记卡或者向亲友短期拆借信用卡内资金的，不宜认定为犯罪。例如案例五中，信用卡合法持卡人系犯罪嫌疑人史某，实际持卡人和使用人却是于某，但因二人系夫妻关系，且该卡部分透支款项用于家庭共同开支，故犯罪嫌疑人于某不属于"非法持有他人信用卡"的情况，上述二人实际构成信用卡诈骗罪的共犯。

2. 如何界定"虚假的身份证明"的范畴

所谓身份证明，是指居民身份证、军官证、士兵证、港澳通行证、台湾居民来往大陆通行证、护照等用以证明信用卡申领人真实身份的文件、资料。立法之所以将这种方式确定为犯罪，是因为该行为表明行为人可能有进行信用卡诈骗的故意。而对于只是在工资收入、财产状况等方面作了不实申报或者提供虚假证明的情况，公安部经济犯罪侦查局于2008年在《关于对以虚假的工作单位证明及收入证明骗领信用卡是否可以认定为妨害信用卡管理罪请示的批复》中明确指出不能确定为妨害信用卡管理罪。另外，对于伪造信用卡的行为，《刑法》第177条第1款第（四）项规定，按照伪造金融票证罪定罪处罚。可见，随着法律的不断完善和相关解释的出台，信用卡相关犯罪的规定越来越明确、具体、详细，真正做到让实施非法行为的人员无空可钻。

3. 出售真实的信用卡是否构成本罪

首先，如果行为人单纯以牟利为目的，出售少量的以其真实身份申领的信用卡，不知道收购人存在犯罪意图的，不能认定为犯罪。其次，如果行为人明知他人将信用卡用于诈骗、洗钱等犯罪活动仍然出售，即使出售的是其本人的真卡，也应当认定为相关犯罪行为的共犯。最后，如果行为人出售他人的信用卡，则要根据其具体的持有目的、数量、信用卡状况（例如，是否能够进行交易）等情况，按照非法持有型的妨害信用卡管理罪或者窃取、收买、非法提供信用卡信息罪定罪处罚。

（五）窃取、收买、非法提供信用卡信息罪

案例六：犯罪嫌疑人张某通过QQ群联系潘某，以出售为目的从潘某处收购银行卡套餐9套，每套售价450元至500元不等，含银行卡、U盾、手机号码及持卡人身份证照片。犯罪嫌疑人张某已将上述银行卡套餐按照每套650元的价格售出。

窃取、收买、非法提供信用卡信息罪也是2005年《刑法修正案（五）》新增加的罪名之一，是指窃取、收买或者非法提供他人信用卡信息资料的行为。所谓"信用卡资料"，是指发卡银行在发卡时使用专用设备写入信用卡磁条中的，作为POS机、ATM机等终端机识别合法用户的数据，是一组有关发卡行代码、持卡人账户、账号、密码等内容的加密电子数据。结合《解释》，行为人实施上述行为，足以伪造可进行交易的信用卡，或者足以使他人以信用卡持卡人名义进行交易，涉及信用卡一张以上即构成本罪。

在审查此类案件时，要注意区分以下情况：第一，如果行为人窃取的不是信用卡资料，而仅仅是电话号码、家庭住址等其他信息，则认定为一般民事侵权行为，不按犯罪处理。第二，上述"信用卡信息资料"一定要达到"足以伪造可进行交易的信用卡"或者"足以使他人以信用卡持卡人名义进行交易"的程度，才构成本罪。第三，本罪在客观方面不仅包括采用偷窥等在持卡人不知情的时候秘密获取，还包括采取欺诈等手段，让持卡人主动告知有关信息，例如通过发送手机短信的方式谎称被害人有银行卡异常消费的情况，要求其提供密码予以核实；或者在ATM机上安装吞卡装置，张贴虚假求助电话，骗得被害人的信用卡信息等。第四，本罪规定的行为实质是伪造金融票证罪、信用卡诈骗罪的预备行为，如果行为人利用这些信用卡信息资料实施了符合其他犯罪构成的行为，其所实施的窃取、收买、非法提供信用卡信息行为将按照牵连犯从一重罪的处断原则进行认定。如果行为人尚未继续实施其他违法犯罪活动，则当然成立本罪，立法将此类行为规定为独立犯罪，目的就是加强源头惩治，将信用卡诈骗类犯罪扼杀在摇篮中，从而达到有效处罚和防范相关犯罪活动的目的。

案例六中，犯罪嫌疑人张某以出售为目的收买银行卡、U盾、手机号码及持卡人身份证照片等，该"套餐"打包使用，足以使他人冒充持卡人名义进行交易。犯罪嫌疑人张某已将上述9份"套餐"售出，实际上已经造成了9张信用卡被冒用的风险，且该数额已经达到了《解释》规定的5张以上，属于"数量巨大"，故对犯罪嫌疑人张某应当按照收买信用卡信息罪，处以3年以上10年以下有期徒刑，并处2万元以上20万元以下罚金。

三、对策建议

（一）加强事前防控，规范发卡行为

1. 发卡机构应谨慎选择发卡营销外包服务商，要充分审查、了解其真实经营状况、财物状况以及风险控制、责任承担能力，并且签订书面合同，约定保密义务以及不得转包，不得成为特约商户等条款，切实保护申请人的个人信息。

2. 发卡机构须加强对申请人的身份信息、财产状况、资信情况的审核把关，必须做到形式审查与实质审查的统一，确保担保财产的真实性和授信额度的匹配性，严禁不法中介机构或者个人骗领信用卡，切实保障申请人的财产权益。

（二）强化事中监督，监测用卡行为

1. 发卡机构应加强有关信用卡知识的宣传教育工作，尤其在申领信用卡的时候，重点告知持卡人应当正确、规范使用信用卡以及防骗防盗基本常识。同时加强对ATM机的巡检和监控，确保ATM机的安全技术防范能力，以保障持卡人资金安全。

2. 发卡机构可以适当增加监控方案，对于信用状况发生不良变化的，要立即采取相关措施；此外，对于大额交易，除密码之外可以增加持卡人签名或者人面、指纹等识别，保证信用卡均由持卡人本人使用。

3. 收单机构应对特约商户实施日常监控，对于出现交易量突增、频繁出现大额、整额等异常现象应及时调查处理，确认具有套现等违规行为的商户，应立即终止与其交易，并及时通知发卡机构。

4. 建立交易数据记录、分析和监控系统，一旦发现套现或者代还等不正常使用情况的信用卡，发卡机构应当立即展开调查，并即刻采取降低授信额度或者止付等相关措施，以保障银行资金安全。

（三）重视事后挽损，严惩违法行为

1. 各发卡机构应当充分利用中国银联建立的"银行卡风险信息共享系统"，及时将不良持卡人、黑名单商户等重要负面信息录入系统，实现共享。

2. 发卡行发现不法中介或者个人存在骗领信用卡或者违规使用信用卡等情形的，应当立即向工商部门、公安机关等有关单位进行报送并协助上述单位依法处理。

3. 发卡机构应当认真学习、贯彻国家相关法律规定，切实掌握刑事案件证据标准，在及时发现的基础上，做到有效催收，切勿贻误追赃挽损的有效时机。

近年来，中国人民银行、中国银联风险管理委员会陆续发布《关于加强银行卡安全管理预防和打击银行卡犯罪的通知》《关于信用卡业务有关事项的通知》《关于开展收单机构信用卡违规代还专项规范工作的通知》等文件，从推进信用卡利率市场化、减少信用卡息费规则相关行政干预、优化信用卡预借现金服务等方面，作出制度安排，赋予发卡机构更大的创新空间和自主决定权，同时对于防范和打击信用卡相关犯罪起到积极作用。笔者认为，各发卡机构应当认真学习、切实贯彻相关文件精神，增加防控意识，严格按照法律规定、行业标准发放、管理信用卡，以司法案例为鉴，加强防范措施，从源头遏制住信用卡相关犯罪，努力让信用卡业务走上收益多元且风险可控的健康发展道路。

检察公益诉讼在地下水资源保护中的价值阐释及实现路径

韩 伟[*]

【摘 要】 近年来,在社会经济快速发展的同时,城市发展和工业、农业生产对地下水资源需求持续增长,造成的污染也愈加严重,无度的开采与破坏给地下水资源带来了巨大影响。本文从我国目前地下水面临超采与污染情况出发,从检察机关公益保护角度出发,通过研究督促行政监管和责任主体损害修复,提出有效防治对策。

【关键词】 超采 污染 检察机关提起公益诉讼制度 行政监管 恢复治理

一、地下水资源基本情况及现状

我国《水法》将水资源划分为地表水和地下水。地下水是指存于地面以下岩石空隙中的水。在国家标准《水文地质术语》(GB/T 14157-93)中,地下水是指埋藏在地表以下各种形式的重力水。地下水主要来源于大气降水和地表水的入渗补给;同时以地下渗流方式补给河流、湖泊和沼泽,或直接注入海洋,与地

---

[*] 作者单位:河北省唐山市人民检察院。

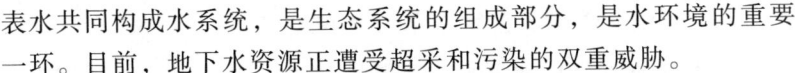

表水共同构成水系统，是生态系统的组成部分，是水环境的重要一环。目前，地下水资源正遭受超采和污染的双重威胁。

（一）环渤海经济区地下水资源匮乏

1. 环渤海经济区地下水资源现状及成因

我国是缺水国家，人均水资源占有量在世界排名比较靠后，我国水资源总量1/3是地下水，长期以来，地下水以其稳定的供水条件、较好的水质，成为人民生活、农业灌溉、工矿企业生产用水的重要水源。我国水资源时空分布不均，南多北少，占全国总面积64%的北方地区拥有水资源量约占全国地下水资源总量的30%。地下水资源分布图谱显示，环渤海经济区涉及京、津、冀、辽、蒙、鲁、晋七个省份（自治区、直辖市），除内蒙古自治区部分地区属于"地下水资源一般地区"外，其余六个行政区域均处于"地下水资源缺乏地区"行列。以华北地区为例，以占全国总量4%的水资源支撑着全国12.92%的人口的生产、生活，由于水资源的匮乏，20世纪70年代以来，华北地区的用水量大大超过了水资源承载能力，通过过度开采地下水来弥补水资源不足给发展带来的制约，地下水开采量由每年200亿立方米左右增加到2017年的363亿立方米。

2. 地下水资源超采带来的一些系列生态环境危机

随着近半个世纪地下水资源的过量开采，一系列生态环境问题逐渐凸显。一是地下水水位下降造成地面沉降而形成漏斗区。二是地下水位下降易造成地裂缝，对城市基础设施建设构成严重威胁。三是在渤海沿岸的大连、秦皇岛、沧州、青岛、北海等城市地下水位下降，引发海水入侵，导致地下水水质恶化，其中山东半岛和辽宁半岛情况最为严重。四是地下水位下降会导致河水断流，水源枯竭，湿地消失，植被退化，土壤沙化，土地调节功能丧失等生态问题。

（二）环渤海经济区地下水污染问题凸显

1. 环渤海经济区地下水环境现状

除了地下水资源体量减少，水体污染问题也越发严重。水利部公开的2016年1月《地下水动态月报》显示，全国八成地下水水质较差。主要超标指标为总硬度、锰、铁、溶解性总固体、"三氮"（亚硝酸盐氮、氨氮、硝酸盐氮）、硫酸盐、氟化物、氯化物等，除污染情况较重外，部分地区还存在砷、铅、汞等重金属超标和有毒有机物污染。

2. 造成地下水资源污染的原因

除了一部分自然界中产生的有害物质通过生态循环被带入地下水层中造成污染，人为因素造成的地下水污是地下水污染严重的重要原因。人为造成的地下水污染呈现由点到面、由浅到深、由城市到农村扩展的特点。重要污染源有以下几类：一是垃圾掩埋污染；二是工业"三废"污染；三是农业面源污染。农村农药、化肥的大量使用，残留物质会随着土壤循环、水利灌溉等溶入地下水中；且畜禽养殖污染严重等，导致地下水污染日益严重。

3. 地下水资源污染对生态环境影响深远

地下水按照区位划分为浅层地下水和深层地下水，浅层地下水与地表水相连通，有一定的自净能力，如果能够有效控制地表污染源，浅层地下水能够慢慢恢复洁净。深层地下水隔着隔水层，不易被污染，一旦被污染，因其补给十分缓慢，就很难恢复，影响深重、长远。同时，地下水遭到污染后，不仅会反过来影响与之联通的地上水源，如河流、海洋的生态环境，也会影响流经或者灌溉的土壤环境，影响饮用水的食品安全。

二、地下水超采与污染问题的根源

（一）地下水资源保护与污染防治法律制度不完善

一是国家至今尚未颁布地下水资源保护的专门法律，《水法》

和《水污染防治法》虽然对地下水资源环境保护提供了基本的法律依据，但原则性强，没有将地下水污染防治工作的责任进行明确划分，没有规定具体操作措施，导致地下水污染防治工作可操作性差。二是关于地下水、地热水和矿泉水资源的行政管理问题，相关行政部门存在一定争议。《水污染防治法实施细则》明确地下水包括地热水、矿泉水。而《矿产资源法实施细则》则规定"地下水资源具有水资源和矿产资源的双重属性"，并规定地下水、矿泉水属于水气矿产，地热属于能源矿产。对于地热水、矿泉水的行政管理经历了矿产资源部门（现国土资源部门）主导到水利部门主导的沿革，至今关于开采矿泉水、地热水办理取水许可证、采矿许可证，缴纳矿泉水、地热水采矿权使用费、矿产资源补偿费和水资源费之间仍有规定交叉之处，不利于资源的行政监管和保护。

（二）行政机关监管履职不到位，综合协调能力低

现实中，多个行政机关之间监管职责划分、行政机关内部各个监管环节都涉及地下水资源的开采和使用，导致管理权限交叉，各部门之间没有形成高效的综合协调机制，导致地下水污染防治工作出现割裂问题，形成多头管理互不沟通的状态，支持地下水污染防治工作的功能没有充分发挥。同时，行政部门间沟通协调机制不健全，导致沟通不畅，监管、治理不全面。

（三）环境执法与司法之间的协调联动不足

环境司法与环境行政执法是生态环境相关法律制度得以有效落实的重要保障。相较于环境行政执法，现阶段司法手段仍显得不足，环境纠纷信访来函、环境行政处罚与进入诉讼程序的案件数量比例明显失调。一是对于水务、环保部门移送的涉嫌环境犯罪线索，仍存在不能及时立案的情况；对于采取联合执法行动遏制超采、污染的需求，部门之间没有形成机制化的联动；对于资源和环境破坏证据的采集和认定，二者没有达到很好的协调衔接。二是行政非诉执行案件法院立案难、执行难情况仍存在。

三、检察公益诉讼在地下水资源保护中的价值

（一）检察公益诉讼制度的优势

2017年6月，国家专门设立检察公益诉讼制度，针对生态环境和资源等四个领域，以检察机关提起公益诉讼的方式保护国家和社会公共利益。《民事诉讼法》第55条规定，检察机关在生态环境和资源保护、食品药品安全领域发现损害社会公共利益的行为，可以向人民法院提起诉讼或者支持法律规定的机关、组织起诉。《行政诉讼法》第25条规定，检察机关发现生态环境和资源保护、食品药品安全、国有财产保护、国有土地使用权出让等领域负有监督管理职责的行政机关违法行使职权或者不作为，致使国家利益或者社会公共利益受到侵害的，通过检察建议的方式督促其依法履行职责，行政机关不依法履行职责的，检察机关应向法院提起诉讼。检察机关提起公益诉讼制度，是党中央在全面依法治国背景下构建权力监督制约体系所作出的一项重大制度设计，以行政履职体外监督，甚至直接起诉损害公益违法行为人的方式，守护国家和社会公共利益。

2020年1至9月，全国检察机关共立案办理公益诉讼案件109626件，同比上升19.4%。其中民事类立案10281件，行政类立案99345件。2020年1至9月，全国检察机关通过公益诉讼检察共挽回、督促修复、清理林地、耕地、湿地、草原、水域17.6万亩；督促处理生活垃圾、固体废物219.7万吨；督促关停和整治各类企业2524家；索赔环境损害赔偿金2.3亿元；督促查处、收回销售、流通中的假冒伪劣食品7.2万公斤。检察机关以实实在在的办案效果促进公益保护工作稳步健康开展，实现以最小的司法资源获得最佳的监督、沟通、协调效果，公益诉讼的制度设计价值得以彰显。

(二）检察公益诉讼在地下水资源保护领域的作用

地下水资源属于国家所有，保护水环境和地下水资源符合国家和社会公共利益，属于检察公益保护的范畴。在生态环境资源领域，保护的意义在于预防、惩治和修复，这也正是检察公益诉讼职能的价值体现。检察公益诉讼不是目的，以高效能的制度设计通过整治和修复受损公益才是公益保护的初衷。

制度设计上，检察机关通过对行政机关违法行使职权或者不作为发出诉前检察建议督促行政机关严把行政监管各环节，加强行政违法行为的防范和惩治，对拒不履职的行政机关依法提起行政公益诉讼；对破坏环境和资源、食品药品安全领域，损害社会公共利益的违法行为，提起民事公益诉讼，要求责任主体承担损害赔偿和修复责任，达到惩治和恢复性司法目的。

检察机关作为专门的法律监督机关，比在公益保护领域法律规定的其他起诉主体拥有更加充分的技术和法律支持；检察公益保护作为恢复性司法实践践行者，弥补了一直以来公地损害保护的缺失，通过损害赔偿和恢复治理，维护国家和社会公共利益；检察公益诉讼作为法律创设的行政执法的体外监督手段，更能激发行政机关自我纠正积极履职、依法履职；检察公益保护以领域划定职责范围，相较行政机关个体更有监督广度和适法深度的优势，通过法律框架下的机制建设实现高效的沟通协调，起到粘合剂的作用，促进相关联行政执法部门对某一领域的多角度全面保护。

四、地下水资源保护领域检察公益保护的实现方式

按照最高人民检察院张军检察长的要求，检察机关办理公益诉讼案件，需坚持"双赢、多赢、共赢"的监督理念，坚持严格依法监督、推动行政机关依法全面履职、维护社会稳定。

（一）建立联系机制，加强行政机关之间、行政机关与司法机关之间沟通协调

面对水资源保护与污染治理问题不能单兵作战，需要配合多方面的共同协作。检察机关可以研究法律适用和各行政机关监管职责，通过建立联席会议、圆桌会议等协调联动机制，弥补专门法律相互间衔接和协调不足问题，解决行政机关之间、行政机关与司法机关之间工作分歧，以检察监督职能粘合各单位职责，堵住制度缺口，统一行政机关监管尺度与执法标准，形成信息共享、移送案件、联合调查等高效工作机制。

（二）依托行政公益诉讼制度设计，推动部门间高效协同治理

第一，充分发挥两法衔接信息共享平台的作用，通过掌握环保、水务、国土、规划、食药监、税务、财政、公安等所有涉及地下水领域行政执法单位的执法信息，加大检察监督力度。第二，由于污染治理紧迫性的特点，以诉前督促解决问题为常态目标，起诉为最后手段，争取通过诉前检察建议与联席会议、圆桌会议同步并行等方式，督促行政机关自我纠错、积极履职，以较小的司法成本提高解决资源环境问题效率。第三，检察公益诉讼两年来实践显示，诉前检察建议重要功能之一就是能够以个案办理督促类案整治，最终实现行业执法能力整体提升。第四，建立跟踪监督机制，在地下水污染案件多个环节，依托检察监督职能，全程追踪、全面掌握，发现问题及时督促纠正。

（三）通过发挥民事公益诉讼职能，增加违法成本以实现对违法行为的威慑与警示

第一，对于破坏资源环境等违法犯罪行为，法律规定行政处罚、刑事追究，限于对行为违法程度的评价，并不直接实现对损害的恢复。而检察机关通过提起民事公益诉讼，要求侵权责任人承担损害赔偿责任，通过停止侵害、赔偿损失、恢复原状等诉讼

请求的提出，直接实现受损环境治理，避免"他人致损，群众受害，政府买单"的情况发生。第二，污染环境违法犯罪行为，尤其是污染地下水源行为发现难、损害责任主体明确难、损害鉴定难、地下水环境治理难，需要专业的司法团队和强大的体制支撑。第三，检察机关还可以通过支持起诉的方式，实现公益保护。如2017年12月，中共中央办公厅、国务院办公厅印发了《生态环境损害赔偿制度改革方案》，以政府为主体的生态环境损害赔偿诉讼制度全面实施，检察机关可以利用自身业务优势，在证据规则、法律适用等专门领域提供帮助，共同维护公共利益。

（四）通过提起刑事附带民事公益诉讼，实现对违法犯罪的震慑和惩治

检察机关作为法律监督机关，通过内部各部门间沟通协调，加大对破坏水资源、污染水环境刑事犯罪的打击力度，严惩多发、高发的违法犯罪行为，针对地下水资源超采、污染屡禁不绝的现象，协调公安、水利、环保等部门，加强行政处罚和刑事打击力度。通过对重大责任案件，提前介入固定证据，引导调查取证，提高民事赔偿责任追究的能力与效率。

（五）通过践行恢复性司法理念，实现生态修复

公益保护的最终目的是实现恢复治理。公益诉讼制度框架内的生态修复问题涉及多个部门，由于生态修复的复杂性及专业性，现在主要采取的是政府主导的修复模式，但如何确定修复主体也是一个难题。同时，生态修复不是"一次性"的，而是一个整体的、系统的、长期的工程，持续的修复周期和修复结果的验收势必需要相应的管理监督制度与之相配套。建议在修复过程中，检察机关共同参与，前期严格审核修复主体的资质；修复过程中，定期检查项目的进程和效果；修复完毕后，定时维护，保障修复效果。

（六）通过强化制度建设和行政监管，加强地下水资源违反犯罪行为防控

由于地下水超采回补难、污染后恢复更难的特点，预防工作尤其重要。检察机关可以通过办案或者联系机制，会同行政执法单位开展专项检查、整治等手段，督促提升水务、环保部门监管力度和监管效率，弥补管理体系疏漏，提升网络监测工作力度和方法，推进地下水严格管控；督促加大重点水污染地域的监控强度，构建相对独立的重灾区检测系统，做到对地下水含量、质量、动态变化等的全面监测，更新提供有效信息，地下水超采、污染及时监管提供科学基础；可以通过促进相关地下水超采、污染问题地方性规范的建立，细化具体措施，明确监管部门与取水、排污单位自身责任与目标；协助行政机关执行《华北地区地下水超采综合治理行动方案》《扩大水资源税改革试点实施办法》等国家保护地下水资源的重要举措，构建完整、科学的地下水资源环境保护体系。

（七）加强地下水资源保护的宣传和引导

检察机关要发挥检察公益诉讼对生态的保护作用，牢牢把握国家和社会公共利益价值目标，联合相关行政机关通过多种手段宣传保护地下水资源的重要意义；通过以案说法等形式，对违法犯罪行为形成震慑；可以开设生态修复项目公开日，邀请公众参观生态修复的进程和效果，加强公众的环境保护意识，普及和宣传公益诉讼制度；将举报热线、"随手拍"等新媒体、网格化管理等方式结合起来，及时获取地下水污染等案件线索，及时制止违法行为，及时修复受损环境。

五、结语

习近平总书记强调，河川之危、水源之危，是生存环境之危，是民族发展之危。治理地下水超采、污染是一项需要长期坚持的

工作，通过检察公益保护促进地下水领域行政执法和环境修复治理，同时通过提高人们保护水资源的意识，加大对地下水的利用率，能够改善目前愈加严峻的地下水污染形势，为社会的稳定发展与人们的健康生活提供坚实基础，实现我国可持续发展的目标。

浅析刑事诉讼中检察官与被害人之间的关系

冯玉明[*]

【摘 要】 伴随国家公诉制度的产生,刑事诉讼中被害人的地位大体经历了由刑罚执行者到犯罪追诉者再到检察机关辅助者,其追诉权利逐渐减弱。在刑事诉讼中被害人虽有检察官维护其合法权益,但检察官在根本上代表的是国家利益,往往忽视被害人的部分正当诉求,所以,二者关系想达到和谐状态需要解决一系列问题。对于刑事诉讼中二者关系问题的研究,有助于寻找问题根源,发现和解决问题,促使二者关系达到最大程度的和谐,进而达到司法进步的目的,也是我国全面依法治国、建设社会主义法治国家、构建和谐社会的必然要求。笔者对检察官与被害人之间的关系进行探析,以期能够较为深刻地认识到两者之间存在的主要问题,并结合我国司法实际对这些问题提出解决的办法,从而更好地维护司法公正。

【关键词】 检察官与被害人关系 刑事诉讼 权力制约

一、我国检察官与被害人之间关系的发展演进及现状

(一) 我国检察官与被害人之间关系的发展演进

刑事诉讼中检察官与被害人的关系问题是随着检察制度的确

---

[*] 作者单位:河北省唐山市丰南区人民检察院。

立而逐步显现出来的，因此，若要了解我国检察官与被害人之间关系的发展演进就必须了解我国检察制度的发展演进过程。

晚清时期的刑事法律将犯罪控诉权完全交由检察机构行使，几乎剥夺了刑事被害人在刑事诉讼中的所有权利。犯罪控诉权利变迁又经历了民国以及新中国成立后直到现在的几个阶段，其间我国追诉犯罪均实行公诉为主、私诉为辅的诉讼制度。直至1979年刑事诉讼法规定了自诉制度，并规定刑事被害人是自诉案件中的诉讼当事人。1996年刑事诉讼法首次将刑事被害人确立为公诉案件的当事人。① 2013年1月1日生效的刑事诉讼法，扩大了检察官的自由裁量权，同时也增强了对被害人的保护，并且在一定程度上缓解了检察官与被害人之间的矛盾。

（二）我国检察官与被害人之间关系的现状

1. 立法现状

（1）起诉阶段二者的关系。在审查逮捕阶段，现行刑事诉讼法对于检察官和被害人之间的关系，没有具体规定与之对应，因此我们暂时只考虑起诉阶段的情况。刑事诉讼法规定了检察机关、检察官在起诉阶段的各项权力，同时规定了被害人的各项权利，可据此对二者之间的关系进行分析。

检察官拥有自由裁量权。根据刑事诉讼法规定，检察机关、检察官有提起公诉的权力。如《刑事诉讼法》第169条规定"凡需要提起公诉的案件，一律由人民检察院审查决定"。第177条第2款规定："对于犯罪情节轻微，依照刑法规定不需要判处刑罚或者免除刑罚的，人民检察院可以作出不起诉决定。"

刑事被害人享有制约检察官自由裁量权的部分权利。《刑事诉讼法》第180条规定"对于有被害人的案件，决定不起诉的，人民检察院应当将不起诉决定书送达被害人"。另外，我国法律还规

---

① 周伟、万毅：《刑事被告人、被害人权利保障研究》，中国人民大学出版社2009年版，第231页。

定了自诉制度，对于部分比较轻微的犯罪行为由被害人决定是否起诉。以上法律规定表明刑事被害人享有起诉及部分知情权等权利。如此规定对于检察官不起诉决定起到了一定程度的制约作用。

（2）审判阶段二者的关系。在审判阶段，人民检察院主要是通过对人民法院的审判活动进行监督来保护被害人的合法权益。《刑事诉讼法》第209条规定："人民检察院发现人民法院审理案件违反法律规定的诉讼程序，有权向人民法院提出纠正意见。"不仅履行了法律监督职责，有助于保障司法公正，同时也对被害人的合法权益进行了保护，有利于促进二者之间的和谐。

《刑事诉讼法》第50条规定的证据类型中包括被害人陈述，且被害人陈述是作为证据来使用的。如此规定使得被害人能够参与到刑事诉讼中来，且有进行陈述的权利，使得其能够亲自出庭表达自己真实的想法，在某种程度上能够抚平被害人心理创伤，减轻被害人"复仇"心理，进而有利于社会和谐稳定。

（3）诉讼监督阶段二者的关系。目前，我国检察机关的诉讼监督方式主要为刑事抗诉。① 《刑事诉讼法》第228条规定："地方各级人民检察院认为本级人民法院第一审的判决、裁定确有错误的时候，应当向上一级人民法院提出抗诉。"从目前来看，抗诉是我国实质意义上仅有的监督方式。② 《人民检察院刑事诉讼规则》中"刑事诉讼法律监督"专列一章保障对刑事诉讼全过程的监督。诉讼监督职能的行使，能够有效维护被害人在刑事诉讼中的合法权益，也有助于检察官与被害人之间的关系达到更为和谐的状态。

另外，《人民检察院刑事诉讼规则》第593条第3款规定："当事人及其法定代理人、近亲属对人民法院已经发生法律效力的

---

① 王守安：《中国检察》，中国检察出版社2018年版，第134页。
② 周永年：《刑事抗诉重点与方法》，中国检察出版社2013年版，第1页。

理念与实务

判决、裁定提出申诉，经人民检察院复查决定不予抗诉后继续提出申诉的，上一级人民检察院应当受理。"该规定表明，刑事被害人为保护自己的控诉权利可以向检察机关主动请求提起抗诉。除此之外，被害人还享有对检察机关、检察官不抗诉行为的制约权利。这样的法律规定有利于二者之间关系的和谐，并且有利于促进实现公平正义。

2. 司法现状

在司法实践层面，我国刑事诉讼中检察官与被害人之间的关系一般情况下会达到一定程度上的衡平状态。检察官也需要被害人提供客观真实的陈述和证据，而被害人会积极配合检察官追诉犯罪，从而达到惩罚对方、获得经济赔偿等目的。例如，在审判阶段，检察官通过行使监督权确保正确认定被告人的刑事责任，并有力维护被害人的合法权益。而刑事被害人在庭审阶段可以进行被害人陈述，表达自己的真实想法，从而起到协助检察官追诉犯罪的作用。

二、我国检察官与刑事被害人之间关系存在的主要问题

通过对现行刑事诉讼法及相关法律进行梳理，笔者发现不管是在立法层面还是在司法实践层面，我国检察官和刑事被害人都享有相应的权利来追诉犯罪，因此，二者之间的关系总体上能够和谐发展，但仍存在诸多矛盾之处。

（一）被害人对检察官的决定不服时缺乏有效救济途径

我国刑事诉讼法等法律规定了检察机关有作出相关决定的权力，但对此却缺乏刚性监督制约措施。最主要表现为：

一是在审查逮捕阶段，当检察官决定对案件不批准逮捕时，刑事诉讼法及相关规定中尚未规定刑事被害人对不捕决定不服时

的救济措施。① 换言之，被害人只能接受这个结果，而没有任何其他渠道来寻求救济。

二是个别检察官存在滥用自由裁量权的问题。比如，当检察官滥用不起诉权时，刑事诉讼法虽然规定了被害人享有申诉权和直接起诉权，然而实际上受各种因素影响，被害人通过这两种救济方式追诉犯罪的目的并不容易实现，而对检察机关作出不起诉的决定较难改变。

（二）被害人的知情权未得到检察官足够重视

"被害人知情权指的是检察官在作出决定批准逮捕、不批准逮捕、提起公诉、不起诉等事项时，被害人有权利获得告知。"②《刑事诉讼法》第180条规定，检察机关决定不起诉的，应当将不起诉决定书送达被害人，据此可知，我国刑事被害人享有部分知情权。然而现实却是，个别检察官对于被害人享的知情权不够重视，使得被害人的知情权"形同虚设"，造成了二者之间关系紧张，同时也不利于公平正义的实现。

（三）公诉与自诉制度之间缺乏有效衔接

《刑事诉讼法》第210条规定了几类自诉案件，主要包括：（1）告诉才处理的案件；（2）被害人有证据证明的轻微刑事案件；（3）被害人有证据证明对被告人侵犯自己人身、财产权利的行为应当追究刑事责任，而公安机关或人民检察院不予追究被告人刑事责任的案件。③ 其中第三类属于公诉转自诉案件，其立法本意在于保护被害人并对公权力起到制约的作用，然而该自诉制度

---

① 房保国：《被害人与检察官关系的梳理和优化》，载《中国检察官》2010年第12期。

② 房保国：《被害人的刑事程序保护》，法律出版社2007年版，第226页。

③ 李桂华：《刑事诉讼中检察官与被害人的关系探析》，华东政法大学2010年硕士学位论文。

的规定太过概念化,可操作性比较差,在司法实践中的实行也并不顺利。① 而另外两种情形,尽管在司法实践中收到一定的效果,却也经常因为被害人自身能力的限制,而使得犯罪追诉效果大打折扣。虽然我国法律规定了自诉制度来加强对刑事被害人的保护,然而在目前这种自诉制度模式下,公诉与自诉制度之间仍缺乏有效衔接,不能使刑事被害人最大程度维护自身合法权益,同时也无益于我国检察官与被害人之间关系的和谐发展。

以上是我国刑事诉讼中检察官与被害人之间的关系存在的主要问题,此外,还有一些问题会影响二者关系,比如,刑事和解制度适用率不高、检察官职业建设有待完善等,对于这些问题也应当引起足够的重视。

三、我国检察官与被害人之间关系的优化路径

笔者试图通过对本文研究的问题进行简要分析,并提出具体建议,以期促使检察官与被害人之间的关系在现有基础上达到更为和谐的状态。

（一）完善对检察官权力的监督和制约

当前检察机关已经完成了内设机构改革,开始了"捕诉一体"的办案新模式,这样的制度更有利于节省司法资源、提高办案质效。但在研究我国检察官与刑事被害人之间关系问题上,我们还需要把审查逮捕和审查起诉分开来讨论。

在审查逮捕阶段,对于检察官作出不批准逮捕的决定,现行法律无任何救济措施。笔者认为,被害人作为受害者,为有效维护自身合法权益,应当享有对检察官部分决定的制约权,因此,笔者认为可以在刑事诉讼法中规定刑事被害人享有一定的刑事案

---

① 马进宝、张丽辉:《公诉转自诉的法律困惑与完善构想》,载《政治与法律》2009年第2期。

件复议权。当被害人对检察官作出的不批准逮捕决定不服时，可以向检察机关进行复议，检察机关必须进行讨论，并将案件最终结果及理由书面答复被害人。

如今刑事案件高发、办案一线案多人少，适当放宽不起诉案件的适用条件，对于节约司法成本、增强办案质量、化解社会矛盾具有一定的裨益。[①] 但为有效预防检察官对不起诉权力的滥用，笔者认为可以建立不起诉听证制度。即当被害人及其近亲属或是其辩护人对检察官作出不起诉决定不服时，可以向检察机关提出听证请求。如果听证后双方未能达成一致意见，检察官仍然决定不起诉，则需要通过其上级检察机关审查批准。

通过赋予被害人一定程度的刑事案件复议权和设置不起诉听证制度，能够有效制约检察官在审查逮捕和审查起诉阶段滥用裁量权，真正做到把权力关进制度的笼子里。

（二）完善被害人告知制度

上文已经详细论述我国部分检察官对被害人知情权不够重视的问题。因此，笔者认为，可以在相关法律中增设被害人告知制度，规定在作出与被害人有利害关系的重大决定时，应当书面告知被害人，进而充分保障被害人的知情权。目前，天津市检察机关已经在被害人告知制度方面走在了前列，并有效缓和了当地缠访闹访问题，取得了良好的社会效果，同时也有助于缓解检察官与被害人之间的关系。

（三）建立自诉案件协助制度

现行刑事诉讼法规定了自诉制度，被害人享有主动追诉犯罪的权利。同时自诉人也负有举证责任，一方面大部分自诉人法律意识和维权意识淡薄，另一方面自诉人的证据意识和取证能力有限，使得大部分自诉案件中的犯罪行为得不到有效追诉。我国台湾地区法律中有检察官对自诉人的协助性规定，其法院组织法规

[①] 王守安：《中国检察》，中国检察出版社2013年版，第296页。

定"协助自诉为检察官之职权"①。此外,检察官对自诉案件进行协助,在西方国家也已经是普遍性原则。这项原则的核心基础在于保障人权,在综合考虑对案件的社会影响,基于对国家及个人利益方面的保护而加以规定。②因此,笔者认为可以结合我国司法实际,在法律中规定自诉案件协助制度。在被害人自诉案件中,让检察官为其提供必要帮助和指导,如此能够更好地解决自诉制度中存在的问题,加强对犯罪的追诉,强化公诉与自诉之间的衔接,同时也有利于检察官和被害人之间关系的和谐发展。应注意的是,在自诉案件中检察官应定位为协助的角色,否则会违背自诉制度的立法本意,产生适得其反的效果。

(四) 强化检察官职业建设

关于检察官职业建设方面,笔者试图从转变检察官司法理念和提高检察官职业素养进行分析阐释。

一是转变检察官司法理念。张军检察长要求,把以人民为中心融入每一项检察工作中。新时代检察工作必须树立以人民为中心的司法理念。检察官对处于刑事诉讼中被害人没有给予重视,从而使得刑事被害人在刑事诉讼中的地位弱化。因此,检察官应及时转变司法理念,充分尊重和保障刑事被害人在刑事诉讼中权利的行使。

二是提高检察官职业素养。检察官个人职业素养的高低对其是否会违反客观公正义务有着相当大的作用,同时也影响着检察官与被害人之间的关系。为此必须注重提高检察官个人的职业素养。在制定检察官准入制度、监督制约程序的同时,可以采取定期考核、社会第三方评议等制度,以此倒逼检察官提高个人职业素养,进而提高办案质效,有效缓解检察官与被害人之间的关系。

除此之外,考虑到部分被害人法律意识淡薄等方面的原因,

---

① 林国贤:《自诉制度》,台北三民书局1996年版,第122页。
② 徐静村:《刑事诉讼法学》,北京法律出版社1997年版,第241页。

还必须加强普法力度，严格落实高检院以案释法制度等规定，既有利于加强法治社会建设，又有利于促进检察官与被害人关系的良好发展。

（五）建立心理咨询辅助疏导机制

刑事被害人受犯罪侵害后心理可能出现不同程度的问题，当检察官对案件的处理达不到被害人预期时，被害人的心理问题就会加重，甚至丧失对检察官乃至整个司法体制的信任，进而采取激进的方式来达到自己的目的。在一些特殊案件中，如性侵未成年人案件、强奸案件等，可能给被害人造成严重的心理阴影。笔者认为，可以构建心理咨询辅助疏导机制，对于特殊案件的被害人及其近亲属或者检察官认为确有必要的被害人给予心理救济。例如，河北省唐山市丰南区人民检察院就有类似的工作机制。该院部分检察干警考取了心理咨询师资质，均具备为刑事被害人提供心理疏导的能力，另外还聘请社会第三方专业机构，根据对被害人心理阴影严重程度的判断，有针对性地制定不同的帮教服务和跟进措施，这一机制的建立，很大程度上减轻了刑事被害人的心理问题，有效预防"以暴制暴"等情况的发生，运行多年来取得了良好的司法效果和社会效果，并促进了检察官与被害人之间的有益沟通。

我国现行刑事法律及相关司法解释的规定有利于刑事诉讼中控、辩、审三方诉讼权益的平衡，很大程度上做到了司法公正和保障人权的统一。但也存在有待完善的地方，在促进检察官与被害人之间关系更为和谐发展等方面，希望笔者提出的以上建议能够有效缓解二者之间存在的矛盾，并在完善我国诉讼结构不足、促进司法进步方面有些许裨益。

双赢多赢共赢理念下构建新型
诉侦诉审诉辩关系研究[*]

赵智慧[**]　岳向阳[***]

【摘　要】　2018年7月,最高人民检察院检察长张军在大检察官研讨班上提出了"双赢多赢共赢"的法律监督新理念,这是落实习近平总书记提出的"让人民群众在每一个司法案件中感受到公平正义"这一总要求和新时代检察机关重塑调整主动求变的必然结果。新时代检察机关的法律监督不是零和博弈,而是在法律职业共同体这一基础上以社会公平正义为目标的司法活动。检察机关应当转化思想观念,找准角色定位,强化沟通协调,以"引导+监督"构建新型侦诉关系,以"尊重+监督"推进新型诉审衔接,以"沟通+理解"打造良好诉辩氛围,共同满足新时代人民群众对公平、正义、安全、环境等方面提出的更多更高要求。

【关键词】　双赢多赢共赢　法律监督　法律职业共同体

2018年7月,最高人民检察院检察长张军在大检察官研讨班上提出了"双赢多赢共赢"的法律监督新理念。在第十三届全国

---

[*] 本文系最高人民检察院检察理论研究课题(编号:GJ2019D42)阶段性成果。
[**] 作者单位:河北省唐山市人民检察院。
[***] 作者单位:国家检察官学院。

人民代表大会第二次会议上,张军检察长在最高人民检察院工作报告中又进一步强调,检察监督不是零和博弈,监督与被监督目标一致,都是践行以人民为中心,努力让人民群众在每一个司法案件中感受到公平正义。

"双赢多赢共赢"为全面构建新型诉侦诉审诉辩关系注入了新的理念。当前,如何构建监督者与被监督者的良性、积极关系,重塑诉侦之间、诉审之间、诉辩之间的相互关系是检察机关面临的一个新课题。

一、抓住思想环节,找准角色定位

践行"双赢多赢共赢"新理念,首先要统一思想、转变观念、深化认识,把依法构建新型诉侦诉审诉辩关系作为新课题、新任务,进一步明确监督的内涵,科学把握监督的实质,找准检察监督的角色定位。

(一)消除心理隔阂,提升尊重意识

检察机关虽然是国家的法律监督机关,但是其与监督对象的法律地位是平等的。检察机关行使法律监督权既不能有畏难情绪,也不能自视甚高。要平等对待、彼此尊重,从思想上把侦、审、辩真正作为法律职业共同体,互相尊重人格和权利,将尊重意识全面体现到司法办案实践当中。

(二)理性看待对抗,正视相互关系

司法实践中,诉、侦、审、辩之间经常会形成对抗,在事实、证据和法律适用方面产生不同看法。构建新型诉侦诉审诉辩关系不是对诉、侦、审、辩职权大小、地位高低的重新划定,也不是否定"分工负责、互相配合、互相制约"的基本关系,而是对诉侦之间、诉审之间、诉辩之间相互关系的重新审视,促进其整体协调、合力推进,努力提升司法办案水平。

（三）主动换位思考，强化沟通协调

要树立法律共同体理念，主动从被监督方的视角思考问题，坚持依法监督与讲究方法策略相结合的原则，明确履行监督职责与被监督对象的目标都是实现公平正义。要主动换位思考，把自己摆进去，用双方都能够接受的方式去履行监督职责，从而实现最优的监督效果。

二、抓住办案环节，强化机制保障

积极适应新时代检察工作新要求，紧密结合司法办案实际，着力解决司法责任制尚未全面落实、以审判为中心的诉讼制度改革落实不到位的问题；着力解决案件办理质量不高甚至发生冤假错案的问题；着力解决案件办理中对当事人和律师权益保障不到位的问题等。要完善机制制度，增强针对性和实效性，以问题解决助推新型诉侦诉审诉辩关系的构建。

（一）"引导＋监督"，构建侦诉合力指控机制

1. 重新审视诉侦关系

合理的诉侦关系主要体现在：能够迅速及时地查明犯罪；能够有效保障案件审查起诉，提升公诉案件的质量；能够强化侦查监督、保障当事人的合法权利。

从上述视角来看，侦查与公诉无疑具有密切的关系：在程序接续上，侦查和公诉均是刑事诉讼的重要节点，其中侦查是起点，公诉是侦查与审判的过渡。侦查和公诉均为审前准备阶段，二者具有连续性。在专业分工上，侦查和公诉的确有着不同的专业要求。侦查的主要职能是发现犯罪事实、收集固定证据、缉捕犯罪嫌疑人；公诉是对侦查结果（包括证据和结论）进行审查、论证和判断，职能定位在审前程序和审判程序各有侧重，对侦查行为的监督，对不当或违法侦查成果的否定。

综上，侦查和公诉在追诉活动中目标一致，面对日后庭审的

严格要求一致。因此，侦查机关和公诉机关在完成追诉任务目标的征程上要构建面向庭审的侦诉紧密联系协调的工作模式（或称大控方），形成追诉犯罪的合力。

2. 公诉引导侦查机制

我国不像大陆法系国家和地区那样实行检警一体制，而是在2001年实行了检察机关引导侦查取证的改革探索，其核心是"分工、配合、制约"。公诉引导侦查的关键在于对证据进行科学收集，使其达到公诉的证明要求，从整体上提高追诉质量。

（1）引导侦查的范围。受检察资源的限制，将所有侦查活动都纳入引导侦查是不可行的。因此，可以根据案件复杂程度、社会影响等因素，先将那些严重危害社会治安的重大恶性案件、犯罪涉及面广取证困难的案件、重大社会民生案件、上级交办督办、具有较大社会影响的案件、本地区新型犯罪案件等确定为引导侦查的范围，逐步形成常态化的引导侦查机制。

（2）引导侦查的启动。司法实践中，无论是依申请引导还是依职权引导，检察机关充分享有侦查的信息来源均是前提和基础。传统的办案模式，引导侦查的效果往往取决于检察机关捕、诉部门的衔接与配合。随着检察机关内设机构改革的深入推进和捕诉一体办案机制的实施，引导侦查的时间也真正具备了前移的条件。一般案件，可在侦查机关第一次采取强制措施后介入；重大、疑难、复杂案件，可在侦查机关立案侦查后及时介入。

（3）引导侦查的方式。公诉引导侦查主要有提前介入和补充侦查两种方式。提前介入是检察机关根据《刑事诉讼法》和《人民检察院刑事诉讼规则》的相关规定，派员参加侦查机关的侦查活动，对调取证据、事实认定、法律适用和侦查行为的合法性提出意见和建议。主要包括案件进入审查逮捕之前介入和案件进入审查起诉之前介入两种情形。需要注意的是，提前介入要把握好介入的"深度"和"尺度"，不能干扰侦查机关正常的侦查活动。检察机关行使补充侦查权实际上是一种纠错行为，是对侦查活动不力或缺陷进行弥补,目的在于通过延长侦查期限增加证据类型,强化证据质量。检察机关要提高退回补充侦查的效率,切忌把退查程序当成换取审查期限的工具,使补充侦查真正起到强化证据的作用,而不是流于形式。要细化退补提纲的内容,包括按证明顺序列明未查清事实,用于证明该事实的证据存在哪些缺失和瑕疵,预防非法证据和瑕疵证据的注意事项等,关键证据还应同时补充取证侦查合法性证明材料;加强退回补充侦查的说理工作,向侦查机关说明退补的依据和理由;积极探索诉侦合作的联合补充侦查模式,既要克服退回补充侦查中"一退了之"的模式,又要克服自行补充侦查中"单打独斗"的观念。

(4)引导侦查的内容。应当根据审查起诉和法庭审判的需求,引导案件证据的收集,引导侦查的目标和方向,明确引导侦查工作的具体内容,提出符合法律规定的要求,切实提高侦查活动的质量。引导侦查既要对侦查取证进行程序性审查,又要对定案证据进行实体性审查。

3. 引导侦查的具体措施

(1)健全检警联席会议制度。与公安机关定期召开联席会议,进行侦查质量评析通报,分析固定证据、示证证明犯罪中的新问题和新情况,针对办案实际中的个案和类案问题制定有效的应对策略,进一步强化侦查人员增强正当程序和证据意识,夯实案件质量基础。重大、复杂案件发生后,侦查机关要及时向检察机关通报案件信息,做到案件信息共享,动态掌握案件情况。

(2)编写侦查取证工作指引。总结办案实践,针对如何应对法庭质疑、如何应对律师答辩,就可能影响举证证明犯罪事实的普遍性证据问题编写侦查取证工作指引,将取证、固证的目的、方法、注意事项、结果及时传递给侦查人员,指引侦查机关收集、固定、保存证据,确保关键证据、核心证据等取证规范到位,确保证据的证明能力和证明力。

(3)组织侦查人员观摩庭审。有针对性地组织侦查人员观摩庭审活动，明确庭审中对定案证据的要求，培养侦查人员法庭证据标准意识，从案件定性、量刑情节等方面查找侦查过程中的不足，消除侦查机关与公诉部门对证据标准的认识分歧。

（4）引导侦查人员出庭作证。在以审判为中心的诉讼模式下，直接言词原则的贯彻，导致部分负责侦查的警察以控方证人的身份出庭作证。这就要求诉侦双方加强沟通交流，在证明侦查取证合法性、向法庭说明案件侦破经过以及证据线索的来源、证据链的形成、取证过程等方面强化侦查人员的出庭作用。

（二）"尊重+监督"，探索诉审有序衔接机制

传统意义上的检法关系是"重配合，轻制约"，近年来引起全国关注的一些冤假错案，暴露出来的部分问题与诉审之间忽视相互制约有关。以审判为中心，既强调审判的终局性作用和权威地位，又强调检察机关对法院、法庭和法官的监督。因此检察机关应当在尊重与监督之间寻求最佳平衡点，构建新型检法关系。

1. 强化审前过滤功能

以审判为中心并非所有案件都以审判方式解决，要充分发挥检察机关在审前程序的主导作用，即通过对案件的审查，依法区分案件应当起诉、不应当起诉、不必要起诉等不同方式，防止事实不清、证据不足或者违反法定程序的案件"带病"进入审判程序，严把案件事实关、证据关、程序关和适用法律关，更加注重证据的真实性、合法性和证据链条的完整性，存疑必问，有疑必查，坚决排除非法证据，确保每案审查都到位。

审前过滤的实现方式是合理运用检察机关的不起诉权。既要反对"有罪必诉""有罪必罚"，又要摒弃"疑罪从有""疑罪从轻"，要综合运用法律、司法解释、刑事政策，在同一适用不起诉的标准和范围内，大胆灵活地运用相对、附条件不起诉决定，防止出现"该诉而不诉""不该诉而诉"两种错误倾向，使公诉权的运用更加必要和合理，对待犯罪的方式更加多元与文明。同时，对达不到起诉标准的案件坚决适用存疑、绝对不起诉，防止案件

"带病"起诉,已经起诉的依法撤回起诉,防止把矛盾推向审判环节。

2. 强化审前分流功能

以审判为中心也并非所有的刑事案件都要按照普通程序进行审理。要完善速裁程序、简易程序和普通程序相互衔接的多层次诉讼体系,在确保司法公正的前提下做到"简案快办""繁案精办",形成简易案件更加注重效率、疑难案件更加注重精准、敏感案件更加注重效果的公诉模式。为适应改革要求和刑事犯罪高发、"案多人少"矛盾突出的实际,必须完善案件繁简分流工作机制,对情节轻重、难易程度和认罪态度各异的案件,采用不同的方式方法分别进行处理,从而优化司法资源配置,提高诉讼效率,集中精力办好疑难复杂案件,做到小案办快办好、大案办精办细。

随着速裁程序运行逐渐进入稳定成熟期,具体制度构建上,一要注重公检法三家协调,从侦查立案就要启动速裁程序,建立刑事速裁案件绿色通道。二要注重利用信息化技术,减少办案环节和工作量,而不是人为地一味压缩办案期限。除非法律有禁止性规定,所有办案环节和办案方式可以省略的省略、可以简化的简化,不能简化的要利用信息共享、视频取证等方式减少工作量。三要成立速裁专门办案机构,推进刑事速裁案件办理专业化。

当前,在刑事诉讼程序上推进繁简分流,推进认罪认罚从宽制度改革,具有重要的现实意义。认罪认罚从宽制度为检察机关公诉裁量权的进一步丰富和完善提供了新空间,使得检察机关在刑事诉讼中的主导作用更为突出。

3. 强化庭前会议功能

2012年修改后的刑事诉讼法增设庭前会议制度,旨在通过相对独立的准备程序保证正式审判的顺利进行。检察机关应当积极配合法院完善庭前会议制度,在适用范围、会议内容、证据开示、参加主体和会议效力等方面协商制定规则。对疑难复杂案件,可以充分利用庭前会议,及早听取辩方关于非法证据排除、证人鉴定人出庭、申请回避等事项的意见,全面了解辩护人收集证据情况和对案件事实、证据和法律适用的意见,围绕案件焦点提前补强相关证据,扎实做好出庭应对准备,防范和化解公诉风险。

4. 尊重审判权威

首先要尊重审判结果的权威,尊重审判结果的既判力。对于法院合法、公正的判决要坚决予以维护,对于当事人以闹访的方式强行要求提起抗诉程序的,应当做好释法说理工作,尽量说服被害方息诉服法。其次要尊重审判者的权威,尊重审判者在庭审中的主导地位。

(三)"沟通+理解",打造诉辩良性互动机制

诉辩双方要想消除不同法律职业之间相互猜忌、隔阂、抵触,就要加强沟通联系,逐步建立业务交流机制、信息共享机制、共同会商机制、共同化解矛盾机制,不断增强彼此间的尊重和认同,增加彼此间的了解和理解,开展多层次、全方位的交流与合作。

1. 强化执业保障

一是完善常态化接待制度。进一步完善辩护人与诉讼代理人接待工作办法,明确责任主体、部门职责、预约程序、办理时限,细化律师接待流程,做好接待登记。二是建立律师意见反馈制度。律师提交的各种申请事项和提出的听取意见请求,检察机关都要建立台账、备份存档并转交相关业务部门办理,业务部门作出的答复意见应及时向律师反馈。三是确立阻碍律师依法执业追责制度。修订完善检察人员责任追究制度,对律师反映的阻碍其依法执业的行为,及时向业务部门核实调查,向纪检监察部门备案,用严明的制度为律师依法执业保驾护航。

2. 优化执业环境

一是拓展多元化接待模式。除了传统接待模式,开通微信服务号公众平台,推送案件受理、事务接待等相关程序信息,缩短检察机关与公众之间的距离,有效提升接待受理工作的效率和服

务质量。二是创设高效阅卷平台。切实提高律师阅卷的智能化、信息化水平，节约当事人的诉讼成本。三是顺畅律师接待流程。要设置专职辩护人、诉讼代理人接待员，缩短律师阅卷的时间，减少外地律师的奔波次数。

3. 落实服务职能

一是深化检务公开，增进律师对检察机关的了解。依托检务大厅设施和两微一端信息化平台，定期更新律师接待工作动态和案件程序性信息等内容，深化对律师的检务公开；不定期邀请律师代表来院参观，了解工作情况，使律师既能了解检察工作全貌，又能有针对性地了解案件办理情况。二是加强与律师沟通，促进检律互动。注重加强与律师协会、司法局等单位的工作对接，定期深入律所走访，了解律师工作情况，召开座谈会听取律师对检察机关工作的意见及建议，针对律师反映的意见和建议，转交相关部门制定针对性的整改措施，不断提高司法规范化水平。三是邀请律师参与法律咨询接待，强化检律协作。充分发掘律师作为社会第三方在疏导、化解社会矛盾中的作用，加强与律师的协作，邀请执业律师和检察人员一道，共同为来访人释法说理，提供法律咨询服务，引导当事人通过正当渠道反映诉求和依法解决矛盾纠纷，提升检察工作社会公信力。

三、抓住监督环节，赢得尊重、信任

新一届最高检党组从新形势新要求新任务出发，提出了"讲政治、顾大局、谋发展、重自强"的新时代检察工作总要求，形成了双赢多赢共赢等检察工作新理念。面对这些新要求新理念，我们就要用更优的办案质量、更强的法律监督能力来回应，提高法律监督刚性，为人民群众提供更好的法治产品、检察产品，实现办理一案、影响一片的效果。

（一）强化侦查监督

作为刑事诉讼的起点，侦查活动是案件的基础，决定案件的质量。冤假错案基本上都存在非法取证，甚至是刑讯逼供的情况。强化侦查监督，其根本目的在于保证侦查权依照法定程序行使，从源头上防止事实不清、证据不足的案件进入审判程序。

1. 加强对立案活动的监督

转变理念，压实责任，把办案与监督的深度融合作为加强立案监督的突破口。从严格审查每一份笔录、每一个办案环节，善于发现案件线索，扩大线索来源。既要监督"以罚代刑、有案不立"的问题，又要监督降低立案标准不应当立案而立案的问题。要建立诉侦双方全面对接机制，有效掌握案件的侦办状况。

2. 加强对讯问活动的监督

讯问活动既是刑事诉讼的必经程序，又是非法证据多发的环节。要重点审查第一次讯问犯罪嫌疑人是否履行法定告知义务；是否一人讯问，没有侦查人员签名或者一人代签；讯问未被羁押的犯罪嫌疑人是否在办案工作区；案卷中是否有全程同步录音录像的通知单，是否告知犯罪嫌疑人对讯问进行全程录音录像并记载于笔录；讯问笔录是否逐页签名、盖章或者捺印等。对发现的讯问违法行为要监督侦查机关及时纠正、及时说明理由，并严格按照非法证据排除规则审查使用。积极探索，建立重大案件侦查终结前对讯问合法性进行核查制度。

3. 加强对特别侦查措施的监督

对特别侦查措施的监督是侦查活动监督的薄弱环节，如指定居所监视居住、技术侦查手段等。要加大对特别侦查措施合法性、正当性、必要性的审查力度，保障其符合法律规定，具有法律效力，有效防止特别侦查措施手段的滥用。

（二）强化审判监督

审判监督是法律监督的一项重要职能，审判监督的效果直接影响案件实体和程序。加强对审判活动的法律监督，要坚持程序监督与实体监督并重的原则，对程序同步实时监督，对实体事后及时监督，发挥检察机关在维护国家法律统一正确实施方面的保障性作用。

一要强化抗诉监督，认真落实好最高人民检察院《关于加强和改进刑事抗诉工作的意见》，强化裁判审查，完善抗前指导，努力形成以抗诉为中心的刑事审判监督格局，做到"敢抗、会抗、抗准"。

二要拓展监督范围，研究对法院自行启动再审后改判或判缓刑、二审书面审理和定罪免刑案件的监督，开展对上诉后改判或发回重审案件的监督，强化对合议庭和主审法官对事实认定及法律判断的依据和标准、量刑标准的监督。

三要通过纠正审理违法、再审检察建议、情况通报或联席会议、检察长列席审委会等积极开展其他方式监督，监督纠正庭审权益保障不到位、证据采信标准不规范、裁判结果不公正等问题，提升刑事审判监督水平。

四要围绕庭审中法官的履职行为、法官的社会关系、法官的日常行为等方面，加大对法官违法行为的监督力度。

（三）强化辩护监督

一是严格审查手续，确保依法介入。对于辩护律师提交的相关手续，要严格把关，查验真伪，确保律师作为辩护人、诉讼代理人的身份真实，符合相关法律法规要求。

二是做好跟踪督导，确保及时落实。实时跟踪律师提交的申请，确保及时转交、依法答复。发现阻碍、拖延律师依法行使诉讼权利行为的，由案件管理部门制作流程监控通知书予以提醒，并责成相关部门作出解释说明。

三是强化内部监督，确保责任到位。在律师接待中发现个别检察人员与律师之间存在不正常接触交往行为，情节严重的，及时报告，作出相应处理。

在全面落实以审判为中心的背景下，双赢多赢共赢应当成为侦、诉、审、辩共同的信仰和价值追求。上述主体在宏观目标和社会价值上是统一的,重塑诉侦诉审诉辩关系,对于培育法律职业共同体理念具有重要意义。侦、诉、审、辩要通过真诚沟通,形成合力,通过共同努力,规范执法、司法行为,提高执法、司法公信度,维护司法权威。

"以人民为中心"做好新时期控申检察工作

单庆梅 薄英杰[*]

【摘 要】 控告申诉检察工作是检察机关联系人民群众的"桥梁",该项工作开展的好坏直接影响着检察机关的司法公信力。新时期要"以人民为中心"做好检察工作,更应提升控告申诉检察工作的效率和质量,切实把强化法律监督与做好群众工作结合起来,维护来访人员的合法权益,加大服务群众的工作力度,切实使检察职能最大化地服务于人民群众。本文结合唐山市路北区人民检察院2016年以来开展控告申诉检察工作的方式方法,对贯彻落实"以人民为中心",做好新时期控告申诉检察工作提出三点建议。

【关键词】 以人民为中心 法律监督 公平正义

习近平总书记指出:"人民对美好生活的向往,就是我们的奋斗目标。""时代是出卷人,我们是答卷人,人民是阅卷人。"习总书记始终把人民放在心中最高位置。

控告申诉检察工作是检察机关的一项重要业务工作,其涉及刑事申诉的受理审查、民事、行政监督案件的受理、国家赔偿、司法救助等受案范围,也是一项综合性很强的工作,同时也是离

---

[*] 作者单位:河北省唐山市路北区人民检察院。

人民群众最近的一项检察工作。唐山市路北区人民检察院在控告申诉检察工作中从以下六个方面做起，贯彻落实习总书记提出的"以人民为中心"的科学理念，切实维护人民群众的根本利益。

一、树立责任意识，为人民群众排忧解难

控告申诉检察工作是人民群众向检察机关表达诉求的窗口，是检察机关联系人民群众的桥梁和纽带，也是人民群众寻求司法救济程序的重要环节。同时控告申诉工作也是检察机关处理刑事案件的最后程序，承担着权利救济保障、社会矛盾化解、司法活动监督等多重职能。履行好上述职能，做好控告申诉业务，是检察工作大局的需要，是积极推进平安中国建设，维护国家安全和社会大局稳定的需要。从事控告申诉工作要有责任意识，真心为群众排忧解难。

2016—2018年，路北区院共受理群众来访1697件2147人，其中集体访425件903人，对于上述信访案件，路北区院均进行了妥善处理。

2017年，路北区院控告申诉部门办理了一起路北辖区内一行政村村民群体访案件。该村村民因本村土地问题多次缠访、闹访，因案情复杂且信访时间长，社会影响大。为了彻底解决这一信访难题，为群众找到问题的症结，妥善化解矛盾。路北区院成立了由反贪、侦监、公诉、控申人员参加的专门调查小组，对群众反映的问题进行调查取证，并对证据进行逐一分析论证。通过分析论证发现，该村村民所反映的问题不属于检察机关管辖，但村民认为检察机关是法律监督机关，对检察机关的相关职能并不清楚。考虑到该案件影响大，且关系村民切身利益，因此路北区院主动与区政法委、乡镇领导联系协调，将案件交由当地政府解决，检察机关进行配合。在当地政府与检察机关共同努力下，该信访案件得到妥善处理，人民群众等到了满意的答复。

二、树立法律意识，做到程序与实体并重

"以事实为依据，以法律为准绳"是办案的行为准则。要牢固树立依法办案的法律意识，严格依照法律程序办理控告申诉案件，做到程序与实体并重。

2016—2018年，路北区院受理刑事申诉案件15件16人，其中立案复查15件16人，息诉15件16人。

在办理张某申诉案件过程中，路北区院办案人员了解到申诉人张某与被告人之间素有矛盾，此次申诉，申诉人张某主要是对检察机关、审判机关均认定被告人只实施了一次犯罪行为不认可，其认为被告人实施了三次犯罪行为。在与申诉人张某两次见面过程中，办案人员就案卷中相关证据情况与张某及其委托的诉讼代理律师进行了交流，明确指出检察机关、审判机关认定被告人只实施了一次犯罪行为，是根据案卷中的证据认定的，不予认定另两次犯罪行为的原因是证据不足。听了办案人员耐心细致的解释，申诉人张某及其诉讼代理律师均表示理解。该案件之所以能够让申诉人满意，主要是在立案复查前，为了避免先入为主，先与申诉人张某见面，初步了解案件的相关情况，并让其充分阐述自己的申诉理由和观点，做好调查笔录。通过与申诉人张某的首次见面，熟悉了基本案情。后通过调阅案卷材料，掌握了全案的证据情况。在作出复查结论后，承办人没有通过简单的书面答复或邮件方式通知申诉人，而是与申诉人张某约好时间，再次见面，向其阐述了检察机关作出不予抗诉决定的法律依据。通过"两见面"，加强了承办人与申诉人之间的沟通、交流，拉近了双方的距离，对息诉罢访工作起到了积极的推动作用。

本案中，办案人员针对张某提出的申诉理由，对全案证据材料进行审查后，依法作出了复查结论。在向申诉人张某宣布复查

结论时,坚持释法说理。同时捕捉到申诉人张某的心理需求,有针对性地给其进行证据分析,有的放矢地进行答复,妥善息诉。

三、树立谋略意识,将群众工作做到实处

在实践中,控申工作面临许多复杂的局面和困难,这就要求工作人员必须多动脑筋、多想点子来解决问题。简要总结了一下,控告申诉工作常用的方法有:情感法、借力法、威慑法等。

如被害人丛某某夫妇信访案,在办理该案过程中,通过调查了解到,犯罪嫌疑人无论是侦查阶段还是起诉阶段从未给付过被害人丛某某任何民事赔偿,丛某某因被打致脑出血后遗症,生活无法自理,其妻子一人承担起照顾丈夫和孩子的重担,无法外出务工,家庭生活十分困难,由此对办案机关不满,"由诉转访",走上信访的道路。对于此类信访案件,也是近年来检察机关受理较多的一类,信访人往往因遭受犯罪行为而家境困难,但因犯罪嫌疑人的主客观原因,而无法得到赔偿,由此对办案单位产生不满而想通过信访方式来解决。对于此类案件,要想彻底解决问题,就不能简单地"以案办案",而是要有谋略,针对信访群众的实际问题,对其进行困难帮扶。我们主动与当地街道取得联系,通过调查核实,丛某某夫妇家庭生活十分困难,符合司法救助条件,故为其申请了司法救助,并及时申请拨付救助款。丛某某夫妇接到救助款后十分激动,并送来锦旗表示感谢。

路北区院在内部加强控告申诉部门与各业务部门的联系,在办理案件过程中根据情况开展司法救助工作。对于符合救助条件的,由相关部门将情况移送控申部门,并配合做好相关工作,提高司法救助案件的办案质量和效果。同时,加强外部的协调配合,积极与街道、法院、公安等部门沟通协调,灵活适用司法救助措施,建立衔接工作机制,多方入手,最大限度地保障被害人的合法权益。

2016—2018年,路北区院办理司法救助案件7件9人,使用救助资金人民币19.5万元。

四、树立攻坚意识,彰显法律公平正义

控告申诉部门受理的大多数申诉案件都是难啃的"硬骨头",常面临年代久远、证据难取、案件难结等复杂局面。控申工作中应坚持认准目标、锁牢证据、依法办案。

如办理的毕某申诉一案,该案申诉人毕某在服刑单位提出申诉后,由唐山市人民检察院交由路北区院办理。路北区院接上级院交办函后,迅速调取了案件材料进行认真审查,并决定立案复查。立案复查期间,办案人员三次到原审被告人毕某服刑地听取其申诉意见,核实相关问题,全面了解案件情况。全面了解案情后,办案人员认为一审法院认定申诉人毕某作案时的年龄有误,其作案时系未成年人,应依法从轻处罚。为了查找证据办案人员到申诉人毕某出生地、学校、派出所等地调取相关的出生信息。因申诉人毕某出生时间距今有20余年,相关人员已不在原籍生活,为了核实其出生日期,办案人员先后10余次到上述地点调取相关信息,并给申诉人毕某的邻居、任课老师等人做了翔实的询问笔录。通过卷内材料及调取的相关证据材料,路北区院认为一审判决认定申诉人毕某作案时系成年人,属于认定刑事责任年龄有误,提请唐山市院按照审判监督程序抗诉。

唐山市人民检察院十分重视该申诉案件,全面审查证据材料,并对案卷中存在的问题一一进行核实。最终认为申诉人毕某在犯罪时系未成年人,遂向唐山市中级人民法院提出抗诉。

唐山市中级人民法院将申诉人毕某盗窃案件发回人民法院重审。原审人民法院开庭审理,办案人员出庭支持公诉。出庭办案人员主要围绕本案申诉人毕某作案时是否系未成年人等焦点问题进行答辩,并发表了公诉意见。申诉人毕某也围绕案件事实和争

议焦点做了陈述。再审判决：撤销（2006）北刑初字第 382 号刑事判决；判处申诉人毕某有期徒刑 11 年。申诉人毕某激动地对办案人员说："谢谢你们检察官，谢谢你们为我做了这么多的工作，我太谢谢你们了，我在里面一定好好改造，出去以后好好做人，要不然就太对不起你们了。"听到申诉人毕某的这段话，办案人员的辛苦是值得的。

无论是办理不服法院生效刑事裁判申诉案件，还是不服检察机关决定的申诉案件，办案人员均需调取全部卷宗材料，对全案证据进行审查，并听取申诉人的意见，对原办案人员做调查笔录。通过上述方式，保障案件质量，发挥检察监督职能，彰显法律的公平正义。

五、树立创新意识，提升法律监督实效

路北区院的控告申诉工作虽然获得了"全国文明接待示范窗口"等荣誉称号，取得了一些成绩，但要做到更好，还有一定的距离。所以要从创新上下功夫，从检察机关的主责主业出发，将法律监督工作落到实处。

针对公安、检察、法院三部门在保障律师执业权利方面存在的问题，制作了 200 余份调查问卷，走访了 30 余家律师事务所。对问卷中反馈的问题进行统计分析，邀请唐山市律师协会成员参加座谈会，直面问题，找出症结。通过上述方式保障律师执业权利。在内部，控告申诉部门与院内各相关职能部门密切配合，形成工作合力，针对律师提出的问题及时改正，相互监督，依法保障律师执业权利。对外，以组织联合督查的方式与人民法院、公安机关、律师协会保持常态化沟通协调，随时发现问题随时改正，真正将法律监督工作落到实处，提升司法公信力。

路北区院在"12309"检察服务中心还设有专门人员，负责接待来院办理案件的律师，第一时间接收律师的申请及登记，在确认律师证件及代理关系后，确保律师及时进入相关场所。为方便

律师办理相关业务，路北区院在"12309"检察服务中心设置了律师接待室，并配备专门的电脑、打印机、扫描仪、复印机，方便律师查询、记录、扫描、复印相关信息。

"12309"检察服务中心还设立了律师预约、投诉处理窗口，实现了律师预约、投诉与检察服务中心的全面融合，律师既可以来信，也可以到处理窗口，还可以通过拨打"12309"服务热线、网站、微信公众号的方式进行预约、投诉。对于预约案件承办检察官的律师，接待人员进行登记，依照预约事宜，及时安排案件承办检察官与其会见。对于符合受理条件的投诉，办案部门将在2日内开展调查，并在7日内作出处理，对情况属实的，依法纠正或移送相关部门办理。

六、树立公仆意识，以人为本做好控申工作

作为检察人，工作中要始终坚持以人为本，满腔热忱地为人民服务，秉公执法，不徇私情，实事求是地为群众干实事。

路北区院严格按照张军检察长提出的"事事有回音、件件有回复"的要求处理案件，并结合本院工作实际制定了《唐山市路北区人民检察院群众来信来访办理实施方案（试行）》，优先处理群众来信来访，努力维护好广大人民群众的根本利益。主要采取了以下四项措施：一是窗口服务，实行群众来信、来访登记制度。为了及时有效处理群众来信来访，"12309"检察服务中心设立了专门受理群众来信的窗口，控申部门办案人员每日将受理的群众信件进行整理后填写《群众来信、访登记表》，按照《群众来信、访登记表》中记录的内容录入电脑系统保存。二是注重时效，全面审查群众来信来访。负责处理来信来访的干警，首先要审查来信中所附的法律文书，将所涉法律问题逐一分析。其次要向来信人员全面了解案情。最后结合来信任人员的诉求，作出正确判断，将处理意见向主管部门领导汇报。三是诉访分离，依法分流群众

来信来访。按照诉访分离工作机制的要求，将群众来信进行分流。属于信访问题的，引入信访程序，可以通过法律程序解决的，将案件依法引入法律程序，并向信访人做好法律解释工作。四是畅通渠道，接收群众来信来访。路北区院通过新闻媒体向大众公开了"12309"检察服务中心的受理范围，群众可以通过网络、电话、邮寄等多种方式反映诉求。对于群众在网络上反映比较强烈、社会影响较大的案件，及时处理，注重实效性。

2016—2018年，路北区院通过群众来信受理刑事、民事、行政申诉并导入法律监督程序案件232件，现已全部办结，收到了良好的社会效果。

新时期控告申诉检察工作还面临着更大的挑战，对我们控申工作人员来说既是考验也是机遇，激励我们探索新的工作方法，结合实践，做好控告申诉工作。笔者认为以下三个方面的工作还需改进：

一是宣传方式多元化。除了通过传统媒体宣传控告申诉检察工作外，还可运用网络进行宣传，同时要深入社区、乡镇设点进行宣传，一对一进行讲解，采用形式多样的宣传方式，扩大检察工作的知晓率、影响力，引导群众通过合法途径理性解决问题，避免因信息不畅而使人民群众"控告无门"，引发更深的社会矛盾。

二是畅通信访受理机制。检察机关已开通"12309"检察为民综合服务网络平台，人民群众可以通过"12309"网站、"12309"检察服务热线（电话）、"12309"移动客户端（手机App）和"12309"微信公众号四种渠道，办理控告、申诉、法律咨询等业务。通过全面开通"12309"检察服务中心的相关职能，使群众加深对检察机关的了解，提升司法公信力。

三是完善保障律师执业权利机制。检察机关作为法律监督机关，按照最高人民检察院保障律师执业权利的要求，与公安机关、法院、司法局、律师协会建立联席会议制度，定期对律师执业状况进行研究，对存在的问题逐个讨论、分析，快速、有效地解决实际问题，并形成长效机制，营造良好的律师执业氛围。

履职与服务

आगे की जाँच

检察机关服务打好防范化解重大风险攻坚战问题研究
——以河北省唐山市为例

王青松 杨 达[*]

【摘 要】 2019年以来，唐山两级检察机关聚焦供给侧结构性改革、市场化改革和扩大高水平开放等转型发展中可能遇到的各类风险隐患，坚持政治引领和底线思维，认清各类风险；坚持以质量为生命线，消除办案风险；坚持落实制度机制，及时筛查风险；坚持系统化服务大局，助力防范风险；坚持开展犯罪防控，精准研判风险；坚持逐案解决涉检访，有效化解个案风险。各项工作取得了明显效果，积累了一些可复制、可推广的有益经验。

【关键词】 防范风险 检察 服务大局 经验

近年来，唐山市检察机关坚持以习近平新时代中国特色社会主义思想为指导，深入贯彻落实习近平总书记在省部级主要领导干部坚持底线思维着力防范化解重大风险专题研讨班上的重要讲话精神，强化政治担当，切实发挥检察职能，为唐山打好防范化解重大风险攻坚战提供了坚强的司法保障。

打好防范化解重大风险攻坚战是党的十九大提出的决胜全面建成小康社会，开启全面建设社会主义现代化国家新征程的重要

---

[*] 作者单位：河北省唐山市人民检察院。

战略部署。唐山既是推动京津冀协同发展的前沿阵地，更是拱卫首都政治安全的"东大门""护城河"，在改革发展稳定大局中占有重要地位。作为资源型重化工业城市，唐山正面临着淘汰落后产能、经济结构升级等多方面压力，各类风险叠加，各项工作正处于全面推进、奋力突破、高质量发展的重要阶段，不容丝毫疏漏闪失，必须有效化解风险隐患，确保完成好这一重大政治责任。2019年以来，唐山两级检察机关聚焦供给侧结构性改革、市场化改革和扩大高水平开放等转型发展中可能遇到的各类风险隐患，坚持政治引领和底线思维，认清各类风险；坚持以质量为生命线，消除办案风险；坚持落实制度机制，及时筛查风险；坚持系统化服务大局，助力防范风险；坚持开展犯罪防控，精准研判风险；坚持逐案解决涉检访，有效化解个案风险，各项工作取得了明显效果。

一、讲政治，坚决防范化解政治安全和意识形态领域风险，确保将一切政治隐患遏制在萌芽阶段

（一）建立"检察官形势政策研习制度"，加强机关政治建设

新时代检察工作要发展，最根本的就是要讲政治，检察官作为司法办案的主体，要将讲政治不折不扣地落实到检察工作的方方面面。唐山两级院建立了检察官列席参加党组扩大会、党组理论学习中心组扩大会制度，使检察官能够及时学习了解最新形势政策和上级要求，能够更深刻地领会党内法规文献精神，促进讲政治与强业务相统一，不断提升大局思维能力和政治站位，自觉把具体办案放到党和国家全局、放到唐山高质量发展大局中思考，主动把防范化解风险意识贯穿到司法办案各个环节，并带动"三类人员"更加牢固树立"四个意识"、坚定"四个自信"、做到"两个维护"。

（二）建立"舆情全息研判机制"，深化意识形态工作责任制

意识形态工作，预判问题是关键，这是忧患意识、底线思

维的集中体现。两级院建立了"预判问题、发现问题、解决问题"的一体化全息工作模式,针对网络舆情,从出现最早期即组织人员进行分析研究,预判舆情走势,分析问题类别,从而形成"早研判、早发现、早预警、早解决"的工作效果;针对干警的意识形态教育,发现苗头问题,立即启动应对程序,及时跟踪干警思想苗头、思想动态,采用谈心谈话等方式了解掌握,制定量身化的科学预案,确保有针对性地做好思想政治工作。

(三)建立"瞭望监测预警机制",坚决捍卫国家安全

唐山位于北京、北戴河之要冲,确保不让任何安全隐患进入首都、进入北戴河,是每年唐山都要面临的严峻形势和艰巨任务。两级院始终坚持以政治安全为根本,始终把维护国家政治安全、特别是政权安全和制度安全摆在检察工作首位,建立专门办案组对危害国家安全犯罪进行监控预警。近三年来,国家大事多、喜事多、敏感节点多,唐山两级院时刻保持政治警觉性和政治鉴别力,始终坚持对危害国家安全案件进行系统分析,深入研判可能影响政治安全的风险,对可能演化成危害政治安全的苗头隐患,立即采取有效措施,共办理法轮功等邪教组织类案件14件22人,有效遏制了其起势、成事。

(四)建立"热点焦点案件最优解决机制",把弘扬法治融入司法办案全过程

司法办案是化解社会矛盾的重要渠道,特别是要妥善处理矛盾聚集、争议较大的热点焦点案件,积极组织力量,发挥团队优势,寻求最优方案,进而引导当事人增强对检察机关的信赖,逐渐树立尊崇法治、敬畏法律的理念;要坚决有效防止当事人因个案处理不当而引发不满情绪,甚至演变成对检察机关、对社会、甚至对司法制度的信心动摇风险,这既是办案人员的责任,更是检察机关整体的政治责任。

二、善作为，有效防范化解经济运行领域重大风险，助力经济健康高质量发展

（一）打造"一院一品护发展"唐山品牌，聚焦风险精准服务，推动经济发展稳中有进

持续开展"一院一品护发展"活动，立足检察职能，以"严惩犯罪＋公益诉讼"保障民生安全，以"司法办案＋法治宣传"护航转型升级，以"惩防并举＋服务民企"优化营商环境，着力为党委政府排忧解难，积极回应人民群众关切，先后出台《一院一品护发展活动实施方案》《关于服务保障新时代新唐山经济社会发展大局的指导意见》《关于营造法治化营商环境的实施意见》，形成全市检察机关防范风险护航发展格局，检察日报头版头条刊发推广。一是着力推动传统产业去产能。聚焦转变发展方式，丰南区院助力工业园区企业去产能转方式，通过检察建议、线索发现、法治教育等方式"加力托起新动能"，促进了传统工业区安全生产环境的显著改善和对民营企业产权的有效保护；聚焦调整产业结构，迁西县院围绕县委全域旅游建设布局，打造"检护花香全域游"，牵头与职能单位建立"护游"机制，做好旅游经济发展的"法治领航员"；聚焦推进供给侧结构性改革，玉田县院护航北京产业转移项目落地，推动"老字号落新家"，精准保障京津冀协同发展大局。二是着力推动以创新引领产业转型升级。加快推动科技成果的转化。关注创新主体，古冶区院通过开展民营企业犯罪预防、搭建法律专家咨询平台，精准护航高铁装备生产企业，为"一带一路"建设输送检察动能；关注创新成果，高新区院助力"政产学研用"对接耦合，开展严厉打击链条式产业化侵权专项行动，依法保护科研企业和人员的知识产权；关注创新环境，乐亭县院着力对接县域重点项目建设，为钢铁工业引入新技术、新标准铺路搭桥，对落户不久的高新技术企业主动联络服务，营造稳定公平的营商环境，努力让新经济跑出加速度。三

是着力推动提高各类市场主体"获得感"。出台政策扶持,两级院深入贯彻落实省院《关于充分发挥检察职能依法服务和保障民营经济健康发展的指导意见》,与工商联联合制定了《关于建立健全检察机关与工商联沟通联系机制的实施办法》,着力为民营经济发展提供优质检察产品和法治保障;精准对接服务,曹妃甸区院把法律服务站建在港口、社区和大学城,主动向民营企业问需求计,建立了"立体会诊式数据分析模型",通过在办案及法治教育中发现的突出问题,以基础数据为导向找准切入点开展犯罪预防,有效保障了曹妃甸国际一流大港建设的深入推进;保障小微企业,路南区院在农副产品集散中心派驻工作站,对管理单位的执法行为进行监督,联合有关部门成立"困难商户帮扶会",有效维护"小微企业"和个体工商户的合法权益。

(二)组建"维护金融安全的检察正规军",确保金融风险整体平稳可控、高效稳健运行

聚焦全市金融风险防范化解"攻坚年",针对金融犯罪日趋智能化、专业化特点,积极推进金融专业化办案机构设置,加快专业人才培养,探索建立了两级院金融检察工作专业办案体系和工作制度。一是注重职能延伸。丰润区院聚焦信用卡领域恶意透支,助力银行系统加强风险管控,着力将打击、监督、预防结合起来,积极审慎地分层分案处理,将追赃挽损放在突出位置,将末端处理和前端治理相结合,注重总结个案反映的金融犯罪特点,加强金融风险预测预警,为健全行政监管、强化行业自律提出了专业意见。二是注重人才培养。开平区院着力培养保险金融领域专业化办案人才,积极与高校搭建研究平台,推动"检学共建",加强办案协同创新和课题联合攻关,在保险金融检察领域培养了一大批业务骨干,确保了办案效果最大化。三是注重机构建设。路北区院在城市金融中心派驻检察室,并以此为阵地,通过办案总结、与金融单位的信息交汇等渠道,发现金融领域可能发生的各类犯罪风险并提出防控意见,有效帮助金融企业降低信贷风险。

三、重担当，着力防范化解社会领域风险，促进社会大局和谐稳定，人民群众满意度持续提升

（一）深度扫黑除恶，全面强化防控，推动社会治安综合治理向纵深发展

一是坚持把打击与预防、惩办与治理相结合。深度把握黑恶案件成因规律。认真研究剖析黑恶势力犯罪主体、犯罪手段、犯罪领域的新变化、新特点，及时总结法律适用等方面存在的问题，及时提出重点领域、重点人群犯罪预防的对策建议，为党委和政府提供决策参考，得到了省督导组的充分肯定。二是深挖案件线索。发现并向监察委移送保护伞线索18件，其中1条线索指向的对象系新一届村两委班子成员，坚持把扫黑除恶与治理农村乱象有效结合，加强综合整治，推动解决基层建设软弱涣散等问题，提高基层对涉黑涉恶问题的"免疫力"。三是做实检察建议，提升防控效能。坚持由重打击向全面综合治理转变的工作理念。积极参与社会治安防控建设，开展扫黑除恶专项斗争宣传活动386次，针对办案中发现的管理漏洞向相关部门发出检察建议15件次；坚持"一案一建议"，对办案发现的问题，及时制发检察建议，增强建议的精准性和可操作性；对犯罪组织在重点区域、重点领域存续时间长、行业监管不力的，及时向当地政府和监管部门发出检察建议，督促严格依法履职；定期对检察建议进行总结分析，对未回复或未落实的，及时开展了专项跟踪监督，切实把检察建议做成刚性、做到刚性。

（二）凝聚刑事执行监督合力，确保社会大局和谐稳定，深入推进判处实刑罪犯未执行刑罚专项监督

市院刑事执行部门和专门检察院发挥合力，开展集中监督清理工作，最大程度遏制判处实刑未执行的罪犯流入社会可能带来的不稳定因素和发生再次犯罪的风险，有效维护了社会稳定，增进了群众安全感。开展剥夺政治权利执行专项监督。清理脱管漏

管情况，为基层"两委"换届的顺利进行提供了有力保障，工作经验被高检院推广。

（三）坚持办案与预防并重，以高度的政治责任感做好未成年人检察工作

加强对未成年人的保护，关系到千万家庭的美好生活，更关系到社会整体的和谐稳定，是实现社会治理现代化的重要目标之一。唐山两级院坚持在审查逮捕、审查起诉和出庭公诉各环节对涉罪未成年人进行教育、感化、挽救，市院和丰南区院联合申报的"未成年人心理服务与干预机制"项目入选第二批35家全国未成年人检察工作创新实践基地。深入推进"法治进校园"巡讲活动，2018年以来共开展法治巡讲185场次，两级院75名院领导受聘担任法治副校长。市院联合团市委和华北理工大学申报的未成年人检察工作社会支持体系建设试点获批，成为全国首批40家试点单位，也是河北省唯一的试点单位，市院获评省级优秀青少年维权岗。

扫黑除恶专项斗争实证问题研究

李世勇　魏　云*

【摘　要】　2018年1月23日，中央政法委组织召开全国扫黑除恶专项斗争电视电话会议，对开展扫黑除恶专项斗争进行动员部署，拉开了扫黑除恶战役的大幕。至此，扫黑除恶专项斗争开展一年有余，黑恶势力犯罪被大大遏制，社会环境得到很好的净化，为继续深入推进扫黑除恶专项斗争开展，实现三年总体目标，本文站位检察司法实践视角，梳理总结黑恶势力犯罪的特点规律；暴露出的腐败、社会管理等问题；从工作实际、办案程序等多个角度深入分析、研判扫黑除恶专项斗争工作的困境与不足；以此为基础，就检察机关面临司法体制改革、职能重大调整后，如何在第二阶段更有力更深入地开展扫黑除恶专项斗争提出自己的拙见。

【关键词】　黑恶势力　扫黑除恶　检察机关　困难

黑恶势力特别是农村黑恶势力把持基层组织、侵蚀基层政权、拉拢腐蚀党员干部，寻求政治靠山和"保护伞"，横行乡里、欺压百姓，扰乱治安秩序，严重影响群众获得感、幸福感和安全感。开展扫黑除恶专项斗争，是加强基层政权建设的重要切入点，是推动全面从严治党、依法治国向基层延伸的有效举措。可以说，打击的是黑恶势力，净化的是政治生态，赢得的是党心民心，夯

---

*　作者单位：河北省唐山市人民检察院。

实的是执政根基。在新的历史背景下，黑恶势力出现了新特点新规律，黑恶势力背后的"保护伞"、关系网呈现出新形势，扫黑除恶专项斗争的开展，暴露出司法实践中的一些问题，笔者在充分深入调研的基础上，系统梳理总结，并提出些许拙见。

一、当前黑恶势力犯罪的主要特点

（一）涉案领域特点

从涉案领域对黑恶势力进行划分，可以归类为四种类型：（1）"资源"型，即为了争夺资源实施违法犯罪的黑恶势力，如渔霸、矿霸、楼霸、市霸、村霸等；（2）"维权"型，即打着维护自身或他人权益旗号实施违法犯罪的黑恶势力，如套路贷、暴力讨债，在征地、拆迁、工程项目建设等过程中煽动闹事的黑恶势力以及"专业"医闹、"专业"信访团等；（3）"流氓"型，即为了发泄不满情绪而逞强好胜实施违法犯罪的黑恶势力等；（4）新兴网络型，即利用互联网等新兴方式和新兴行业领域的黑恶势力，如互联网金融非法放贷。从已被打掉的黑恶势力来看，黑社会性质组织多为资源型，占比在60%以上；流氓型和维权型恶势力组织共占比近70%，有的地区仅流氓型恶势力组织就在50%以上。而且黑恶势力体现出明显的地域特性和资源特性。比如煤矿资源比较丰富的地区，煤霸、矿霸比较多；海洋资源丰富的地区，渔霸、海霸比较多；商品交易比较发达的地区，市霸、行霸比较多；等等，其活动范围也一般集中在首要分子或骨干分子的"居住地"或者"业务地"。

（二）涉案主体特点

从性别来看，涉案人员男性占绝对多数，所占比例在90%以上。从文化程度来看，涉案人员的文化层次普遍较低，文化程度为初中及以下的占绝对比重，占总人数的80%以上。从年龄来看，涉案人员在22—45岁之间的，占比在70%以上，即集中在

1997—1974年期间出生的人员；未成年人占比在10%以下；45岁以上人员占比约为12%，且这12%的人员中有90%以上在黑恶势力组织中为组织领导者、骨干成员。从户籍情况来看，涉案人员中本地或当地（同一个辖区市，包括在本地或当地有固定住处）人员占绝对比重，占总人数的80%以上。从职业以及前科情况来看，涉黑恶案件人员中，社会闲散人员以及没有固定生活来源的人占80%以上，其中曾受过刑事、行政处罚人员占涉案总人数的近20%。

（三）涉案人员的主观目的特点

约75%的涉案人员是为了霸占资源、追求经济利益而实施违法犯罪活动，通过实施违法犯罪活动形成一定强势地位，积累一定财富和实力后，利用与掌权者"对话"增多的机会，拉拢腐蚀国家公职人员，然后利用手中掌握的权利或者寻求的"保护伞"进一步攫取更大的经济利益。另外，有25%左右的涉案成员虽以获取一定经济利益为目的，但更多的是为了发泄对社会、对他人的不满情绪而组织或参加黑恶势力组织，或者通过参加黑恶势力组织以"寻求保护""壮大自身"。

（四）黑恶势力组织的行为手段特点

黑恶势力实施的违法犯罪行为以强迫交易、敲诈勒索、寻衅滋事为主，并伴随非法拘禁、故意伤害、恐吓威胁行为，占所有行为手段的近85%。并且黑恶势力实施上述违法犯罪行为大多是利用社会管理的漏洞和薄弱环节，让自己的非法行为披上一个"合法"外衣。比如打着维权、实现债权的幌子，插手债务追讨、拆迁补偿等各种社会矛盾，有的专门成立"讨债公司"，扮演着"执法者、维权者"角色，在各类矛盾纠纷中推波助澜。

（五）黑恶势力的组织结构特点

内部联系更加紧密已经成为当前黑恶势力的明显特点。以某市为例，以开办企业或其他经济实体组织形式存在的黑恶势力组织占比为9%。其他均没有特定的组织形式，但组织领导者固定，并通过物质上的小恩小惠拉拢人员，通过聚集在一起吃喝玩乐的方式不断巩固和凝聚成员，通过所谓的"义气观"、相似的金钱观、价值观等，在组织内部形成软约束。有的是掌握大量社会闲散人员资源，通过临时雇用的方式，确保在一段时期内有相对较为固定的人员可以随时调动。虽然这些人员平时不会因为固定的利益而一直在一起，但在要实施违法犯罪活动时，通过互联网、移动通信设备，往往在短时间内便可集聚十几人甚至几十人参与，并且内部分工明确，有着默认或明确的纪律规矩。

（六）黑恶势力之间的关联度特点

就目前来看，黑社会性质组织、恶势力组织之间结成联盟、交叉感染、相互勾结、相互支撑的情况越来越多，有的恶势力组织既单独成派又是其他涉黑组织的积极参加者，有的黑恶势力组织之间相互借力，以此鼓吹自身实力，为谋取非法利益造势，形成一个犯罪链。同时，涉黑恶组织还往往同时成立关联企业或者从事关联业务，形成一个经济利益链。

（七）查办黑恶势力难度大

进入刑事诉讼程序的涉黑恶案件，其违法犯罪活动往往已经持续多年，当时被害人基于害怕或者其他心理没有报案、没有做伤情鉴定等留存证据。有的案件虽有报案，但公安机关没有及时有效地开展立案侦查活动，时过境迁，大量证据已经灭失。同时涉黑恶案件特别是涉黑案件和存续时间较长的涉恶案件，组织成员规避法律行为能力也越来越强，组织领导者越来越"幕后化"，一般成员趋向于市场化、"即时化"，大大增加了侦办难度。另外，黑恶势力犯罪案件串供、毁灭证据情况严重。特别是黑社会性质组织犯罪案件，90%以上都有串供、毁灭证据的情况，有的发生在案发前、实施违法犯罪活动过程中，有的发生在案发后被抓获前。

二、黑恶势力犯罪得以发展暴露出的问题

黑恶势力的发展有一个由弱到强、由小到大的发展过程，黑恶势力在初步发展阶段往往都是通过实施一定的暴力违法犯罪活动，但由于"保护伞"和腐败问题的存在，对黑恶势力的行为视而不见、置若罔闻，从而丧失了打击的最佳时间节点，为其发展提供了空间，更在一定程度上助长了其嚣张气焰。除此之外，还有社会经济因素、管理缺位、教育缺失、正面引导不力、法律意识淡薄等诸多因素。一些本应由政府职能部门来管理和调控的社会经济关系，由于组织弱化，管理机制薄弱，当事人转而寻求黑恶势力帮助，来实现自己的权益，使黑恶势力有很大的生存空间和发展壮大的条件。例如，由于诉讼时间长，执行难，一些债权人雇佣"黑道人物"为其讨债；由于治安控制不力，一些业主雇佣"黑道人物"提供保护等。

由于执法单位对特殊群体、重点人口在管理上的疏漏，出现了游离于主流社会的，由无业农民工、城市失业人员、刑满释放解除劳教人员等弱势群体组成的社会边缘人群，成为黑恶势力帮凶，加之社会引导不力，这些人员极易聚集发展为涉黑涉恶犯罪组织或者成为被拉拢的对象，据统计，这些人员占黑恶势力违法犯罪人数的 80% 以上。另外，上述人员因为受教育程度较低，长期处于负面影响和情绪中，形成了错误的"义气观""金钱观""利益观"，铤而走险找挣钱的"捷径"。还有从父母离异、父母监管教育缺位等家庭走出来的孩子，因过早接触社会，受不良风气或对社会的不满、报复情绪影响而参加黑恶势力。同时，民众法律意识、维权意识不强一定程度上也纵容了黑恶势力的发展壮大。

三、扫黑除恶专项斗争中存在的问题

（一）打击用力不均衡

一是打击领域用力不均衡。特别是村霸、宗族恶势力、侵蚀基层政权的黑恶势力被查处的力度还不够。二是各地打击不均衡。从办案数据来看，有的地区已办理数百件涉黑恶案件，但也有个别地区仅仅办理了几件、十几件。

（二）深挖彻查不深入

根据办案掌握的情况，开设赌场、放高利贷、路霸、行霸、市霸甚至有些收费的停车场等，都有一定的权力为其提供庇护，但挖出背后职务犯罪的案件占比不足5%，深挖细究还不够。除了对正在查办的案件本身进行深挖外，黑恶势力组织在发展、壮大过程中实施的已被追究的违法犯罪行为是否被合法合理地追究以及背后是否有职务犯罪的存在，也需要进一步加大深挖力度。

（三）调研与防控力度还不够

打击治标，防控治本。检察机关作为法律监督机关和较早介入侦查活动的机关，有根据大量办案数据梳理分析黑恶势力的特点、成因以及实际办案中存在的问题、提出防控建议的天然优势。但检察机关在这方面研究的独特优势没有充分展现，也导致外界对检察机关职能认识不全面。

（四）部门联动与配合不足

对一些重大疑难案件，公检法尚未建立案件联席会议，实践中多依靠党委或各单位一把手临时协调会商，致使不能及时统一思想，影响打击效果。另外，在涉黑恶线索移送和反馈上，虽然有的地区扫黑办协调公检等部门建立了相关机制，但无论从立法还是机制层面，均没有对公安机关反馈作出规定要求，不利于检察机关及时开展监督活动，一定程度上影响了打击力度。

（五）在治乱上还需下大力气

经过深入调研发现，除农村有村霸外，卖饭的、收垃圾的等诸多行业均存在霸主，但这些人多数不会实施过激的殴打、伤害等行为，而是通过制造事端等方式阻挠他人，加之证人不配合导致入刑难，该类行为得不到遏制，便会成为普遍现象，愈演愈烈，影响群众对扫黑除恶的信心。目前"打早打小"、治理乱象是我们工作的短板。另外，还需进一步提升扫黑除恶工作能力，打造过硬工作团队。

四、扫黑除恶工作向纵深发展的路径

面对扫黑除恶专项斗争中的种种挑战，如何化挑战为机遇，为扫黑除恶专项斗争贡献检察力量，笔者紧贴工作实践，提出以下几点思考：

（一）坚持依靠党的领导和支持

坚持党的领导是深入开展扫黑除恶专项斗争的重要保障，只有始终坚持党的领导，才能保证扫黑除恶工作的正确方向，才能确保扫黑除恶工作的有序、有力开展。检察机关要主动向党委汇报开展扫黑除恶工作的思路、部署和措施，以及在查办案件中遇到的困难和问题。要紧紧依靠党委解决遇到的困难和问题，排除办案中的阻力和干扰，积极争取党委和上级院的支持，为检察机关扫黑除恶工作创造良好的外部环境。

（二）坚持双赢多赢共赢的理念

检察机关是法律监督机关，法律监督不是你错我对的零和博弈，也不是我高你低的居高临下，而是共存共赢，共同进步。监督者与公安机关、法院等被监督者虽然各司其职，但却殊途同归，最终的目的都是维护社会公平正义和公共利益，共同推动法律贯彻执行到位，共同推进依法治国。所以，在检察监督工作中，要努力与其他执法司法部门形成良性、互动、积极的工作关系。要自觉树立双赢多赢共赢理念，充分认识到这一理念不只是对某一监督领域、某一监督环节的要求，而是贯穿法律监督全部领域、全部环节的总体要求。要运用政治智慧、法律智慧，努力寻找双赢多赢共赢的基点，形成打击黑恶势力犯罪的强大合力，努力实现共享共赢的共同目的。

（三）坚持以人民为中心的宣传理念

要高度重视法制宣传的作用，不断强化法制宣传的效果。一是在宣传对象上，充分发动和依靠群众。对普通民众要广泛宣传，加强宣传，以提高他们的维权意识为重点，提高和增强广大人民群众运用法律武器保障和维护自身合法权益的能力，形成社会各界共同抵制黑恶犯罪的强大舆论声势。二是在宣传内容上，要大力宣传党和政府扫黑除恶斗争的决心和信心，宣传检察机关的职能和斗争成果，营造强大声势。三是在宣传方式上，既可以与法院、公安、司法局等部门联合进行宣传，形成协同宣传的合力，也可以检察机关为主体单独进行宣传，突出检察宣传的特色。可以采用面对面式的宣传，也可以借助科技力量进行宣传，如通过H5技术制作支持手机微信使用的动态宣传画面，分专题、分阶段集中宣传。四是在宣传手段上，要推陈出新，丰富多彩，除了可以采用传统的广播、电视、刊物、讲座、新闻发布会等形式外，还要利用好检察机关两微一端平台，同时可以将传统宣传方式与新型宣传方式相结合，比如在深入街头巷尾开展宣传、召开新闻发布会的同时，同步新浪视频直播，扩大宣传覆盖面，为扫黑除恶专项斗争营造良好的社会环境，让黑恶势力无处遁形。

（四）坚持依法严惩和规范到位的打击总基调

一是坚守法律底线，准确把握法律政策界限，把握好涉黑恶势力的认定标准，把握好捕与不捕、诉与不诉的标准，以此倒逼侦查活动的有效规范开展，有力打击黑恶势力犯罪，只有这样才能不贻误战机，夺得先机。二是充分发挥检察机关在立案、侦查、审判、刑罚执行等各个诉讼环节的监督职能，把好案件事实、证据、程序和法律适用关,深挖漏罪漏犯,深挖参加黑恶势力犯罪的单位犯罪,深挖"保护伞""关系网",深挖已判刑罚,防止和纠正人为拔高、办凑数案等问题,确保检察职能的全面履行,确保每一起案件都经得起历史和法律的检验。三是借检察机关机构改革之机,强化全程跟踪监督,确保检察机关的意见、建议落实到位;强化办案效率,确保案件不在检察环节积压。四是充分规范运用最高检统一业务应用系统,使检察活动全程留痕,确保自身规范。

(五)坚持惩防控一体推进

在保证依法严惩的基础上,把打击黑恶势力犯罪与系统治理、综合治理、依法治理、源头治理有机结合,抓住每一个关键环节,主动融入共建共治共享的社会治理格局,积极参与社会安全风险防控体系建设,提升社会治理法治化、智能化、专业化水平。如为确保农村换届选举工作的有序进行,确保基层政权的纯洁性,可开展剥夺政治权利执行专项检查活动,摸排被法院判决剥夺政治权利及未执行接受公安机关管控的人员,并将摸排情况交市委对乡镇进行通报,防止这些人员进入基层政权组织。同时检察机关要多部门协作,组建防控犯罪团队,梳理多发、易发黑恶犯罪的区域、行业、犯罪主体等关键信息,针对破坏基层政权、破坏营商环境等突出问题,研究黑恶势力滋生的监管漏洞和成因,向党委政府、相关部门和基层组织提出综合治理建议,帮助整章建制,强化监督管理,预防违法犯罪,从源头上遏制、消除黑恶势力的滋生蔓延。

(六)坚持传统方式与科技创新并用的摸排线索方式

在通过电话举报、来信来访等途径在单位积极受理案件线索的基础上,积极研究开辟其他战场,如检察机关通过联合监狱、看守所、社区矫正机构深入监管场所开展揭发检举涉黑涉恶犯罪专项活动,鼓励在押人员揭发检举,全面排查,深入挖掘漏网的黑恶犯罪线索。同时要与时俱进,借助"互联网+"的优势,创新举报方式,如通过开设手机微信举报平台,为群众举报提供更多选择和便利渠道。另外要加强审核研判,对有价值的案件线索,特别是"保护伞"案件线索,及时移送公安机关和纪检监察机关,对有一定证据材料的线索,要敢于启动立案监督程序,确保线索成案率。

(七)坚持学习培训,提升扫黑除恶斗争的能力和水平

公、检、法三机关要联合开展多种形式的培训,以便于统一执法司法认识。同时各单位要针对自身工作特点,量身定制培训计划,不但组织干警定期对扫黑除恶知识、相关政策法律、司法解释集中培训学习,还要强化日常学习,准确掌握认定黑恶犯罪的标准,不断提高精准打击的能力和水平。同时把扫黑除恶与司法办案责任制结合起来,发挥检察官办案主体作用,调动检察官办理涉黑涉恶案件的积极性、主动性。

金融领域风险防控与检察职能发挥

王海斌　刘海东　马艳杰[*]

【摘　要】　当今互联网时代，金融创新不断涌现，金融风险加大，金融违法犯罪呈现新动向，迫切要求检察机关创新工作机制，充分履行职能，防范和化解金融风险，保障经济和金融安全。唐山市路北区人民检察院依托唐山金融园区检察室，积极探索建立和完善金融检察的各项机制，通过"金融检察"一体化监督，护航金融产业发展。

【关键词】　犯罪防控　金融检察

金融是现代经济的核心，是国家重要的核心竞争力，金融安全是国家安全的重要组成部分。当今互联网时代，金融创新不断涌现，金融风险加大，金融违法犯罪呈现新动向。金融犯罪的复杂化、组织化、网络化，迫切要求检察机关创新工作机制，充分履行职能，防范和化解金融风险，保障经济和金融安全。2018年6月25日，最高人民检察院发布《关于充分发挥检察职能为打好"三大攻坚战"提供司法保障的意见》，要求各级人民检察院依法严厉惩处严重危害金融安全、破坏社会稳定的犯罪行为，筑牢金融安全司法防线。近年来，唐山市路北区人民检察院围绕服务和保障唐山金融产业园区建设，依托唐山金融园区检察室，积极探索建立和完善金融检察的各项机制，通过"金融检察"一体化监

---

[*]　作者单位：河北省唐山市路北区人民检察院。

督,实现对金融违法犯罪监督全覆盖。

一、金融检察的独特功能

所谓金融检察,是指人民检察院通过行使检察权维护金融秩序、保护金融活动各方主体的合法财产、保卫我国社会主义金融市场合法、有序、健康发展的专门性检察工作①。在金融违法犯罪全部法治治理手段中,相较于公安机关、人民法院以及金融监管机关的职能,金融检察具有独特的、无可替代的功能。

(一)监督功能:监督执法司法机关履职尽职

在惩治金融违法犯罪过程中,最大的担忧就是有关机关不作为、乱作为或执法司法不公。金融检察可以督促、监督公安机关、人民法院、金融监管机关正确履职,形成打击金融违法犯罪的动力和合力。其一,对公安机关,金融检察可以监督公安机关对金融犯罪案件该立案而不立案、不该立案而立案、以罚代刑、违法查封扣押冻结、违法采取拘留逮捕等强制措施的行为。其二,对审判机关,金融检察可以监督人民法院公正审理金融案件,维护当事人合法权利,并且监督人民法院执行生效判决裁定,使生效裁判落到实处。其三,对金融监管机关,通过完善和落实行政执法与刑事司法相衔接的工作机制,督促监管机关及时移送涉嫌犯罪案件,防止瞒案不报、内部消化和"大事化小、小事化了"。

(二)建议功能:预防金融系统腐败渎职犯罪

当前金融犯罪案件主要分为三大类型,分别是影响社会稳定的涉众型金融犯罪如非法吸收公众存款罪等、扰乱金融管理秩序的金融诈骗犯罪如信用卡诈骗罪等和金融系统内部人员的职务犯罪。其中,银行内部的贪污腐败类犯罪不仅造成的直接危害最大,

---

① 范卫国、王婷婷:《论我国金融检察专业化发展及制度设计》,载《湖北行政学院学报》2014年第1期。

而且造成的间接危害也不可估量。许多诈骗案件,乃至形似民事借贷纠纷的或者坏账、呆账、死账的背后,都隐藏着肮脏的贿赂交易。① 金融检察在严厉惩治金融系统内部腐败犯罪、有效震慑潜在犯罪分子的同时,还可以充分发挥检察建议功能,查找出业务流程中存在的风险节点,帮助发案单位整章建制,堵塞监督、管理的漏洞,维护公平公正的金融市场环境,推动金融产业的健康、规范发展。

(三)提升功能:提升打击金融违法犯罪水准

随着我国金融市场建设步伐的不断加快,金融领域犯罪态势越发严峻,新型犯罪手段层出不穷。俗话说"魔高一尺,道高一丈"。肩负打击金融违法犯罪的政法机关,必须不断提高打击金融违法犯罪的水平,在这方面金融检察同样具有独特的优势。首先,金融检察具有居中连接性。能够起到连接公安、法院的作用,协调各方形成相对统一的执法指导思想和执法标准,避免公检法三家认识不统一,影响打击力度和诉讼效率。其次,金融检察具有取证引导性。在积极推进以审判为中心的诉讼制度改革背景下,庭审进一步实质化,庭审质证将进一步强化,警察出庭、证人出庭将成常态,这必然要求作为检控方的检察机关加大对公安侦查取证的引导力度,有力地指控犯罪,提高打击金融犯罪的准确性和有效性。最后,金融检察具有手段多样性。能够发挥民事行政检察监督职能,对涉及金融产品创新、金融交易方式的民商事案件,充分运用抗诉和检察建议的方式监督审判机关依法裁判,纠正地方保护主义、部门保护主义,优化金融司法环境。

---

① 白建军:《金融犯罪的危害、特点与金融机构内控》,载《政法论坛》1998年第6期。

二、金融检察工作秉持的司法理念

（一）金融安全和经济安全优先

当前，我国的经济总量和金融资产总量处在世界前列。金融，俗称经济的血液，是新常态下国民经济发展不可或缺的重要元素。在经济全球化日益加深的大背景下，金融安全事关国家的经济安全，乃至国家安全。因此，金融检察必须坚持国家利益第一、兼顾公平的原则，为国家的经济发展、金融发展的大局服务。金融司法，包括金融检察，必须把金融安全和经济安全放在优先的地位。

（二）打击犯罪与鼓励创新并重

发挥金融检察职能，对严重的金融犯罪，要依法从严惩处，提高犯罪的成本，最大限度遏制犯罪；金融检察，对于金融市场创新也要持宽容的态度。党的十八届三中全会强调"鼓励金融创新"。因此，对犯罪情节轻微，危害不大的，要依法从轻处理；对因法律政策的界限不清而触犯刑事法律，主观恶性不大，社会危害性小的，要坚持刑法的谦抑性原则，坚持谨慎入罪，防止不当扩大金融犯罪圈。

（三）保护行业与保护公众并重

金融行业虽然事关国家经济安全和国家安全，但在处于社会主义初级阶段的中国金融业还不够强大，任何一个金融环节出现问题都可能演化成一场全局性的金融危机并引起连锁反应，需要金融检察给予特别的司法保护。同时，金融业发展已经渗透到社会公众生活的方方面面以及经济活动的各个领域，影响到各类市场参与者和群众的切身利益，金融检察因此又肩负保护社会公众的职能，在保护行业和保护公众之间寻求平衡，不能偏颇。

（四）查办案件与教育预防并重

防范金融领域违法犯罪，金融检察必须强化"查案"意识，大力查办违法犯罪案件。既要查办金融领域各类刑事案件，也要查办金融领域国家工作人员贪污、受贿、挪用公款以及失职渎职造成国有资产重大损失的行为。由于金融行业资产所有权与经营权分离的特点，"东西不是自己的"，极易产生道德风险，出现违规行为。金融违法犯罪，有的只需要动动键盘即可，导致嫌疑人的罪恶感弱化。因此，预防金融违法犯罪非常必要和重要。

三、金融检察一体化工作实践

金融产业是唐山路北区域经济转型方式的主攻目标，2014年建成的唐山金融产业园区是河北省第一家综合金融产业园区。入驻园区的金融单位分为三类：第一类包括唐山农商银行、民生银行、新华人寿、平安集团、太平财险等金融企业；第二类是唐山银监局、唐山人民银行、唐山保监局等行业监管机构；第三类是唐山金融控股集团和唐山中小微企业金融服务中心等金融服务和投融资平台。园区共入驻74家单位，面积10万平方米，金融从业人员达5000余人，涉及银行、保险、证券各个领域，园区金融企业保有量稳居全市首位，金融业税收占比达到16.8%。

金融产业与社会经济联系紧密，多种矛盾风险叠加，单凭一个部门的力量，很难有突破性的效果。唐山市路北区人民检察院依托金融产业园区金融检察室创新开展"金融检察"工作，探索建立了以全院系统联动、行业监管联动、"互联网+"联动为内容的"三项联动"金融检察一体化工作机制，对内聚集全院各部门力量，对外联动公安、法院、司法机关和行业监管部门，打击金融违法犯罪，解决金融民商事纠纷，同时充分利用"互联网+"开展金融犯罪防控，通过发挥综合效应形成合力，为园区金融企业健康发展提供法治保障。

（一）全院系统联动，实现法律监督全方位覆盖

对内全院联动，金融园区检察室与民行、侦监、公诉等部门建立联动机制，各部门每周派专人到检察室，共同办理金融案件，避免各行其是重复工作。对外系统联动，加强与公安、法院的联系协作，实现工作无缝对接，保护守法守约行为，打击违法犯罪行为，对金融犯罪案件实现监督全覆盖，公检法各机关无缝衔接，共同提供司法保障。同时积极为金融企业提供法律指导、企业维权等服务，依法保障金融机构的资金安全。近年来，共办理贷款诈骗、保险诈骗等金融领域犯罪案件30件42人，立项开展金融专项预防12项，涉及项目总金额10亿元。该院深入调研唐山金融业现状和法律需要，发现唐山银行业受当前经济形势下行的影响，金融案件多，难以及时审结，尤其是不良贷款的案件执行难，金融风险急需稳控。针对金融业法律需要，该院充分发挥法律监督一体化优势，开展系统联动，加强与公安、法院的联系协作，严厉打击金融诈骗。金融园区检察室与法院执行部门联动，为浦发银行唐山分行清收不良贷款600万元，取得了良好的社会效果和法律效果。

（二）行业监管联动，由查处个案向整体防控转变

金融案件涉及人员众多、金额巨大，极易影响社会稳定。根据唐山市院强化犯罪防控工作要求，该院积极探索新的金融检察大防控格局，为金融企业经营活动提供法律服务。该院与入驻园区的金融监管部门——唐山银监局、保监局和人民银行建立联运协作机制，通过金融风险防控调查，及时向金融企业和监管部门发出检察建议，进行事前风险预警。该院精准研判金融犯罪态势，研究防范对策，向党委政府提出综合治理建议，提前化解金融风险，保障金融机构的资金安全。近年来，园区多家保险公司反映，机动车保险理赔中存在骗保行为。该院及时介入调查，发现5起虚报保险赔付案件，为保险公司挽回经济损失100余万元。在监督个案的同时，该院向唐山保监局发出检察建议，要求加大对车

辆保险理赔过程的监管，防止保险诈骗案件的发生。唐山保监局组织全市20余家保险公司，对照检察建议进行自查整改，并对保险公估机构协调上级保监局进行整顿，营造了健康稳定的金融生态环境，得到了金融保险企业的高度评价。

（三）"互联网+"联动，动态推动犯罪防控

该院在防控金融犯罪工作中坚持法治思维，准确把握高检院关于保障和促进金融发展的相关要求，针对金融犯罪重点领域和重点人群开展防控。充分依托互联网平台，加强网络互动，提高工作的生动性和感染力，推动检务公开、阳光检察。近年来，该院与金融园区管委会合作，在园区官方媒体唐山金融服务网上建立检察联络站，通过互联网广泛开展法制宣传、警示教育，加强交流互动，引导人们形成学法用法的社会氛围，弘扬法治精神，动态为园区内金融机构提供法制宣传保障，引导社会公众和金融机构树立诚信守法意识。该院根据金融特点进行风险防范，采取网上发放宣传文章、参加警示教育基础、开展专题讲座、发送廉洁从业微信、观看廉政短片等多种方式，开展专题防控教育30余次，受教育人达到3000余人次。当前金融机构对检察机关强化法律监督、保障公平正义的期望很高，检察室通过网上检察官热线提供法律咨询，有针对性地帮助金融企业排查防控违法犯罪风险点，推进廉洁文化建设，切实提高金融从业人员依法经营意识。同时，该院还与入驻园区的唐山农商银行、民行银行、太平保险等机构分别签订了检企共建协议，帮助其完善相关制度，为入驻单位正常运转提供司法保障，得到了金融机构的广泛好评。

四、营造和放大金融检察的社会效果

（一）加大打击金融犯罪的力度，有效遏制金融领域违法犯罪高发势头

检察机关应充分发挥批捕、起诉检察职能，依法严厉打击非

法吸收公众存款、集资诈骗等涉众型金融犯罪，资产评估、会计审计等金融服务领域的违法犯罪，以及利用金融产品、融资工具、支付方式等实施的金融违法犯罪，形成有效震慑。在办理金融相关案件中，若发现政府或金融机构工作人员参与犯罪或者有不作为、乱作为甚至钱权交易等行为的，及时启动监督程序；涉嫌职务犯罪的，及时移交线索，协助有关部门坚决予以查处，增强警示作用。

（二）建立打击金融犯罪的协作体系，提高惩防金融犯罪信息化水平

检察机关要加强与公安、法院、金融机构、行政执法部门、信访等部门的工作联系，通过执法信息平台实现行政执法工作信息、行政处罚信息共享，通过行政执法行为监督，促使行政执法部门对金融犯罪案件及时移交公安机关立案侦查。充分发挥立案监督和侦查活动监督的职能，提高监督的时效性和全面性，有效防止有案不立、久侦不绝、违法侦查、量刑畸轻等违法执法问题，重拳打击金融犯罪背后的"保护伞"，确保司法公正。同时，加强对金融领域民事、行政、刑事审判和执行活动的监督，确保案件裁判公正公平，并得到及时、有效、完整执行。积极支持和配合金融监管部门，强化金融监管，对于金融监管部门不履职、履职不到位，或者造成国家和公共财产重大损失的，积极运用检察建议督促其依法履行监管职责。

（三）建立防控金融风险预警机制，努力从源头上预防和减少金融犯罪

检察机关要密切关注民间活动走向和重大资金往来情况，及时收集汇总信息，分析研判，研究防范对策，实现先期预测，建立长效预警机制，发现苗头及早介入调查，防止造成严重后果。定期向政府部门提供调研报告和有价值的决策参考，向金融监管部门及时通报金融风险，进行事前风险预警和防范对策，堵塞金

融企业经营中违法犯罪漏洞。延伸检察职能，准确适用刑事和解、检调对接、不起诉及量刑建议等制度，使案件在实现定纷止争的同时，有效缓解社会矛盾，避免"民转刑"恶性案件的发生。

（四）健全社会公众金融风险防范机构，加强社会监督及法制宣传教育

充分发挥检察机关的职能优势，定其公布典型案例，提供金融犯罪预防指引。加强对犯罪多发易发领域、重点人群的法律宣传，持续推进法治进机关、进企业、进社区、进基层、进网络，深入银行、保险等金融机构，零距离服务重点建设项目。组建金融检察宣讲团，推动检察官走进人民群众和市场主体，宣讲金融法律法规，普及风险防范意识，以案释法，明法析理。充分运用社会群体及社会各界司法专门机关、团体、组织及新闻媒介、社会舆论的监督作用，加大媒体宣传力度，使广大人民群众自觉约束自身行为，使一些潜在犯罪得到有效遏制，促进形成良好的舆论引导。

（五）探索金融领域公益诉讼，打造金融业发展良好法治环境

争取党委政府和人大的支持，拓宽监督视野，积极查找案源线索，加强检察机关与金融机构之间的信息沟通机制，密切关注金融风险和金融犯罪情况，及时收集汇总信息，及时分析研判，通过公益诉讼主动维护金融领域合法权益。对损害国有金融企业权益的，提出刑附民公益诉讼；对金融监管不作为严重损害金融管理秩序的，提出行政公益诉讼，对损害社会公众和金融机构的违法行为的，提出民事公益诉讼。力争实现检察工作法律效果、社会效果和政治效果相统一。

民营经济司法保护与检察职能发挥

陆爱东　任艳红　丁莉颉*

【摘　要】　从民营经济对新世纪下的中国发展的重要性作为切入口,明确检察机关应提高其政治占位强化服务民营企业的意识,在这一大前提下,分析检察机关在保障民营企业发展中的实务困境,并提出发挥检察机关职能保障民营企业的几点建议。

【关键词】　重要性　强化服务　实务困境　发挥检察职能

一、民营经济的重要性

民营企业是国民经济的重要组成部分。改革开放40年来,民营企业由小到大,从弱到强,已经发展成为提升经济效率、扩大对外开放、推进技术创新的重要力量;成为解决民生就业、贡献税收、促进经济健康发展的重要支柱。我国民营企业总数已超过2500万户,民营企业的作用和贡献可以用"56789"来量化概括,即对国家的税收贡献超过50%,国内生产总值、固定资产投资以及对外直接投资占比均超过60%,高新技术企业占比超过70%,解决城镇就业超过80%。对新增就业贡献率达到90%。深化供给侧结构性改革,加快创新型国家建设,都离不开民营企业的积极参与。民营企业机制灵活、效率高、创新性强,在新产业、新模

---

* 作者单位:河北省迁安市人民检察院。

式、新业态培育发展进程中大有可为。以腾讯、阿里、百度、华为、小米、平安为代表的一大批优秀民营企业,是我国经济发展方式转变的楷模,已经成为中国在世界的名片。除了大型民营企业外,更多的民营中小微企业分布在国民经济各行各业,它们完成了70%以上的发明专利,其中的佼佼者,往往在很短的时间内就成长为细分行业的龙头,正在成为我国经济结构优化升级的新动能。

二、提高政治站位,强化服务民营经济发展的责任担当

(一) 深刻领会中央发展民营经济的方针政策

习近平总书记在全国两会期间参加政协民建、工商联界委员联组讨论时强调,"非公有制经济在我国经济社会发展中的地位和作用没有变,我们鼓励、支持、引导非公有制经济发展的方针政策没有变,我们致力于为非公有制经济发展营造良好环境和提供更多机会的方针政策没有变",不断释放出促进民营经济健康发展的强烈信号。改革在当前已经进入深水区,中央对民营经济的保护和发展并未弱化,而是更进一步加强,这是检察机关当前必须把握的重要理念。①

(二) 充分认识民营经济的重要地位和作用

良好的政策环境为民营经济发展壮大提供了巨大空间,改革开放40多年来,民营企业抢抓机遇、闯关夺隘、迅速崛起、不断发展,其平均增长率远远超过国有经济和集体经济增长率,成为推动经济快速发展的重要支撑力量,在稳定增长、推进创新、扩大就业、增加税收和改善民生等方面都发挥了十分重要的作用。

---

① 李家全、谢菲:《论基层检察机关如何服务民营经济发展》,载《法制与社会》2019年第3期。

从全国层面来看，民营经济对 GDP 的贡献率超过 60%，税收贡献率超过 50%，就业贡献率超过 80%。因此，检察机关要正视民营经济的积极作用。

三、民营企业发展中的困境

（一）法律保护制度不完善

一是在立法上，私人财产的法律保护制度不完善，民营企业家对巨额私有企业产权缺乏法律保护的信心；法律没有将私有财产和公有财产纳入一个平衡的保护体系，私有财产的保护力度不及公有财产。例如，同样是侵吞企业财产的行为，对国有企业的财产可能定贪污罪，而民营企业的财产则定职务侵占罪；在数额要求上，贪污公共财产 5000 元以上，或者不满 5000 元但情节严重的，即构成贪污罪，而职务侵占罪的起刑点数额为 2 万元以上，也就是说，侵吞私有财产构成犯罪的数额是侵吞公共财产的 4 倍；在惩处力度上，贪污罪明显重过职务侵占罪，贪污罪最高刑为死刑，侵占罪最高刑只有 15 年有期徒刑。

二是在司法实践中，民营企业相对国有、集体企业而言，处于弱者地位。如果民营企业的合法权益被侵犯，特别是被政府部门侵犯而诉诸法律，维权的结果往往难以真正体现司法公正的要求。近十年来，民营企业不断发展壮大，而企业内部由于监管措施不完善、管理不到位、制度不规范等导致职务侵占、挪用资金、员工受贿等现象不断发生。一直以来，公检法部门都十分重视对职务犯罪的打击，但相对于"黄赌毒""两抢一盗"等恶性犯罪的打击而言，其效果却不是那么明显。究其原因，企业职务犯罪相对于国家工作人员职务犯罪、盗窃罪等财产型犯罪而言，由于追诉标准较高、犯罪主体范围过于特定而容易导致"放纵"了一些犯罪,导致了职务犯罪的打击率不高。①

(二)企业法律意识淡薄

在国家法治建设不断加强、社会整体法治意识不断提高的同时,也存在一些民营企业站在被告席上做最后陈述时把"不懂法"作为自辩理由的情况,其背后隐藏的是经济交往中自我保护意识和社会责任感的缺乏。个别企业为了追逐财富而歪曲价值观,谋取"最大化"的经济利益,游走在法律的边缘。一些原本想合规合法经营的企业主,为了企业的发展,不得不跟随"时代潮流"采取同样的手段,如行贿官员获取非法利益、暴力解决经济纠纷等,以上情况都体现了民营企业法律意识的淡薄。

(三)检察院行使执行监督难

检察机关对法院的民事执行活动进行监督已在民事诉讼法中得以明确,但仅仅是一个原则性的条款,在实际执行中,执行监督是一个复杂的系统工程,既需要检察机关对执行监督到位,也需要检察官有充分的息诉说理能力与当事人进行沟通,做好当事人的息诉和解工作,化解矛盾。

四、强化检察职能,促进民营经济发展

(一)把握民营经济的法律定位,更新司法观念,树立平等保护民营经济发展的执法理念

当前,民营企业已和国有企业、外资企业形成三足鼎立之势,蓬勃发展。尽管民营经济占有社会资源的比重仅有1/3,但对GDP增长的贡献率已经占到2/3。民营经济在增加建设资金、促进竞争、活跃市场、进一步发展生产力、扩大就业、保持社会稳定、增加国家财政收入等方面发挥着积极的作用。民营经济由不

---

① 北京师范大学中国企业家犯罪预防研究中心课题组:《民营企业家刑事风险分析与对策建议报告》,载《河南警察学院学报》2015年第4期。

被承认到合法存在,由"异己力量"到国民经济的重要组成部分的发展过程中,始终伴随着各种经济和社会力量的激烈交锋。再加上民营经济自身存在的体制障碍以及我国市场经济法律制度的不完善,使许多民营企业在时至今日的发展过程中仍举步维艰,直接影响民营经济的发展。

随着时代的变革,检察工作应当根据民营经济法律地位的变化和近年来的发展情况,解放思想,与时俱进,转变传统的司法观念,重新审视和理解民营经济的重要作用。明确为民营经济服务也是为社会、为人民、为整个经济建设服务的重要思想。无论是国有企业还是民营企业的合法权益都要给予同等对待、同等保护、同等服务。增强为民营经济发展服务的责任感和使命感,义不容辞地担起为其服务的重任。

(二)严厉打击各种刑事犯罪和违法行为,良好的法制环境是民营经济发展的重要保证

一要加强调查研究,分析与民营企业发展有关的犯罪案件类型,总结办理该类案件的经验,采取有针对性的举措提高办案质量和水平。如研究合同诈骗、强迫交易以及侵犯知识产权等与民营企业发展息息相关的破坏市场经济秩序的犯罪案件,发现侦破、打击该类犯罪的有效方法,确保高效打击犯罪。

二要成立专门办案小组跟踪办理侵害民营企业财产及经营者人身安全、妨害民营企业管理秩序等犯罪案件,提高办案人员办理该类案件的专业水准。

三要严肃查处国家工作人员利用职务之便向民营企业及其经营者索贿受贿,以及因滥用职权、徇私舞弊、玩忽职守造成民营企业生产停顿、交易中断、人身伤亡、财产重大损失等职务犯罪案件,为民营企业的健康发展创造清廉的政务环境。

四要确立对涉民营企业案件"优先受理""优先查处""优先监督"的"三优先"原则,统一执法理念,为民营企业权益保护工作提供明确指引。

（三）切实加强对民营企业的法律宣传，为民营企业发展当好参谋

民营企业在社会主义市场经济大潮中的生存和发展除了外在的环境因素影响外，企业内在质素也相当重要。从目前民营企业的发展状况来看，不同程度地存在法律意识淡薄、法律知识缺乏等问题，成为困扰企业发展的瓶颈。如有的企业不与员工签订劳动合同，有的企业不给员工购买劳动保险等，从而导致诸如签订合同被骗亏损、资金被挪用、商业秘密被盗等案件的发生。

检察机关应针对民营企业存在的问题，在职能范围内采取适当的措施，加大法律宣传力度。首先是主动送法上门。将涉及民营企业的法律法规、国家政策、有关案例等定期辑录成册向企业发送，定期组织专人提供法律咨询等。其次是协助搞好企业员工的法律培训，检察机关可以讲法制课等多种方式深入企业，为企业做好法律培训工作，使企业人人都懂法、守法。法制教育不仅要传授与企业发展紧密相关的法律常识，还要引导企业树立用法律维权的观念。最后是认真总结在办案中发现的普遍性、规律性问题，为民企提供更多参考。从以往民营企业发案的情况来看，绝大部分是企业内部缺乏必要的管理机制、内部制度不健全造成的。特别是与员工签订劳动合同，为员工购买劳动保险等方面，公司没有按照劳动法的有关规定执行，致使对内部员工在管理上不到位。检察机关应当发挥自己的优势和研究办案实践经验，摸索涉及民营企业案件发案规律，针对民营企业在财会、采购、供销、商业秘密、知识产权等方面存在的薄弱环节，以及在生产、经营、管理等方面存在的问题，及时提出改进和完善建议，帮助企业建立完善的规章制度，为企业当好参谋，为民营企业的健康发展保驾护航。

(四)充分发挥诉讼监督职能,依法维护民营企业合法权益

一是通过依法提出抗诉及时维护涉诉企业的正当权利。对判决已生效的涉及民营企业的民事行政案件,检察机关应当认真审查裁判的合理性和合法性,对符合抗诉条件的民事行政案件,依法坚决提出抗诉,维护民营企业的合法权益。二是对依法不能抗诉的民事调解书,积极创新法律监督方式方法,保障企业合法权益。三是通过畅通涉民营企业信访渠道,及时化解针对企业的不良信访。控告申诉检察部门要认真排查涉民营企业信访案件,仔细甄别信访的合理合法性,发现有针对民营企业的不良信访行为,要及时调查了解情况,与政府有关职能部门一起维护好民营企业的合法权益。四是注重人性化执法办案,保障民营企业正常生产经营。检察机关在查办涉及民营企业的职务犯罪及经济犯罪过程中,要注重讲究办案方式方法,实现人性化办案,对涉嫌犯罪的民营企业,慎用查封、扣押、冻结、限制人身自由等措施,充分听取涉案企业的意见,避免调查工作给企业带来负面影响。如在查办案件过程中,对可能发生导致企业倒闭、工人失业等情况,尽量向法院提出酌情从轻处罚的量刑建议,避免企业陷入经营困境。

(五)进一步完善执行监督机制

一是明确检察官的阅卷权。以往司法实践中,检察监督的案件大部分是已结案件,案件的卷宗材料都已装订成册且大部分归入法院档案室,查阅案卷相对容易,但是执行监督案件大部分是未结案件,案件材料都在执行法官手中,调查案卷如果没有执行法官的配合,将很难操作,有必要进行规范。二是规范执行和解机制的交流与沟通。基层民行检察部门在对执行活动进行监督的过程中,要注重加强执行和解工作,及时将和解情况告知法院执行部门,法院执行部门对检察院已经立案监督的执行案件进行和解的,也要及时将和解情况告知民行检察部门,以便双方掌握案件的进展情况。三是建立执行案件沟通协调机制。由于执行案件

的情况较为复杂，民行检察部门受理当事人的申诉后，要及时就案件情况和法院执行机构进行沟通，并将检察院已经立案监督的情况告知法院，法院应当就案件的执行情况回复检察院，并在执行过程中加强沟通与交流，必要时法院在执行过程中可以邀请民行检察官介入。

浅谈办理污染环境犯罪案件法律适用问题

于思萌[*]

【摘 要】 《刑法修正案（八）》将重大环境污染事故罪修改为污染环境罪，2013年司法解释明确了该罪的入罪标准和加重情节，出台了一系列定罪量刑的新规定，降低了该罪的入罪门槛。近年来环境污染案件呈上升之势，针对鉴定难、取证难、环境监管失职等问题，2016年11月"两高"出台《关于办理环境污染刑事案件适用法律若干问题的解释》，针对现阶段环境污染的新情况，对2013年解释进一步细化删减整合，加大对于环境污染犯罪的打击力度。但是污染环境罪作为一个新罪，其立法设置仍不完备，司法适用也尚存缺陷。本文以污染环境罪为主线，力图剖析新司法解释适用中存在的疑难问题，对正确适用法律、严格执法，尝试提出具体的意见，进而促进我国环境刑事立法及司法实践的进一步完善。

【关键词】 污染环境罪 特点 司法适用问题 立法完善

现阶段我国环境污染形势严峻，雾霾空气污染已成为近两年的热点词汇，频频出现在各大新闻网站，人们实时关注PM2.5的增值，环境问题已成为影响全世界人民生存发展的大事。我国自

---

[*] 作者单位：河北省唐山市丰南区人民检察院。

1978年改革开放以来，确立了以经济建设为中心的根本任务，国民生产总值逐年提升，制造业迅猛发展，随之而来的环境污染事件也逐年增多。污染环境事件频发，由此带来的经济损失不容小觑，以牺牲环境为代价发展经济，再以经济的巨大投入来治理环境，长此以往将陷入一个得不偿失的恶性循环。尽管当前环境问题已越来越成为公众关注的焦点，人们的环保意识与日俱增，相关的环保法律法规也相继出台，但环境立法作为环保工作的第一道城墙还不够坚固，我国污染环境罪的立法尚处于起步阶段，相关司法解释的原则性较强，操作性偏弱。笔者认为，在环境立法方面可以借鉴其他国家的经验，进一步完善司法方面的法律制度，使污染环境罪在司法实务中运用更为明确和顺畅，从源头上遏制环境污染严重的现状。

一、污染环境罪概述

（一）污染环境罪的立法背景

我国在环境立法方面起步较晚，在经济发展较为缓慢的阶段，企业工厂较少，污染物排放数量不多，对于环境污染问题并没有引起足够的重视，对于环境犯罪的罪名设置也较少，在1997年之前我国的环境立法较为分散，仅在个别章节设置了一些罪名，如第三章中规定了盗伐林木罪、非法狩猎罪等。之后由于粗放型的经济发展模式，化工企业和工厂大量出现，公民的环保意识还未形成，很多企业为了追求经济利益随意排放废水、废气，环境污染问题初见端倪，1997年刑法典对于环境犯罪进行了全面修改。在妨害社会管理秩序罪中规定了重大环境污染事故罪，此罪的设置弥补了环境犯罪立法方面的空白，将环境污染事故纳入刑事追究轨道，但该罪的司法认定主要凭借法官的实践经验和主观评判，入罪门槛较高，适用范围狭窄，定罪量少之又少，学界对于该罪的修改呼声不断，《刑法修正案（八）》将"重大环境污染事故罪"修改为"污染环境罪",此后针对此条刑法规定,陆续出台相关司法解释,指导司法人员适用。

(二)污染环境罪的性质

1. 犯罪行为具有行政从属性

由《刑法》第338条的规定可以看出,污染环境罪是以"违反国家规定"为先决条件的,也就是说行为人只有违反了环境保护相关的行政法规或者决定、命令等规定,才有成立污染环境罪的可能。与传统的自然犯罪不同,污染环境罪是典型的法定犯罪,环境犯罪立法与环境行政法规有着密切的联系。如果一个行为没有违反环境行政法规的相关规定,那么就不存在构成环境犯罪的可能性;如果一个行为违反了环保法律法规的相关规定,且满足《刑法》第338条规定的其他条件,就有可能构成污染环境罪。

2. 危害后果具有长期性和严重性

与盗窃罪或故意杀人罪中可以马上判断财物丢失或生命遭到损害的特性不同,污染环境罪的危害后果极少可以立刻做出明确断定,其危害结果通常具有长期性和隐蔽性,但一旦开始显现,将给人类的生命财产安全造成巨大的损害。1930年发生在比利时马斯河谷工业区内的二氧化硫和粉尘污染事件,导致一周内死亡人数达60人,还有数千人患上了呼吸系统的疾病;1943年发生在美国洛杉矶的光化学烟雾事件,造成大量的居民呼吸困难,死亡率上升;1953—1956年发生在日本熊本县水俣市的汞中毒事件,致使许多居民因中枢神经中毒死亡,死亡率高达38%;1986年发生在苏联基辅地区的核电站反应堆爆炸事件,致使大量核物质泄漏,成千上万人遭到核辐射伤害,邻国也受到了严重影响,污染范围甚至遍布整个欧洲。这些历史上有名的环境污染事件无时无刻不在提醒我们保护环境的重要性,作为一个危害后果波及范围广、影响程度深的特殊罪名,污染环境罪应该被予以高度重视,在立法和司法中予以严厉打击。

3. 犯罪行为具有隐蔽性和专业性

由于污染环境罪的犯罪对象（如大气、水体）等具有空间流动性，所以同一污染环境行为所产生的危害后果可能会出现在不同的地域范围之内，如在甲地超出排污标准排放废水，因为水体具有流动性，流动到了乙地、丙地，危害范围扩大，追寻犯罪行为地的初始位置也将变得困难。除此之外，因为环境本身具有自净能力，只有超出环境自净范围，污染环境因素长期累积，污染环境的危害后果才会显现，而这个累积到显现的过程是隐蔽且漫长的，在此过程中探求污染环境行为所造成的物质性损害后果也是十分困难的。另外，污染环境罪具有专业性，表现在无论是犯罪手段还是鉴定过程都离不开以专业技术为支撑的科技手段。污染环境罪通常发生在企事业单位的生产流程中，而生产流程往往具有严密的科技性，尤其在排污过程中，企业常常采用高科技手段，而这个高科技手段往往属于商业机密且不为外人所知，因此在污染环境罪立案调查过程中，往往需要运用专业技术对结果进行鉴定，若离开这样的专业技术手段，则很难判定一个行为是否造成了环境污染，从而无法准确定罪。

二、当前环境污染罪在法律适用中存在的问题

最新司法解释的制定细化了环境污染犯罪的司法适用标准，司法人员在对污染环境罪认定方面也有较为明确的法律依据，但是通过统计笔者所在院环境污染案件数量、研究环境污染现状发现，目前司法实务中进入司法程序的环境污染案件仍然较少，这类案件在法律适用中存在诸多问题。

（一）罪名设置笼统

我国《环境保护法》中规定的环境要素范围很广，不仅包括草原、海洋、大气等自然环境，还包括人文遗迹、风景名胜区等人文环境，甚至还包括乡村、城市等社会环境。而污染环境罪只

是从狭义的角度涉及自然环境,并未涵盖社会环境和人文环境,罪名规范的范围不全面。另外,各种环境因素的性质、特点、污染范围、表现形式各不相同,例如水与土地相比,具有流动性大的特点,其空间地域影响范围可能会比土地大。由此可见,将各类不同环境因素的污染行为均统一规定在一个罪名中,只能兼顾其共性而不能做到对其个性的全面保护,很难做到罪责刑相适应,而且随着社会的发展、科技的进步,环境污染的类型也会越来越丰富,需要更细化的罪名,以便于有力打击污染环境行为。

(二) 刑事因果关系认定难

污染环境罪立案难的原因之一是因果关系难以把握。刑法上的因果关系是认定行为人是否构成犯罪的重要基础,在司法认定过程中具有重要地位。由于环境犯罪本身的隐蔽性和长期性特点,造成环境污染事件的原因可能是单一的,也可能是多种原因造成的,使得在认定某一因素是造成环境污染事故发生的决定性因素方面难度很大。此外,在认定污染物种类以及财产损失程度评估方面也具有相对复杂性,例如当年日本富士山镉污染"骨痛病",因为严格遵守因果链条,从最初症状显现到案件最终判定,用了20多年时间。因此,如果单一采用我国现行的因果关系认定方式,对于环境犯罪案件不仅不能得到确切的事实认定,还有可能使行为人逃避刑事追究,对破坏环境法益的行为不能给予有效打击。

(三) 环境监管缺位

在一些经济较发达地区,个别领导对环境保护的重视不够,因为地方政府官员的效绩考核标准与当地财政收入挂钩,为了获得经济利益与财政收入,对于污染严重但为地方财政创造巨大经济利益的企业,执法部门往往"法外留情",缺乏严格的环境监管,甚至成为地方污染企业的"保护伞"。公安机关、检察院本应对环境监管部门的行政执法行为进行监管,然而由于我国环境监管部门在环境管理工作中职能和责任不具体,以及环境污染案件的专业性和复杂性,公安机关内部没有配置专业机构和专业人员负责环境污染犯罪案件的勘验调查工作，使得在环境犯罪领域，行政执法向刑事司法的转化很难进行，使得执法监督部门对于环境污染案件的移送程序流于形式，导致我国环境刑事司法追究机制仍不健全，出现以罚代刑、有案不移、有案不立、放纵犯罪等行为。

（四）刑罚处罚力度偏弱

从该罪的自由刑档次设置幅度来说，污染环境罪的量刑力度偏轻，最高刑为7年有期徒刑。在司法实践中私营企业又常常规避结果加重的量刑适用，且辩护律师常以被告人有悔罪表现、主观恶性小且积极赔偿损失为由，减轻刑事处罚。另外，2013年的司法解释确定了单位犯罪的"双罚制"，对单位的主管人员和其他负责人员按照自然人犯罪处罚，而对于企业单位主体只规定了罚金刑。大部分单位主体只是作为行政处罚的对象一罚了之，使得片面追求经济暴利的企业对环境问题置之不顾，对环境的污染变本加厉，导致近年来污染环境犯罪案件数量呈"井喷"之势，仅通过罚金刑来惩治单位环境犯罪显然不能遏制当前环境恶化的态势，因此必须加大刑罚处罚力度。

三、加强污染环境类犯罪刑事立法，严格法律适用的对策建议

（一）做好环境污染的监管工作

首先，环境监管部门应严格执法，在环境污染案件前期积极协助，及时到现场勘验，提取环境监测数据，依法移送案件材料，同时需要制定具体的实施细则，规范环境监管部门移送程序，环境监管部门内部也应理顺机构设置，明确职能责任，依法履行环境监管职责，构成行政处罚的依照《行政诉讼法》《治安管理处罚法》进行处罚，构成刑事犯罪的依法移送司法机关，坚决杜绝以罚代刑，否则应追究相关人员环境监管失职的责任。其次，对环保部门移送的涉嫌环境犯罪案件，公安机关应当依法接受，不

得以材料不全为由不接受移送案件，解决公安机关对移送案件该接不接的问题，制定相关细则对公安机关在环境犯罪中接收环境监管部门移送的案件的问题作出相应规定，构建由行政案件向刑事案件转化的桥梁，在与环保部门联合执法过程中与环境监管部门相互配合，加强协作。同时可以建立信息共享平台，在制度层面解决环境行政案件向刑事案件转变的问题。最后，需要发挥人民检察院的监督职责，人民检察院在对环保部门移送情况进行法律监督的过程中，如果发现环保部门对应当移送的环境违法案件没有移送，可以派员查询、调阅有关案件资料，提出建议。人民检察院还需对公安机关立案情况进行法律监督，发现公安机关有违法失职情况，对环境违法案件故意推迟立案，或严重不负责任，对本职工作消极懈怠的，可以启动立案监督程序，对涉嫌环境监管失职的违法行为，依法立案查处，追究不作为或者环境监管失职的责任。通过这些监督举措构建起环保、公安和检察机关之间的桥梁，加强各环节的有效监管。

（二）为污染环境罪设置危险犯

对于污染环境罪设置危险犯是国际的立法趋势，我国也应为污染环境罪增设危险犯，对不同情节设置不同刑罚标准。如对危险犯设置第一档的法定刑可表述为"足以危害环境法益造成环境污染的现实危险的"，第二档法定刑可表述为"实施污染环境的行为，严重污染环境的"，第三档法定刑可表述为"后果特别严重的"，这样可以降低污染环境罪的入罪标准，加大对污染环境行为的严惩力度。考虑到环境犯罪的复杂性，即使环境污染的现实危害短时期内无法体现，也可以根据行为人现阶段对环境法益足以造成危害的危险状态，依据刑法对该罪的规定来定罪。笔者认为，应结合现阶段我国的司法现状，制定合理、合法的司法解释来弥补结果犯在环境犯罪方面的不足。

（三）环境犯罪的处罚方式可以更为多元化

首先可以增设资格刑，对于企业单位而言，对其适用罚金刑通常起不到刑罚的震慑作用,但若要剥夺他们的某种资格,例如开办工厂的资格、申请营业执照、排污许可,无疑比适用罚金刑更具有刑罚震慑力。一些地方司法机关已针对资格刑出台了一些司法适用意见,为资格刑的设立奠定了司法实务基础,例如江苏省高级人民法院和高级人民检察院联合发布了《关于依法办理环境保护案件若干问题的实施意见》,该意见中设立了"临时禁令"的刑罚处罚方式,规定:"有证据证明企业单位有严重污染环境行为,法院应当保护环境法益,责令该单位主体立即停止违规排放及生产",如此的"资格刑"设置,一定程度上可以弥补罚金刑适用的缺陷,有利于环境法益的保护。同时笔者认为还应当加大刑罚的处罚力度,做到罪责刑相适应。对于单位可以适用比自然人更为严厉的罚金刑,避免企业单位以损害环境法益为代价追求更高经济利益的情况。

(四)采取独立罪名的立法模式

为了解决当前环境污染罪名过于笼统、宽泛的问题,且随着社会发展、科技进步,污染环境的方式和手段也呈现不断创新的趋势,笔者认为可以采取分别立法模式,以后再有别的环境因素入罪,只需新增罪名即可,不会造成刑法分则体系不协调的局面。笔者认为,结合近年来的司法实践应将我国的污染环境罪分为污染水体罪、污染大气罪及污染土地罪,再分别对几个罪名法定刑设置、构罪标准等问题进一步细化。

我国自古以来就有环境保护的观念,早在西周时期就颁布了《代崇令》,以严苛的刑罚处置破坏环境者,现代社会相比古代社会环境遭受破坏的程度更深,如何运用法律手段保护环境是每个法律工作者都应该思考的问题。因此,作为生活在现代的历史开拓者,我们理应继承古人熠熠生辉的思想瑰宝,提高环境保护的观念,准确解读法律条文,不断完善立法措施,使刑法对环境的保护真正发挥应有的作用,让污染环境的犯罪分子得到应有的惩罚,实现绿水青山。

完善办理危害食品安全刑事案件司法解释研究

张竞文[*]

【摘　要】　俗话说"民以食为天",而食以安为先。浅显的话却道出了深刻的道理,食品是人类赖以生存的最基本的需要,是人类社会发展的物质基础和源泉。食品安全更是关乎每个人的健康和生命,能否保障食品安全,让人吃得健康、吃得安全,对老百姓来说就是天大的事。然而,近些年,各种食品安全问题不绝于耳。针对此种情况,2013年5月3日,最高人民法院、最高人民检察院联合公布了《关于办理危害食品安全刑事案件适用法律若干问题的解释》,自2013年5月4日施行,针对惩治危害食品安全犯罪中遇到的法律适用问题,进一步明确了危害食品安全犯罪的定罪量刑标准以及相关罪名的司法认定标准,统一了法律适用意见。

【关键词】　食品安全　刑事案件　司法解释

2013年5月3日,"两高"联合发布《关于办理危害食品安全刑事案件适用法律若干问题的解释》(以下简称《解释》),自2013年5月4日施行。

---

[*] 作者单位:河北省唐山市丰润区人民检察院。

一、《解释》制定的现实背景

食品是指各种供人食用或者饮用的成品和原料以及按照传统既是食品又是药品的物品,但是不包括以治疗为目的的物品。食品安全则是指食品无毒、无害,符合应当有的营养要求,对人体健康不造成任何急性、亚急性或者慢性危害。随着我国市场经济的不断发展,食品安全逐渐成为备受关注的焦点,食品的种类越来越丰富,新的食品安全问题不断涌现,严重危害人民群众的身体健康,食品安全尤为重要,食品质量安全不仅关系到人民群众的身体健康,更危及生命安全,乃至社会政治、经济。

鉴于此,国家为了保证食品生产和经营符合食品安全标准,保障人民群众的身体健康和生命安全,制定了一系列的食品安全法律法规,全国人大常委会于2011年2月25日通过了《刑法修正案(八)》,对《刑法》第143条生产、销售不符合安全标准的食品罪,第144条生产、销售有毒、有害食品罪作了修改完善。"两高"联合发布的《解释》,更是为依法惩治危害食品安全犯罪编织了严密的刑事法网,进一步加大对危害食品安全犯罪的打击力度,为全社会形成预防和惩治食品安全犯罪提供明确的方向。

二、《解释》的主要内容以及亮点

(一)《解释》的主要内容

《解释》共22条,分为四个板块,第一板块主要是明确了定罪量刑标准,第1条至第7条明确了生产、销售不符合安全标准的食品罪,生产、销售有毒、有害食品罪的定罪量刑标准;第19条则规定了单位犯罪的定罪量刑标准。第二板块主要是规定了刑事处罚相关问题,第13条、第14条则规定了危害食品安全犯罪竞合及共同犯罪处理原则,第17条、第18条则规定了危害食品安全犯罪适用罚金刑标准和从严适用缓刑、免于刑事处罚的情况。第三板块规定了食品添加行为的相关问题，第8条至第10条规定了食品滥用添加行为、非法添加以及生产、销售不符合安全标准的食品添加剂、食品相关产品行为的定性处理问题。第四板块为《解释》的其他条款，有关食品安全犯罪专业性问题的认定、虚假广告行为定性、非法从事生猪屠宰、销售行为的定性处理等问题。

（二）《解释》的亮点

1. 规定了食品添加剂相关问题

根据《食品安全法》的规定，食品添加剂是指为改善食品品质和色、香、味以及为防腐、保鲜和加工工艺的需要而加入食品中的人工合成或者天然物质，食品生产者应当依照食品安全标准关于食品添加剂的品种、使用范围、用量的规定使用食品添加剂。超限量、超范围滥用食品添加剂的行为已成为当前较为突出的食品安全问题，因此，《解释》第8条至第10条进行明确规定。

为依法惩治食品非法添加犯罪行为，《解释》首次从三个方面明确了法律适用标准问题。一是针对实践中存在的使用有毒、有害的非食品原料加工食品的行为，如利用"地沟油"加工食用油等，明确此类"反向添加"行为同样属于刑法规定的在"生产、销售的食品中掺入有毒、有害的非食品原料"。二是基于国家禁用物质具有的严重危害性，明确国家禁用物质即属有毒、有害物质，凡是在食品中添加禁用物质的行为均应以生产、销售有毒、有害食品罪定罪处罚。三是基于当前保健食品中非法添加禁用药物易发多发的特点，如在减肥保健食品中添加副作用危害严重的"西布曲明"等药物成分，在男性保健食品中添加"伟哥"等，明确规定对此类行为应以生产、销售有毒、有害食品罪定罪处罚。

为依法惩治食品滥用添加犯罪行为，《解释》也从三个方面明确了相关法律适用标准。一是针对现实生活中大量存在流通、贮存环节的添加行为，将刑法规定的"生产、销售"细化为"加工、销售、运输、贮存"等环节,以此实现对食品加工、流通等整个链条的全程覆盖。二是针对食用农产品种植、养殖中的滥用添加问题,明确刑法规定的"食品"除加工食品外,还包括食用农产品。三是基于滥用添加的食品依照有关行政法律法规属于不符合食品安全标准的食品,明确食品滥用添加行为,足以造成严重食物中毒事故或者其他严重食源性疾病的,应以生产、销售不符合安全标准的食品罪定罪处罚。《解释》还首次明确了生产、销售不符合安全标准的食品添加剂、食品相关产品行为的定罪处罚标准,规定生产、销售不符合食品安全标准的食品添加剂,用于食品的包装材料、容器、洗涤剂、消毒剂,或者用于食品生产经营的工具、设备等,构成犯罪的,依照刑法规定以生产、销售伪劣产品罪定罪处罚。

2. 规定了非法从事生猪屠宰、销售行为的定性处理问题

由于我国近年来"死病猪"、屠宰黑窝点愈演愈烈,严重危及人们的日常饮食,地下生猪屠宰窝点是当前病死、毒死、死因不明以及未经检验检疫的猪肉流入市场的一个重要通道。依法惩治私设生猪屠宰窝点、非法从事生猪屠宰经营活动是确保猪肉及其制品安全的重要一环。我国《生猪屠宰管理条例》规定,国家实行生猪定点屠宰制度;未经定点,除了农村地区个人自宰自食之外,任何单位和个人不得从事生猪屠宰活动。《解释》用了专门的条款依法惩治非法从事生猪屠宰、经营行为,违反国家规定,私设生猪屠宰厂(场),从事生猪屠宰、销售等经营活动,依照刑法规定以非法经营罪定罪处罚;同时又构成生产、销售有毒、有害食品罪等其他犯罪的,依照处罚较重的规定定罪处罚。

三、《解释》存在的问题

《解释》的制定、颁布对打击危害食品安全的犯罪指明了方向,为司法实践提供了具体可操作的细则,但是,《解释》中一

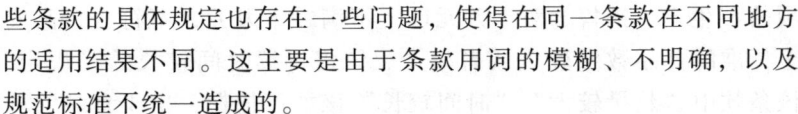

些条款的具体规定也存在一些问题，使得在同一条款在不同地方的适用结果不同。这主要是由于条款用词的模糊、不明确，以及规范标准不统一造成的。

（一）用词模糊、不明确

《刑法》第143条生产、销售不符合安全标准的食品罪规定，生产、销售不符合食品安全标准的食品，足以造成严重食物中毒事故或者其他严重食源性疾病的，处3年以下有期徒刑或者拘役，并处罚金。《解释》出台前，一直以2001年"两高"《关于办理生产、销售伪劣商品刑事案件具体应用法律若干问题的解释》（以下简称《伪劣商品解释》）第4条规定，经省级以上卫生行政部门确定的机构鉴定，食品中含有可能导致严重食物中毒事故或者其他严重食源性疾患的超标准的有害细菌或者其他污染物的认定为《刑法》第143条规定的"足以造成严重食物中毒事故或者其他严重食源性疾病"，但是在司法实践中，鉴定意见只能出具送检物质中是否含有有害细菌或者其他污染物以及具体数值，无法对是否"足以造成严重食物中毒事故或者其他严重食源性疾病"作出判定，该规定操作性不强，《解释》第1条改变了《伪劣商品解释》规定的具体个案的认定方法，即将实践中具有高度危险性的典型情形的予以类化，明确具有这些情形的即可认定为足以造成刑法规定的危险。《解释》如此规定的初衷是为了提高司法实践的可操作性，但是在具体制定过程中，还是避免不了用词模糊、不明确，第1条第（一）项规定"含有严重超出标准限量的致病性微生物、农药残留、兽药残留、重金属、污染物质以及其他危害人体健康的物质的"，第（四）项规定"婴幼儿食品中生长发育所需营养成分严重不符合食品安全标准的"，此条款中就出现了两次"严重"一词，《解释》中其他条款也多次出现"严重"一词，那么，对于不同条款中"严重"的程度又该如何把握、如何界定，《解释》并没有明确的说明。

《解释》中除了"严重"一词难以界定，还有第3条第（二）

项的"生产、销售金额十万元以上不满二十万元,不符合食品安全标准的食品数量较大或者生产、销售持续时间较长的"规定。该条款中"数量较大""时间较长"该如何把握,由于食品的种类繁多,有的以克、公斤、吨等重量作为计量单位,有的则是以瓶、包、盒、箱等包装单位计数,且不同品种的不符合安全标准的食品危害程度不同,有的仅仅零点几克就能危害到人体健康,有的则几公斤都不会危害到人体健康,难以确定一个相对合理的"数量较大"的标准,这就需要在不同案例中进行不同分析,导致同一条款的适用会得出不同的结果。

(二)标准规范不统一

《解释》中除了用词模糊、不明确外,还有条款本身规定没有统一的标准,如第21条规定,"足以造成严重食物中毒事故或者其他严重食源性疾病""有毒、有害非食品原料"难以确定的,司法机关可以根据检验报告并结合专家意见等相关材料进行认定,必要时,人民法院可以依法通知有关专家出庭作出说明。此条款的作用本是《解释》的兜底条款,在存在难以确定的情况下,可以通过检验报告或者专家意见来认定,但是,不同地方检验机构的水平不同,专家的意见也容易出现分歧。可能在经济发展水平较高的城市检验机构检测出来含有致害物质,但在经济发展水平较弱的城市检测机构因为设备、资质不良等原因检测不出来致害物质;或者针对同一个案件,不同的专家得出不同的结论,此时又该如何认定,并没有一个明确的标准,这也可能导致同一条款的适用得出不同的结果。

四、应对建议

(一)用词精准、明确

针对《解释》用词模糊、不确定这一问题,笔者认为,除兜底条款外,其他条款的用词尽量做到精准、明确。《解释》多次出现的"严重"一词，应区别不同条款，对严重的程度加以区划，使得司法实践更具有可操作性。上文所提到的第1条第（一）项中的"含有严重超出标准限量的致病性微生物、农药残留、兽药残留、重金属、污染物以及其他危害人体健康的物质的"。此处的"严重"，可以根据标准限量来进行界定。标准限量是一个具体的数值，那么严重超出标准限量，在完善司法解释时可以明确规定，超出标准限量的多少程度，如超出标准限量的几分之几，超出标准限量的几倍，或者超出限量多少具体数值的计量单位界定为严重。如此使得该条款更加精准，在适用上更加方便、简洁，只需要将个体案例中具体数值与标准限量进行比较，就可以客观公正地得出是否为严重超出，不需要加入司法工作人员的主观判断，避免因为主观判断不同导致结果不同的现象。

再如上文提到的第1条第（四）项"婴幼儿食品中生长发育所需营养成分严重不符合食品安全标准的"，该条款中的符合食品安全标准的营养成分是有明确解释的，对于"严重不符合"可以根据确定的营养成分标准来界定，达不到营养成分中具体某一项数值的几分之几，或者比具体数值少了多少计量单位界定为"严重"，使得该条款更容易把握。针对《解释》中出现的不同"严重"可以根据严重在各个具体条款中的比较参考标准，来界定不同的严重，以使条款更加精准、明确。

除"严重"这类形容词以外，《解释》第3条第（二）项"生产、销售金额十万元以上不满二十万元，不符合食品安全标准的食品数量较大或者生产、销售持续时间较长的"，此条款中的"数量较大"可以依据具体个案中的计量单位进行划分，超出计量单位几倍或者超出计量单位多少具体数值，界定为数量较大，"时间较长"则可以通过以往具体案例的判决为基础，研讨出具体的数值，如几个月或者几年为"时间较长"。

（二）统一标准规范

针对《解释》中标准规范不统一的问题，如《解释》第21

129

条的规定,上文已分析过,由于检测机构设备或者资质原因,或者专家主观意见不同的情况下,无法得出统一结论。鉴于此,在完善司法解释时应制定统一的规范标准,在司法解释中明确规定拥有什么样的资质的检测机构才可以做鉴定,针对不同检测品,什么规格的设备可以检测什么样的检测品。对于不同检测机构针对同一检测品作出不同鉴定的,可规定由一家权威检测机构作为复核结果的机构,以该机构的检测结果作为最终意见。针对专家意见,具体划分什么级别的专家才可以得出专家意见,并且规定每次需要几名专家同时得出专家意见才可以作为定案的参考依据。

食品安全问题是一项关系国际民生的民心工程,直接关系到广大人民群众的身体健康和生命安全,更关系到经济发展和社会稳定。为了更好地打击食品安全犯罪,应尽快完善危害食品安全刑事案件司法解释,由于食品安全经常出现新问题,司法解释也应及时更新,及时增添新内容,为广大人民的身心健康提供强有力的法律保障。

办案与监督

音樂的習慣

民事检察调查核实权的行使

马淑亚[*]

【摘　要】　调查核实权作为民事检察监督的重要手段,在2012年民事诉讼法修改时进行了法律确认,随后最高人民检察院就调查核实权的行使在2013年制定的《人民检察院民事诉讼监督规则(试行)》中进行了专章细化,六年多以来,一项新的权力实践运行情况如何,值得我们认真审视和分析。

【关键词】　民事检察　调查核实权　实践运行

一、民事检察调查核实权总体运行情况

2014年,检察机关统一业务应用系统作为检察机关线上办理案件软件开始运行,检察机关受理、审查的所有案件均要求线上办理,全程留痕,办理过程所涉关键信息均需填写案卡,并且2017年增加决策指导数据板块,为检察机关业务发展提供有力指引。虽然检察机关统一业务应用系统未区分民事检察业务、行政检察业务,但行政监督案件数量较小,现提取的数据对调查核实权的实践运行情况也可窥见一斑。笔者以某地市级人民检察院全市2017年至2019年6月调查核实权情况为例进行分析。

---

[*] 作者单位:河北省唐山市人民检察院。

表一 全市2017年至2019年6月调查核实案件总体情况

业务类型	民行检察业务								
指标分类	民事行政检察工作总体情况								
指标名称	[1]受理合计（件）	[12]调查核实（件）	[17]提出再审检察建议（件）	[19]提请抗诉（件）	[20]提出抗诉（件）	[23]以检察建议结案（件）	[29]终结审查（件）	[30]不支持监督申请（件）	[31]支持起诉（件）
指标值	4326	507	52	155	34	2448	167	686	277
[1]某市人民检察院	4326	507	52	155	34	2448	167	686	277
[21]本院	1139	25	18	110	34	2	59	653	0

表二 全市历年调查核实案件情况对比

业务类型	民行检察业务								
指标分类	民事行政检察工作总体情况								
年度指标名称	[1]受理合计（件）	[12]调查核实（件）	[17]提出再审检察建议（件）	[19]提请抗诉（件）	[20]提出抗诉（件）	[23]以检察建议结案（件）	[29]终结审查（件）	[30]不支持监督申请（件）	[31]支持起诉（件）
2017年	1725	159	23	75	15	908	70	329	119
2018年	1861	295	26	42	9	1237	77	246	142
2019年1—6月	740	53	3	38	10	303	20	111	16

表三 调查核实案件类型情况

业务类型	民行检察业务					
指标分类	民事行政检察工作总体情况	不服民事行政生效裁判、调解书监督情况	民事行政审判程序监督情况	民事行政执行活动监督情况	督促行政机关依法履职情况	支持起诉情况
指标名称	[12]调查核实（件）	[106]调查核实【裁判监督】（件）	[153]调查核实【审判程序监督】（件）	[174]调查核实【执行活动监督】（件）	[197]调查核实【督促履职】（件）	[216]调查核实【支持起诉】（件）
指标值	507	46	62	126	249	24

通过表一、表二、表三可以看出，民事行政检察业务调查核实权运行情况呈现以下四个特点：第一，调查核实案件占受理案件总数的比例不高。全市2017年至2019年6月调查核实案件为507件，占受理案件总数的11.7%。第二，调查核实权总体运行比较平稳。2017年调查核实案件占比9.2%，2018年占比15.9%，2019年1—6月占比7.2%，虽然数据有所起伏，但总体情况比较平稳。第三，县区院采用调查核实措施比例较高。2017年至2019年1—6月，县区院调查核实案件482件，市院调查核实案件25件，这与基层院主要监督审判活动违法、执行活动违法、督促履职案件，市院办理生效裁判监督案件有关。第四，调查核实权主要应用于审判程序监督、执行活动监督等检察机关"主动"办理的案件。裁判监督调查核实案件仅为46件，占总调查核实案件的9.1%，审判程序监督调查核实案件占12.2%，执行活动监督调查核实案件占24.9%，督促履职调查核实案件占比最高，占总调查核实案件的49.1%。这与案件特点有关。执行活动监督、审判活动违法监督、督促行政机关依法履职案件多数为检察机关依职权发现，而非当事人申请监督，通常需要检察机关主动去发

现，主动采取调查核实措施，而裁判监督案件为当事人申请监督，检察机关为"被动"审查，针对法院审判是否合法进行审查，通常以书面审查为主。

此外，笔者试图发现采取调查核实措施与案件办理结果的相关性，采取调查核实措施是否就必然提出抗诉或者检察建议，是否提高了检察监督的刚性和精准化，但是办案系统数据统计无法体现，而且案件数量过多，笔者也无法逐一统计分析，只能通过下面检察官具体办案情况来展现调查核实权的作用。

二、民事检察调查核实权具体案件情况

目前，检察机关实行员额检察官制，入额检察官成为独立的办案主体，独立决定案件如何办理以及办理结果，并对所办案件终身承担责任。新修订的《检察官法》第5条第1款规定："检察官履行职责，应当以事实为根据，以法律为准绳，秉持客观公正的立场。"《民事诉讼法》第210条规定："人民检察院因履行法律监督职责提出检察建议或者抗诉的需要，可以向当事人或者案外人调查核实有关情况。"检察官如何理解"因法律监督职责提出检察建议或者抗诉的需要"，如何理解"调查核实"，如何在办案过程中"秉持客观公正的立场"，成为调查核实权甚至检察权运行的关键。笔者与某地入额检察官就其实际办案中是否行使、如何行使调查核实权进行了沟通，下面为四名入额检察官提供的具体案例，虽然只是个案，但我们可从个案中了解检察官对调查核实权的理解还存在不同的认识，不同的检察官有不同的做法，并可能导致"同案不同判"的情况。

案例一：A检察官承办的艾某元与艾某秋、艾某洪遗嘱继承纠纷案，艾某元为申请人。基本案情：三人为艾某新、张某珍子女。艾某新、张某珍因拆迁获得两套住房，一套75平方米，一套67平方米。2011年4月8日，艾某新、张某珍立下遗嘱，该75

平方米房子由艾某秋继承,该遗嘱由艾某新书写,艾某新、张某珍签字摁手印,并由张某花证明签字。2012年1月25日,艾某新、张某珍就该67平方米房子分别立下代书遗嘱,有于某君、冯某有见证,两份遗嘱均表示由艾某秋继承。艾某新、张某珍均由子女轮流赡养。后艾某新、张某珍于2012年8月、11月相继去世。艾某秋提起诉讼要求确认75平方米和67平方米两套楼房归其所有。艾某元认为2011年4月8日遗嘱为无效遗嘱,张某珍未亲自书写,见证人只有一人,不符合代书遗嘱条件,而且其尽了较多赡养义务,应当多分。本案经过一审、重审、二审,最后二审法院作出两份遗嘱均有效,两套争议房产归艾某秋所有。艾某元申请再审被驳回。艾某元在向检察机关申请监督时提出2011年4月8日遗嘱是伪造的,并提出鉴定申请,要求对艾某新、张某珍的签名、手印进行鉴定。

案例一涉及以下问题:(1)诉讼中艾某元为何没有对2011年4月8日遗嘱是否真实提出质疑?(2)如果检察机关对遗嘱进行鉴定,是否损害当事人的诉讼权利?(3)如果对遗嘱进行鉴定,是否具有可行性?

对于案例一,A检察官认为,艾某元在诉讼过程中未提出2011年4月8日遗嘱是伪造的抗辩理由,也未提出鉴定申请,因此不应对2011年4月8日遗嘱是否伪造进行调查核实,并作出不支持艾某元的监督申请决定。

案例二:B检察官承办的石某、董某与王某、崔某合伙纠纷案,石某、董某为申请人。基本案情:石某、董某为夫妻,2011年5月1日石某与案外人李某、侯某签订合伙协议共同经营某商场,石某出资200万元,占50%,李某、侯某各出资100万元,各占25%,该商场主要为石某之妻董某经营,陆续有分红给李某和侯某。2013年为规避案外人李某、侯某公务员身份不能经商的规定,由董某与王某(李某之妻)、崔某(侯某之妻)签订合伙协议,协议内容于2011年协议相同,日期为2011年5月1日。

2015年，董某、王某、崔某签订退伙协议，王某、崔某退伙，由董某按四年分期支付王某、崔某退伙款各150万元。后王某、崔某在第一年董某未支付退伙款后起诉至人民法院，要求董某、石某夫妻二人给付退伙款300万元及违约金。董某、石某在诉讼中提出，董某与王某、崔某所签的合伙协议及退伙协议为虚假，是为帮助案外人李某、侯某应对检查所做，并未散伙，实际合伙人为石某、李某和侯某，但是一审、二审法院认为董某、王某、崔某三人所签合伙协议及退伙协议真实有效，董某、石某未提供充分证据，判决董某承担还款责任，石某承担连带责任。石某、董某申请再审被驳回。石某、董某向检察机关申请监督时提交了法院判决后纪律检察委员会对李某的处分决定复印件，该决定中对2011年李某、侯某和石某合伙经营事实进行了确认。石某、董某将此证据提交并申请检察机关去纪律检察委员会对调查笔录等材料进行调查。

案例二涉及以下问题：（1）申请人提交的纪律检察委员会的处分决定能否作为"新的证据"使用？（2）纪律检察委员会所做的调查笔录能否直接作为民事监督案件的证据使用？（3）是否需要对李某和侯某进行调查？

对于案例二，B检察官认为，可对处分决定的真实性进行核实，但调查笔录不能作为证据使用。考虑到当事人的配合意愿，未对李某和侯某进行调查核实。因此，仅对处分决定进行了核实，后将此作为抗诉理由之一，提请抗诉。

案例三：C检察官承办的兴远建筑公司与华立开发公司建筑工程施工合同纠纷案，兴远建筑公司为申请人。基本案情：华立开发公司与兴远建筑公司于2011年1月签订《建设工程施工协议》，约定由兴远建筑公司施工建设华立开发有限公司开发的住宅项目。施工8个月后，因各种原因停工。2013年华立开发公司起诉兴远建筑公司要求其撤场，后法院认为该住宅项目未经招投标，《建设工程施工协议》无效，判决兴远建筑公司限期撤场。后

2014年华立开发公司认为工程质量存在诸多问题，起诉要求兴远建筑公司支付修复费用。经法院委托中介机构对工程质量及修复费用进行鉴定。鉴定意见为修复不合格工程费用1700万元，其中包括390万元钢筋除锈以及重新植筋费用、500万元的地下室及墙面漏水处理费用，这两项费用有华立开发公司提供的两张发票及与某公司签订的修复施工协议为证。兴远建筑公司认为该两张发票并不是修复费用发票，没有实际业务发生。一审、二审法院判决兴远建筑公司支付华立开发公司修复费用1700万元。兴远建筑公司申请再审予以驳回。后检察机关申请监督，认为停工并不是其原因造成，而且华立开发公司提供虚假发票，存在虚假诉讼嫌疑。

案例三涉及以下问题：（1）兴远建筑公司是否应在庭审中申请人民法院就这两张发票情况调取证据？（2）检察机关如何调查核实这两张发票的情况？

关于案例三，C检察官认为，可以对两张发票的情况向税务局进行调查核实，后税务局提供了两张发票及申请代开时的交易依据，并不是华立开发公司提供的修复施工协议，后将此作为抗诉理由之一，提请抗诉。

案例四：D检察官承办的侯某飞与王某京借款纠纷执行监督案件，侯某飞为申请人。基本案情：侯某飞与王某京发生借款纠纷，甲地法院判决王某京偿还侯某飞借款及利息520万元，侯某飞在申请法院执行过程中发现，王某京房产已被乙地法院查封，查封的依据为梁某与王某京亦存在借款纠纷，王某京向梁某借款1800万元，后梁某起诉王某京要求偿还，并提交借款合同及电汇凭证，双方达成调解，乙地法院出具调解书，王某京偿还梁某借款及利息1900万元。侯某飞向检察机关申请监督认为，王某京与梁某存在虚假诉讼，是为逃避债务履行。

案例四涉及以下问题：（1）是否应对本案进行调查核实？（2）如何进行调查核实，采取何种方式？

关于案例四，D检察官认为，本案可能存在虚假诉讼嫌疑，可对本案进行调查核实，调取了梁某与王某京借款纠纷审判卷，发现梁某与王某京双方均未出庭，委托律师特别授权代理，没有诉辩对抗。后向银行查询了梁某向王某京的汇款情况，发现没有转账汇款记录，其提供的电汇凭证为虚假。以此为由向乙地法院发出再审检察建议，后案件进行改判。

以上案件主要为生效裁判监督案件，入额检察官对调查核实权的不同理解也主要集中于此。从以上案例可以看出，申请人之所以向检察机关申请监督，很多是认为对方当事人提交的证据虚假，或者是发现了新的问题，要求检察机关调查核实，以期为其提供有利的证据，从而改变原判决，但是民事诉讼法规定了当事人举证期限及举证责任，检察机关如果在判决后对案件事实再进行调查核实，是否会破坏原被告的诉讼平衡，是否会干预人民法院审判权、执行权的行使，正是法律规定尚不明确，实践中民事检察调查核实权存在滥用的可能，也存在着检察机关不作为的可能，这就需要我们准确认识调查核实权是一种什么权力，行使其需要遵循什么原则，这是检察官们疑惑的问题，也是检察机关行使好调查核实权需要考虑的问题。

三、民事检察调查核实权的内涵与行使原则

（一）民事检察调查核实权的内涵

1. 法律依据

《宪法》第134条规定："中华人民共和国人民检察院是国家的法律监督机关。"《民事诉讼法》第210条规定："人民检察院因履行法律监督职责提出检察建议或者抗诉的需要，可以向当事人或者案外人调查核实有关情况。"《人民检察院组织法》第21条规定："人民检察院行使本法第二十条规定的法律监督职权，可以进行调查核实，并依法提出抗诉、纠正意见、检察建议。有关

单位应当予以配合,并及时将采纳纠正意见、检察建议的情况书面回复人民检察院。抗诉、纠正意见、检察建议的适用范围及其程序,依照法律有关规定。"《人民检察院民事诉讼监督规则(试行)》第65条规定:"人民检察院因履行法律监督职责提出检察建议或者抗诉的需要,有下列情形之一的,可以向当事人或者案外人调查核实有关情况:(一)民事判决、裁定、调解书可能存在法律规定需要监督的情形,仅通过阅卷及审查现有材料难以认定的;(二)民事审判程序中审判人员可能存在违法行为的;(三)民事执行活动可能存在违法情形的;(四)其他需要调查核实的情形。"

2. 与其他相近权力(利)之比较

(1)民事检察调查核实权与侦查权。侦查权是依法对刑事案件侦缉查讯的权力,根据刑事诉讼法规定,对刑事案件的侦查、拘留、执行逮捕、预审,由公安机关负责。国家安全机关依照法律规定,办理危害国家安全的刑事案件,行使与公安机关相同的职权。人民检察院在对诉讼活动实行法律监督中发现的司法工作人员利用职权实施的非法拘禁、刑讯逼供、非法搜查等侵犯公民权利、损害司法公正的犯罪,可以由人民检察院立案侦查。侦查机关可以采取侦查措施,如讯问犯罪嫌疑人、询问证人、被害人、勘验检查、搜查、扣押物证、书证、鉴定、通缉、查询冻结存款、汇款等,侦查是为了查明案情,收集证据,缉捕罪犯,而民事检察调查核实权是为了对民事诉讼活动进行法律监督,维护司法公正,但不能对人身、财产采取强制措施。

(2)民事检察调查核实权与调查取证权。关于人民法院调查取证权,《民事诉讼法》第64条第2款规定:"当事人及其诉讼代理人因客观原因不能自行收集的证据,或者人民法院认为审理案件需要的证据,人民法院应当调查收集。"第67条第1款规定:"人民法院有权向有关单位和个人调查取证,有关单位和个人不得拒绝。"从上述规定可以看出,人民法院调查取证范围限于当事人因客观原因不能自行收集，以及人民法院认为审理案件需要。最高人民法院《关于适用〈中华人民共和国民事诉讼法〉的解释》第 94 条、第 96 条对上述两种情况进行细化规定，法院调查取证权的目的在于审理案件，民事检察调查核实权的范围在《人民检察院民事诉讼监督规则（试行）》第 65 条进行了细化，目的在于监督人民法院是否依法行使审判权、执行权。

（3）民事检察调查核实权与举证权。民事诉讼法主要为公民之间、法人之间、其他组织之间以及他们相互之间因财产关系和人身关系提起的诉讼，与刑事诉讼、行政诉讼最大的不同在于，原告和被告为平等的民事主体，享有平等的诉讼权利，因此民事诉讼遵循"谁主张，谁举证"原则，当事人对自己提出的诉讼请求所依据的事实或者反驳对方诉讼请求所依据的事实，应当提供证据加以证明，在作出判决前，当事人未能提供证据或者证据不足以证明其事实主张的，由负有举证证明责任的当事人承担不利的后果，这即是当事人的举证权。举证权不仅是法律赋予当事人的权利，而且也是一种义务，不举证即要承担败诉的结果。民事检察调查核实权是检察机关代表国家行使，不会承担败诉的责任。

（4）民事检察调查核实权与公益诉讼调查核实权。《人民检察院组织法》规定人民检察院行使调查核实权的范围包括行使提起公益诉讼、对诉讼活动实行法律监督等职权，虽然均基于履行法律监督职责需要，行使法律规定的检察职权，但是调查核实权的内容有所不同。最高人民法院、最高人民检察院《关于检察公益诉讼案件适用法律若干问题的解释》第 6 条规定："人民检察院办理公益诉讼案件，可以向有关行政机关以及其他组织、公民调查收集证据材料；有关行政机关以及其他组织、公民应当配合；需要采取证据保全措施的，依照民事诉讼法、行政诉讼法相关规定办理。"公益诉讼调查核实权类似于当事人的举证权，这是由检察机关的公益诉讼起诉人地位决定的。而民事检察调查核实权更在于调查核实诉讼活动是否合法。

从上述法律规定及民事检察调查核实权与其他相近权力（利）的比较来看，调查核实权行使来源在于履行法律监督职责需要，派生于法律监督权，手段为调查核实，目的在于法律监督。根据在线汉语词典，"调查"基本解释为"进行了解，考查"，"核实"基本解释为"检验和查证，审核是否属实"，民事检察调查核实权就是人民检察院在民事诉讼法律监督活动中就法院生效的民事判决、裁定、调解书是否具备法定再审事由，人民法院行使审判权、执行权时是否存在其他违法行为，采取询问、查询、查阅案卷材料、勘验、鉴定等措施予以调查核实的权力。

（二）民事检察调查核实权行使的原则

1. 必要原则

《民事诉讼法》第210条规定，检察机关行使调查核实权时，"可以向当事人或者案外人调查核实有关情况"，而不是"应当"，由此可见，检察机关进行调查核实非确有必要不能行使，在办理民事检察案件时即需要审查是否存在调查核实的必要性，调查核实的必要性一般应以该调查核实的事实对人民法院认定的案件事实有重大影响、对判决结果存在重大改变可能为考量，不是依当事人申请而必然启动。在案例二中，石某、董某在判决生效后发现某地纪律监察委员会对其与李某、侯某合伙事实进行了调查，虽然该调查主要针对李某是否因公务员身份参与商业活动，如果处分决定认定三人合伙事实存在，并且表明了三人曾由各自亲属假签合伙协议的情况，那么该情况与法院判决认定的事实是相反的，该处分决定的出现对案件的影响是重大的，但是由于该处分决定为复印件，检察机关有必要对处分决定的真实性予以核实。

2. 中立原则

由于检察机关在民事检察监督案件中是中立的监督者，而非案件当事人，检察机关在此类案件中行使调查核实权需要把握中立性，不能成为申请人的代理人，打破诉讼平衡，不能代替法院行使调查取证权、执行权，应基于履行法律监督职责前提。在案例一中，艾某元向检察机关申请对遗嘱进行鉴定，虽然遗嘱的真实性对本案事实至关重要，但是根据《民事诉讼法》第76条规定，当事人可以就查明事实的专门性问题向人民法院申请鉴定。艾某元如果对遗嘱的真实性提出质疑，可以对遗嘱上艾某新、张某珍签字、手印的真实性申请人民法院鉴定，但是艾某元在诉讼过程中仅对遗嘱的形式提出不同意见，未对真实性提出质疑，放弃申请鉴定的诉讼权利，在此情况下如果检察机关对遗嘱进行鉴定，即成为艾某元的代理人，违背了"谁主张，谁举证"的原则。如果艾某元在诉讼过程中申请人民法院对遗嘱的真实性进行鉴定，但是人民法院未予准许，如果不予鉴定的理由不正当，那么检察机关可依据《民事诉讼法》第200条第（五）项"对审理案件需要的主要证据，当事人因客观原因不能自行收集，书面申请人民法院调查收集，人民法院未调查收集"之规定提出监督。案例三中对发票交易情况进行调查同样需要遵循中立原则。

3. 规范原则

检察官采取调查核实措施必须依照法律规定，规范行使。因检察机关调查核实的证据需要在再审法庭上出示，那么调查核实的证据应符合法律规定形式要求。比如，勘验物证、现场，应参照《民事诉讼法》第80条以及最高人民法院《关于适用〈中华人民共和国民事诉讼法〉的解释》第124条规定，勘验人必须出示证件，勘验时应邀请当地基层组织或者当事人所在单位派人参加。当事人或者当事人的成年家属应当到场，拒不到场的，需要进行注明。勘验后应当将勘验情况和结果制作笔录，由勘验人、当事人和被邀参加人签名或者盖章。需要注意的是，检察机关不得采取限制人身自由和查封、扣押、冻结财产等强制性措施。在案例二、案例三、案例四中，检察官采取调取相关证据材料，应出具调取证据通知书，调查所取得材料由二名以上调取人、提供人签字确认。

4. 可实现原则

《人民检察院民事诉讼监督规则（试行）》第 66 条规定，人民检察院可以采取查询、调取、复制相关证据材料，询问当事人或者案外人，咨询专业人员、相关部门或者行业协会等对专门问题的意见，委托鉴定、评估、审计、勘验物证、现场等调查核实措施，但是调查核实措施的采取应以现实可行为条件。在案例四中，梁某与王某京的借贷纠纷，证据主要有借款合同及电汇凭证，对于借款合同的真实性需要向双方当事人梁某和王某京进行核实，对于串通的当事人发现伪造的可能性不大，检察官从特定机构出具的电汇凭证出发，核实其真实性，经过调查核实，电汇凭证是伪造的，双方的借贷关系存疑。如果经调查核实电汇凭证是真实的，那么检察官仍可以对梁某与王某京的银行流水明细进行调查，是否存在虚假转账可能。在案例一中，检察官如果对遗嘱进行鉴定，需要考虑检材的问题，是否存在鉴定的可行性。

实践中，民事检察调查核实权的运用还不够广泛，检察官对其认识还不够准确，具体行使程序还不够规范，但民事检察调查核实权已然成为检察监督的重要手段、检察机关精准化监督的重要抓手。在今后的工作中，需要进一步准确认识民事检察调查核实权的内涵及行使原则，进一步完善民事检察调查核实权的操作程序，充分发挥检察机关法律监督职能，做强民事检察，实现公平正义，维护司法权威。

民事虚假诉讼检察监督的路径分析

刘秀伟[*]

【摘 要】 虚假诉讼不仅严重损害利害关系人的合法权益，浪费宝贵的司法资源，而且破坏正常的司法秩序，严重损害司法权威和司法公信力。近年来，检察机关在履行法律监督职责的过程中办理了大批虚假诉讼监督案件，取得了明显成效，但也面临线索发现难、调查核实难、监督范围狭窄等困境。加强对虚假诉讼的检察监督，解决当前监督中存在的困境，要大胆探索监督路径。

【关键词】 检察监督 虚假诉讼 检察机关 监督

近年来，部分当事人恶意串通，虚构民事法律关系和民事法律事实、伪造诉讼证据，向人民法院提起诉讼或者申请执行，以获取不正当利益，这样的虚假诉讼多发生在离婚纠纷诉讼、民间借贷纠纷诉讼、破产企业为被告的纠纷等案件中。在诉讼阶段、执行阶段很常见，行为人不仅包括原被告，还可能包括共同诉讼人、第三人、案外人，目的较为单一，通常都是为了转移财产或企图以法院的判决、裁定认定某种法律状态，如通过民间借贷转移企业财产、转移离婚财产或多份离婚财产、转移即将被法院执行的财产等。

司法实践中，司法机关难以在受理、审理过程中确认和判断

---

[*] 作者单位：河北省唐山市丰南区人民检察院。

案件的真实性，虚假诉讼的违法性、危害性和规制虚假诉讼的现实不足，就使得检察机关对虚假诉讼的监督就成为必要性。[①] 认真分析近五年检察机关民行部门虚假诉讼监督工作，结合已有做法，总结监督过程中出现的问题，就如何开展好虚假诉讼的民事监督工作提出了意见和建议，希望对推动工作开展、完善相关工作机制有所裨益。

一、虚假诉讼的特点

（一）案件当事人多存在特殊关系

诉讼双方当事人一般存在近亲属、朋友、同学关系或者其他特殊关系，为了规避风险，这种特殊的关系为双方串通、合谋提供了便利条件，以期通过自认为合法的方式获得非法利益，不易被外人察觉。[②]

（二）案件的抗辩过程存在弱化性

不同于普通民事诉讼案件原被告双方对立的诉讼地位，虚假诉讼案件在庭审过程中，诉讼双方貌似存在纠纷，实际目的是一致的、利益趋同、意见明确，通常会很快达成调解协议，或对诉讼请求无异议，顺利结案，双方多缺少实质性对抗。在司法实践中多适用简易程序、结案快、多以调解结案。

（三）有法律服务工作者参与其中

部分虚假诉讼的完成存在具备一定法律知识和诉讼经验的律师等法律服务人员为当事人出谋划策，协助其伪造证据、全权代理诉讼的现象。有部分虚假诉讼案件当事人全程不参与，而是由

[①] 康荣辉：《论对虚假诉讼的检察监督》，载《河南社会科学》2012年第6期。

[②] 王子涵：《检察机关监督民事虚假诉讼的模型设计》，载《中国检察官》2016年第31期。

代理人参与整个案件的全部诉讼过程。

（四）多有第三人利益受损

虚假诉讼往往是双方串通后以逃避执行、转移财产为主要目的，骗取生效的法院判决、裁定，转移财产损害合伙人的利益，或者稀释被分配的财产份额，损害债权人的利益，利益受损的往往是双方当事人之外的第三人。

二、虚假诉讼的成因

（一）社会诚信的缺失和受逐利动机驱使

近年来，随着市场经济的不断发展，人们的传统道德受到各种思潮的冲击，功利主义、利己主义等思想滋生。一些人为逃避债务、转移财产、规避法律而伪造证据、虚构事实，这样的虚假诉讼屡见不鲜，伴随而来的是社会诚信的不断缺失、相关利益方受损和司法权的不良利用。

（二）证据审查制度不严密

一方面，民事法律关系的意思自治决定了民事诉讼当事人享有处分权，法官只是居中的裁判者，加之基层法院人力所限和诉讼资源的考虑，若民事诉讼当事人在法庭上对案件事实双方意见一致，没有特殊情形，法官便会依据双方自认的事实作出裁判。另一方面，民事诉讼当事人对民事纠纷有自我解决的权利，双方当事人对自己的主张负有举证的权利，在虚假诉讼中，当事人为了达到非法的目的，往往从证据形式上尽可能满足法律规定，且对方一般不会提出异议，甚至有的当事人不提交任何证据，只是通过当庭自证的方式调解结案，法院也会作出具有证明力的认定。①

---

① 杨月明、王梁：《民间借贷虚假诉讼亟待遏制》，载《天津日报》2015年7月16日。

（三）缺乏相应的刑事法律责任规范

《刑法》第305条规定的伪证罪、第307条规定的妨害作证罪和帮助毁灭、伪造证据罪仅适用于刑事案件，不能适用于对当事人在民事诉讼中伪造证据的行为。司法实践中，有法院以妨害作证罪和毁灭、伪造证据罪追究虚假诉讼当事人刑事责任的情况，但是也只是针对以暴力、威胁、贿买等方式组织证人作证或指使他人作伪证的行为，以及帮助当事人毁灭、伪造证据的涉案人员，对虚假诉讼的当事人本人伪造证据的行为无法加以制裁。

（四）调解优先易生漏洞

当前诉讼工作中，法院系统坚持"调解优先，调判结合"为主导的民事纠纷解决办法，甚至一些基层院把每年的调解结案率作为年底工作考核的重要指标之一。民事调解具有灵活简便、可操作性强的特点，加之没有错案责任风险，同时对事实证据也无须极为明确的认定，这些都导致法官极易忽略对当事人之间调解方案的审查，为虚假诉讼制造者提供了可利用的契机。①

三、虚假诉讼的民事检察监督工作现状

（一）检察机关开展虚假诉讼监督的主要工作

近年来，检察机关不断加大对民事虚假诉讼的监督力度，维护正常的民事诉讼秩序。最高人民检察院要求各级检察机关加大对虚假诉讼、恶意诉讼的打击惩治力度；部署在全国检察机关开展虚假诉讼专项监督工作；最高人民法院、最高人民检察院联合发布《关于办理虚假诉讼刑事案件适用法律若干问题的解释》。惩治民事诉讼中滥用诉讼权利、虚假陈述、伪造证据、提供虚假证据等诉讼失信问题，是检察机关开展民事审判和刑事监督工作

---

① 王涛：《虚假诉讼及其规制——以恶意调解的实证分析为视角》，载《上海政法学院学报》2012年第5期。

的重要内容。

全国检察机关充分发挥检察一体化工作机制的作用,在强化办案的同时,加强普法宣传,深入社区、街道、乡镇、企业等大力宣传民行检察职能和虚假诉讼的危害,营造诚实信用的法治文化环境,动员全社会参与到"诉讼打假"的工作中,目前民行检察部门开展虚假诉讼监督的主要做法如下:

1. 多措并举,深挖案件线索

针对虚假诉讼案件隐蔽性强的特点,各地检察机关应注意从日常接收案件的办理、群众来访、再审申请工作中摸排监督线索,开展民行检察职能和虚假诉讼危害的宣讲、宣传专项活动,提高群众的认知度。

2. 审查卷宗,全面了解案情

各地依法行使调查核实权,认真细致审查案件卷宗,在全面了解案情的情况下,采取查询、调取、复印相关证据材料,询问当事人、案外人,委托鉴定等方式全面了解案情,确保证据之间能够相互印证,形成完整证据链。

3. 推行一体化办案机制

建立检察机关内设机构协作配合机制,控申、公诉、未检等部门向民行部门移送虚假诉讼案件线索;上级院开展对基层院办理案件的审查监督活动,基层院通过办理上级院交办、督办的虚假诉讼案件,整合监督力量,提升监督效果。

(二)检察机关对虚假诉讼案件进行监督的困境

1. 虚假诉讼的证据和事实难以查实

检察机关对虚假诉讼案件进行监督,应听取当事人的陈述,但虚假诉讼案件的当事人在诉讼前对事实和证据已串通好,会找各种理由躲避谈话或者委托代理人应付,判决后也会默契地履行,但是对于当事人不配合的行为,法律法规未赋予检察机关相应的权力,检察机关为查明案件,需要采取更多的查证工作;由于对制造虚假诉讼民事责任的追究力度有限以及刑法相关罪名缺失,导致虚假诉讼案件追责难,且对于责任人来说诉讼收益要远高于违法成本,使得很多人铤而走险,为谋取不当利益而违背诚信原则。①

2. 民事虚假诉讼监督工作缺乏相应的规范

检察机关对虚假诉讼进行监督,需要进行调查取证工作,但法律法规对检察机关的调查取证权未作规定,检察机关的在调查工作中需要查清案件全部事实,还是仅查清证据,形成证据链即可,对当事人未提供的证据是否需要调查核实,以及监督中如何把握调查核实证据的范围等问题都需要相应的规范来指导司法实践工作。

3. 民行部门的办案力量和办案水平难以适应工作需要

虚假诉讼案件中,当事人事先预谋、互相串通的民事法律关系对案件的调查核实工作造成了很大难度,对于习惯书面审查模式的检察人员而言,严谨细致地调研核实、审时度势地寻找破解"谜团"的突破口是很大的挑战。

四、加强民事虚假诉讼工作的意见

(一)建立长效机制,拓展案件来源

源于虚假诉讼案件隐蔽性强的特点,发现案件线索难是此类案件线索监督困难的一个重要原因。检察机关应当建立长效机制,进一步拓展案源。一是检察机关在进行案件甄别时要重点关注虚假诉讼易发领域的案件,如离婚案件中一方当事人为被告的财产纠纷案件,合伙关系中要求全部合伙人承担连带责任的财产纠纷案件,分家析产、继承、房屋买卖、确权纠纷案件等。二是重点审查诉讼过程中的异常情形,如起诉理由不符合常理,被告却不

---

① 江必新、孙祥壮、王朝辉:《新民事诉讼法审判监督程序讲座》,法律出版社2012年版,第148页。

提出异议的；证据可能是伪造的；庭审时双方当事人配合默契没有实质性对抗，被告对事由全盘认可的；原被告双方之间存在特殊的亲属、好友关系，能轻易达成调解协议的；当事人自愿以不动产或明显不合理的价格抵偿债务的，等等。三是加大宣传力度，充分利用宣传册、宣传展板、微信公众号、公开网站等多种形式对民行检察职能、虚假诉讼的危害后果和防范措施、虚假诉讼检察监督的功能和成效进行宣传和报道，不断扩大检察监督职能的社会知晓度，鼓励群众积极主动寻求检察机关救助的法律意识。

（二）探索多元化的监督方式，加大打击力度

除民事诉讼法规定的检察机关有提出抗诉和检察建议两种监督方式之外，打击虚假诉讼的监督应当利用多元化的监督方式，如发出检察建议书、纠正违法通知书、提起公诉等。具体来说，对于已经生效的虚假裁判要及时向法院提出抗诉，对于没有抗诉必要，以及不适宜提起抗诉但应当启动再审程序的案件，检察机关应当向人民法院发出检察建议，并建议法院对涉案人员采取罚款、拘留等惩罚措施；对于审判人员的违法情形，例如审判人员明知当事人串通、伪造证据进行虚假诉讼，仍进行判决、裁定致使国家利益、社会公共利益、第三人利益受到损害的，检察机关应当及时发出检察建议书、纠正违法通知书向法院提出监督意见；对于涉嫌刑事犯罪的当事人、代理人，应当及时移送公安机关进行立案侦查，并引导公安部门做好侦查取证工作。

（三）规范调查核实，有效查证虚假诉讼

2012年民事诉讼法修改后，调查核实权是赋予检察机关履行民事法律监督职能的一个重要手段。通过调查核实来了解民事诉讼案件的真实情况，是民事检察监督的前提和条件。司法实践中常用的调查核实方式主要有：调阅案件卷宗、向案外人核实相关情况、向有关单位和组织调取证据、询问双方当事人和证人。在查证虚假诉讼案件中，要做充分合理地行使调查权关系到虚假诉

讼检察监督的实效,合理地运用调查核实权与民事抗诉、检察建议等监督手段相互配合。实践中,对所有存在虚假诉讼可能的案件都纳入调查范围很难做到,但是检察机关应当对以下几种情形启动调查程序:一是申诉人提出申请的;二是经检察机关通知,有利害关系的第三人提出申请的;三是申请人无法自行收集需要检察机关调查核实的;四是涉及国家利益、社会公共利益的案件。

(四)建立协调联动机制,形成监督合力

因检察机关在办理民事案件中的调查核实手段有限,需要公安、法院、司法行政等多个部门的协调配合。检察机关要建立健全与公安、法院、司法行政机关的监督制约和协调配合机制,通过会签文件形成制度性的刚性制约。一是加强与法院的协调沟通,在虚假诉讼案件的监督、预防中达成统一认识,相互配合,形成监督、惩治、防范一体化的虚假诉讼违法犯罪行为的联动机制;二是应借助公安机关的侦查手段,弥足自身对虚假诉讼案件调查核实手段不足的弱点;三是与公安、法院以及行政机关实现信息共享,加强沟通,减少查证工作的阻力,形成虚假诉讼工作预防的工作体系。

(五)强化人员配备,组织干部参加业务培训

当前,民事诉讼监督、行政诉讼监督、公益诉讼工作均属于民事行政检察部门的工作范围,应当根据不同业务特点合理配备相关的工作力量,做到术业有专攻,提高检察监督工作的专业性。同时,根据民行部门的工作特点,挑选有刑事检察、犯罪侦查或者民商事知识及工作经验的人员,上级院要充分发挥办案指导、以案代训、集中培训等形式,提升所辖区域内民行检察人员的整体业务素能。民行检察人员也要在日常工作中不断总结办案经验,归类案件办理情况,强化自身学习,提升业务能力。

(六)完善虚假诉讼惩戒机制,提高违法成本

目前对于一般已查证的虚假诉讼案件,法院只是作了撤销原

判决、驳回起诉的处理，使得违法成本要大大低于虚假诉讼的获利，难以形成威慑和惩戒。因此，建立完善的虚假诉讼惩戒机制，对于参加虚假诉讼的相关人员，根据情节轻重，依法予以罚款、拘留，涉嫌违法的应及时移送公安机关立案查处，对于通过审批谋取不正当利益的行为要严肃查处，尤其是当事人、律师与审批人员、执行人员互相勾结进行虚假诉讼的行为。可以通过完善相关立法，适当拓宽申请监督的主体，在利害关系人有初步证据证明案件涉及虚假诉讼侵害其合法权益的情况下，也可以申请监督；将虚假诉讼参加人纳入虚假诉讼失信人名单，参考失信被执行人制度，严格规定虚假诉讼失信人名单的适用和接触人员。

机动车交通事故保险理赔领域虚假诉讼案件检察监督实务研究

张国强 韩 伟[*]

【摘 要】 机动车交通事故保险理赔领域当事人利用诉讼手段恶意骗保案件频发,司法机关尚无有效办法加以防治。笔者从实证角度出发,重点讨论这一领域案件特征,结合虚假诉讼概念价值负荷,从司法实践角度研究民事检察监督的方式、方法和查办重点。

【关键词】 保险理赔 虚假诉讼 检察监督 调查核实权

检察监督实践中发现,机动车交通事故保险理赔是虚构事实、提供虚假证据,利用民事诉讼谋取不法利益行为的多发领域。保险公司与索赔人信息不对称的特点在证据规则下被放大,诉讼作为还原事实、查明真相的规则却成为一方甚至双方当事人捏造事实、谋取不法利益的手段。虚假诉讼易发多发与司法机关对虚假诉讼识别能力低、惩治手段弱、权益保护滞后之间的矛盾,极大地冲击了司法秩序和公信力。笔者通过总结办案实践,从实务角度梳理机动车交通事故保险理赔领域虚假诉讼案件的特征和易发多发的问题根源,研究此类案件发现、识别、调查核实、法律适用和制度设计等一系列问题,以期为充分发挥检察监督职能,有

---

[*] 作者单位:河北省唐山市人民检察院。

效惩治与遏制该领域虚假诉讼行为提供参考借鉴。

一、研究的意义

机动车保险是财产保险的一种。在我国，随着汽车保有量逐年增加，机动车保险成为财产保险类第一大险种。在快速发展的同时，机动车保险赔付率高成为困扰保险业发展的一大世界性难题。除了机动车出险率高的固有因素外，保险欺诈易发、多发是重要原因。美国反保险欺诈联盟（2016）估计，美国的保险欺诈成本每年高达85亿美元。中国保险学会、对外经济贸易大学、金融壹账通联合发布的《2019年中国保险行业智能风控白皮书》显示，我国车险行业欺诈占理赔金额比例至少达到20%，对应每年损失超过200亿元。保险欺诈具有实施空间广、易操作、预防难、查证难的特点，作为所有犯罪行为中风险成本最低、利润最大者，司法机关尚无有效方法加以防治。[1]

民事诉讼中机动车交通事故保险理赔领域案件一般对事故责任争议不大，多为保险合同纠纷或者人身损害赔偿纠纷，法律关系并不复杂，但主要由于保险公司与索赔人在损害结果上的信息不对称、取证能力弱，给了索赔人虚构事实、伪造证据，利用诉讼手段骗取超额利益的操作空间。

二、对虚假诉讼内涵的分析

虚假诉讼并非固有的民事诉讼法理论概念，最早源于司法机关工作人员基于个人经验形成的体悟，逐渐演变成对某类型诉讼现象的概括性表述。我国刑事、民事法律对虚假诉讼规制不一。

---

[1] 王碧波：《反保险欺诈之对策与机制研究》，南开大学2012年博士学位论文。

《刑法修正案（九）》规定，以捏造事实提起民事诉讼，妨害司法秩序或者严重侵害他人合法权益的，构成虚假诉讼罪。2018年10月，最高人民法院、最高人民检察院《关于办理虚假诉讼刑事案件适用法律若干问题的解释》进一步明确单方或者与他人恶意串通，均应认定为捏造事实进行虚假诉讼。可见，刑事法律并不以双方恶意串通作为虚假诉讼必要构成要件，而是从维护司法秩序的角度明确双方恶意串通与单方虚假行为均符合虚假诉讼罪的罪状描述。《民事诉讼法》第112条将民事虚假诉讼限定为"当事人之间恶意串通"。2016年最高人民法院《关于防范和制裁虚假诉讼的指导意见》确定虚假诉讼要素为"双方当事人存在恶意串通"。民事法律以案外人保护为核心，将虚假诉讼的范围确定为双方当事人恶意串通，采取虚构事实的方式实施虚假诉讼行为。可见，刑法对虚假诉讼罪的界定明显要宽于民事法律规定。

由于法律规定的不同，学界对虚假诉讼的内涵和范围一直存有争议。有学者认为，"单方造假"与"双方串通"均属于虚假诉讼范畴。① 有学者认为，一方恶意侵害对方当事人合法权益属于恶意诉讼，双方恶意侵害他人的合法权益，包括国家、集体和第三人的利益，属于虚假诉讼。② 在此，笔者从检察监督角度出发，认同第一种观点，理由如下：

第一，我国刑事、民事法律对于虚假诉讼规制存在法律衔接不畅。对虚假诉讼而言，刑法对虚假诉讼罪的界定宽于民事法律规定。按照法秩序的统一性要求，宪法、民法、刑法等多个法律部门组成的法秩序内部不能存在相互冲突和矛盾。而对于冲突的产生，笔者认为由于刑法的谦抑性，如果一项违法行为被当作犯罪、作为刑法打击的对象，说明该行为具有较大社会危害性，司

---

① 纪格非：《民事诉讼虚假诉讼治理思路的再思考——基于实证视角的分析与研究》，载《交大法学》2017年第2期。
② 杨立新：《虚假诉讼检察监督的成果与发展对策》，载《检察日报》2019年6月15日，第3版。

法机关应充分运用法律手段全面保护法益，遏制违法犯罪行为，维护司法秩序，实现立法的目的。实践中，无论以何种形式进行虚假诉讼行为，其对诉讼程序的影响程度是没有根本区别的，并没有任何统计或者调查数据显示，双方恶意串通实施的虚假诉讼行为会对诉讼程序造成更加严重的影响。从数量上看，与双方共同实施的虚假诉讼行为相比，单方的虚假行为可能更具有普遍性与代表性。① 对此，能否对于各个法领域所预定的法律效果进行合目的性调整，从机能主义视角出发最大可能地妥善保护各种利益，实际上更为重要。② 同时，按照一般的实体法调整法律关系主体权利义务关系，程序法是实体法的工具，是对实体法的创造和弥补的属性。虽属于不同法域，但民事程序法拓展对于虚假诉讼的程序性规定更有利于实现法秩序的统一。

第二，刑事、民事法律对于虚假诉讼规制的不同，造成对权利保护滞后、惩戒手段不足。实践中，刑事虚假诉讼犯罪发现的途径一般为权利受损方当事人的控告和检、法办理民事案件过程中发现并移送案件线索。但由于民事法律仅将"双方串通"型认定为虚假诉讼，可能导致办案过程中忽略对"单方造假"型虚假诉讼行为的审查、认定和移送线索，造成"单方造假"型虚假诉讼违法成本低，救济机制缺乏，不利于对犯罪行为的打击和对司法秩序的保护。

第三，虚假诉讼的本质特征在于借用合法的民事程序，妨害司法秩序，损害"两益"。检察机关作为国家专门的法律监督机关，依照法律规定，对于此类案件应依职权主动启动监督程序。有鉴于此，监督实践中宜从宽把握虚假诉讼的认定标准，只要是以捏造的事实提起民事诉讼即可，至于是当事人双方串通还是单

---

① 纪格非：《民事诉讼虚假诉讼治理思路的再思考——基于实证视角的分析与研究》，载《交大法学》2017年第2期。

② 于改之：《法域冲突的排除：立场、规则与适用——以刑法与民法两大法域冲突为中心》，载《中国法学》2018年第4期。

方捏造，不应作为认定虚假诉讼的决定因素。

综上，对司法机关而言，将"单方造假"与"双方合谋"型均认定为虚假诉讼，有利于民事、刑事司法程序衔接的制度设计和对违法犯罪行为的惩治，以及对司法秩序的维护；通过整合共性、区分个性，充分利用现有法律司法资源，以更丰富有效的手段识别和惩戒违法犯罪行为，最大限度地实现法律概念承载的价值。

三、机动车交通事故保险理赔领域虚假诉讼案件类型

笔者通过对唐山市检察机关2015—2018年在保险理赔领域开展"净化诉讼环境规范出证行为"专项监督活动进行梳理，结合一些专家学者的研究成果，对该领域虚假诉讼案件类型归纳如下：

（一）单方造假型

"单方"指案件一方当事人造假或者与他人恶意串通。机动车保险理赔案件中，以当事人伪造夸大损害结果的虚假证据，骗取超额保险赔偿最为常见。

1. 利用中介、服务机构"居间造假"，出具虚假证明、鉴定文件。由于行业管理不规范，一些有资质的社会性鉴定机构出具虚高评估鉴定报告或者违规提高受害人伤残等级，成为虚假诉讼重要一环。一般的理赔流程为：出险、报案、查勘、定损、核价、核损、核赔、支付。但经调查发现，许多投保人在出险后不报险，或者报险后不核损，直接到修理厂进行修理，再委托公估公司、价格鉴定中心等机构出具虚高（一般体现在车损虚高、损失配件残值低、施救费高）鉴定报告，依据报告提起诉讼索赔保险金。如笔者所在院监督的崔某诉保险公司保险合同纠纷案，车主驾驶车辆发生追尾事故承担全部责任，在保险公司定损26万元后，仍委托公估公司定损48万余元，车主依据保险公估报告起诉。后经

核实该车实际修理费为 27 万余元。

2. 利用修理厂伪造书证，虚增车损数额。最常见的是修理厂伪造材料清单、虚开发票。例如，车主在维修事故车辆过程中要求修理厂将该车以前的修理费用统一开具发票，虚增维修费 9 万余元；又如，某车队车辆统一在一家配件厂购置配件，只要有车辆发生交通事故，便将该车队购置的所有配件计入修理发票；再如，车辆并未在该修理厂修理，投保人花钱买发票的情形。

3. 当事人开具虚假误工证明，超额索赔误工费、护理费。保险理赔涉及人身损害赔偿案件中，一些没有工作的当事人，托关系找单位开具虚假工作证明、误工证明；一些当事人有工作，且受伤修养期间未影响其工资发放，当事人与单位人员串通伪造务工证明、工资单；还有一部分当事人有工作，在提供证据的时候故意放大自己的收入。如本市某医院护士李某人身损害赔偿案件中，李某通过与本院人力资源部门同事共同制造虚假证据意图骗取保险误工赔偿金近 10 万元，后经调查发现，李某交通事故受伤期间收入并未减少。

4. 套用城镇居民人均可支配收入赔偿标准。因我国实行差别化户籍管理制度，在交通事故赔偿中也按照相应的标准进行赔偿，造成同样情况下农村户籍的伤者得到的赔偿少于城镇户籍伤者。一些当事人采取从派出所、居委会开具虚假租房证明和长期居住证明的方式变换户籍性质，骗取城镇性质的死亡或伤残赔偿金。如本市村民文某，因交通事故被评定为 10 级伤残，根据河北省农林牧渔标准，伤残赔偿金计算为 1.6 万元，而按照城镇标准计算为 4.1 万元。文某从女儿居住的城镇社区居委会开具证明，证据得到法院支持。经调查发现，社区居委会没有认真核实文某是否在小区居住，就出具了证明。

5. 以诉讼代理人造假或者"冒名诉讼"谋取不当利益。笔者认为此类也属于单方造假，但与前述四类不同。诉讼代理人造假案件中，是代理人具有造假主动性，不法利益不分或者少分当事人;"冒名"是原告不具有起诉资格,为实现非法目的,冒充适格原告作为一方当事人起诉。经调查发现,个别地区车辆出险后,修理厂通过交警或者保险公司渠道获得消息,赶在保险公司到场之前,与车主协商将车拖走修理,修车不花钱甚至给车主钱,言明此后理赔、诉讼程序与当事人无关。此后修理厂通过车主委托或者冒充当事人名义,利用虚假修车票据、其他书证如公估报告代为向保险公司起诉索赔。开庭时当事人不到庭,有专人代理,也不进行调解,只等获得生效判决。

以上情况有时会在一个案件中交叉出现。随着信息传播技术的发展,保险欺诈风险日益凸显,并呈现专业化、团伙化等特征。同时,道路交通执法人员、保险从业人员、律师、修理厂、医院等多方参与的涉案人员众多的"规模性造假"也常见诸报端,此类案件很难发现和查处。

(二) 串通合谋型

该类型主要表现为案件的双方当事人恶意串通制造事故或者虚构事故,可能附以制造、提供虚假证据的手段,骗取不当利益。

如当事人驾驶者车辆没有购买各种商业保险,发生事故后,寻找亲朋好友已经购买保险的机动车虚构事故;或者发生的事故不符合保险公司所规定的赔偿标准,与人合谋伪装出表面符合赔偿标准的事故,进行虚假诉讼,从而非法骗取保险金。[①] 经调查发现,甚至存在一些诈骗团伙,成员名下各控制多辆机动车,以制造事故骗取保险金为业。此类情况一般有保险从业人员参与其中,以保险公司直接赔付为主,较少涉及诉讼。

[①] 王振友:《虚假诉讼的识别与查证》,载《中国检察官》2017年第14期。

四、机动车交通事故保险理赔领域虚假诉讼案件易发、多发的问题根源

（一）保险公司举证能力不足

一是保险公司受制于信息不对称。在保险理赔案件中，如果索赔人有意规避保险公司参与勘查、定损等核实过程，使其不能观察到损害赔偿的实际价值时，索赔人就在理赔案件中占据了绝对优势和主动，其证据很可能成为诉讼中确定损失的唯一证据。按照"谁主张，谁举证"原则，被动应诉的保险公司举证不能，承担不利后果。二是保险公司调查取证能力不足。在无法参与损失评价的情况下，保险公司只能启动保险调查。但保险公司是服务机构，其内部理赔、法务等部门调查没有强制力。而出具虚假证明的单位或者人员与案件当事人又有着千丝万缕的联系，甚至有利益关联，不能期待其自证其罪，无论是攻守同盟还是行业壁垒，都很难突破。当然，其中也有个别保险调查员对工作不尽责，甚至参与骗保的原因。

（二）证据规则被欺诈方利用

按照法律设置，虚假诉讼可以通过诉讼中的制度保障进行防御，[①]但现实中一些保障制度启动困难。一是最高人民法院《关于适用〈中华人民共和国民事诉讼法〉的解释》规定，对一般事实证明，当事人提供的证据达到确信待证事实存在具有高度可能性即可；当事人对欺诈、胁迫、恶意串通事实的证明，要达到排除合理怀疑的高标准。按照规定，欺诈方对所主张的赔偿事实承担证明责任达到"具有高度可能性"即可，而保险公司如果主张对方欺诈、恶意串通，需要达到"排除合理怀疑"标准，这对本就信息不对等、调查能力不足的保险公司来说难度较大。法院由

[①] 张卫平：《中国第三人撤销之诉的制度构成与适用》，载《中外法学》2013 年第 1 期。

于职权的中立性，一般不会主动调查；申请法院调取证据又受限于法律规定，受限于法院案多人少。二是法院对当事人诉前单方委托的保险公估报告等鉴定意见采信标准问题。按照最高人民法院《关于民事诉讼证据的若干规定》"对于一方当事人就专门性问题自行委托有关机构或者人员出具的意见，另一方当事人有证据或者理由足以反驳并申请鉴定的，人民法院应予准许"的规定，由于"足以反驳"的证据难以取得，一般不会启动鉴定。三是一些法官机械适用最高人民法院《关于民事诉讼证据的若干规定》相关规定，认定鉴定意见的证明力大于其他书证和证人证言。造成有公估报告的案件公估独大，而一些经过保险公司定损、核价的理赔案件，当事人持公估报告起诉，仍会获得法院支持。

（三）权利保护滞后，刑民衔接不顺畅

一是司法机关在纠正或者撤销虚假诉讼产生的判决、裁定、调解书时，忽视了对行为本身的制裁，刑事案件线索移送率低，罚款、拘留等妨碍民事诉讼强制措施使用率低，从某种程度上放纵了当事人的不诚信行为。二是虚假诉讼由于隐蔽性强、权益受损第三人不知情等特点，多在再审环节或者检察监督环节才能识别、发现；单方造假的恶意诉讼由于举证能力问题，很多到检察监督环节调查核实启动再审才能解决。三是一些保险机构由于理赔案件多，为节约时间成本对于欺诈数额不大的案件，不会一直在诉讼上纠缠，案件难以进入再审、检察监督程序进行识别，也给了欺诈者可乘之机。四是刑法及其司法解释对恶意串通或者单方提供虚假证据行为的惩治进行了规定，但在民事诉讼中发现当事人涉嫌犯罪行为的，如何启动刑事程序没有可操作性强的制度设计，也没有强制性规定。实践中，审判机关发现受理案件可能系虚假诉讼行为时，往往会以驳回起诉或者同意撤回起诉结案，鲜有移送公安机关的，制约了对虚假诉讼活动的打击力度和对被害人利益的保障。

（四）社会征信制度缺失，保险公司内部风险控制和跨部门信息协作能力弱

目前，个人征信档案制度缺乏有公信力的统一平台，且征信档案包含的内容有限，失信制裁措施的范围和手段对虚假诉讼行为人威慑力不足。各家保险公司之间信息分享不及时，难以形成有效的防欺诈监控体系。

五、立足检察监督职能，打击虚假诉讼，构筑司法诚信

（一）虚假诉讼检察监督的价值阐释

有学者发现因虚假诉讼被追究刑事责任的案件中，大部分是民事判决生效甚至民事程序结束后启动刑事追责程序，民事再审和检察监督成为识别虚假诉讼的主战场。[①] 实践证明，检察机关拥有强大的司法资源，在虚假诉讼案件治理方面具有主动性，不仅在民事诉讼检察监督中有调查核实权，还可以依托内部协调机制移送线索，启动对相关刑事犯罪的立案监督、提起公诉和追诉权，更有利于制裁、打击虚假诉讼案件。同时，从检察机关虚假诉讼监督统计数据看，2017年至2019年3月，全国检察机关共监督虚假诉讼民事案件5455件，提出抗诉1140件，提出再审检察建议2786件。检察机关在防范、打击虚假诉讼中的作用日益彰显。[②]

（二）虚假诉讼检察监督的路径

1. 线索发现。一是广泛宣传诉讼监督职能，向当事人明确申诉渠道。二是唐山市院、上饶市院均采取了到有关单位走访摸排、举行研讨会方式了解问题，发现案源。湖北某地检察院主动到街

[①] 纪格非：《民事诉讼虚假诉讼治理思路的再思考——基于实证视角的分析与研究》，载《交大法学》2017年第2期。

[②] 杨立新：《虚假诉讼检察监督的成果与发展对策》，载《检察日报》2019年6月15日，第3版。

道司法所走访,了解到人民调解案件都申请了司法确认,就此发现虚假诉讼案件线索 50 余件。三是通过与公安、法院等机关协调联动,加强检察机关内部沟通,发现案源。

2. 妥善运用调查核实权。调查核实权,是指检察机关在民事行政法律监督活动中,因履行法定监督职责提出检察建议或者抗诉、进行支持起诉、督促履行职责、提起公益诉讼等的需要,采用询问、调取、查询、鉴定、勘验等非强制措施,向当事人或者案外人调查核实有关情况,依法收集证据的权力。检察机关调查核实要坚持谦抑性、中立性原则。

(1) 检察机关调查核实权的启动。调查核实程序如何启动,立法上并无明确规定。司法实践中普遍有依申请和依职权两种观点。笔者认为,无论是从《人民检察院民事诉讼监督规则(试行)》第 65 条关于检察机关在确有必要时可以使用适当的调查核实措施规定来看,还是从检察权保障法律正确运行的设置角度,检察机关都应依法主动启动调查核实。

(2) 调查核实权的适用是否以当事人原审期间申请法院调取证据为条件。实践中有观点提出,为秉持检察监督谦抑性,调查核实应以当事人申请法院调取证据而法院未调取为条件。笔者不认同此观点。《民事诉讼法》第 200 条除规定"对审理案件需要的主要证据,当事人因客观原因不能自行收集,书面申请人民法院调查收集,人民法院未调查收集的"再审情形外,还规定了"原判决、裁定认定事实的主要证据是伪造的"等十二项均属于再审条件,均属检察监督范畴。如果调查核实需以申请法院调取证据为条件,就限缩了检察监督权限和调查权。

(3) 民事检察调查核实的证据效力问题。虚假诉讼案件检察监督司法实践中,检察机关调取的证据与当事人提交的虚假证据必然相冲突,法院如何采信。虽然最高人民法院考虑到司法实践中存在的调查取证难现象,提出对检察机关依法调查取得的证据,只要有利于案件公正处理的,人民法院应当接受。① 但并没有进一步说明如何接受该证据。笔者认为,检察机关所获得的证据材料是其行使法律监督职能的结果,立法上也没有与当事人提供的证据做效力区分,至于法律监督的成效仍取决于法院的判定,司法权的终局性说明法律监督权不能与审判权相混同。再审案件开庭时,检察机关办案人员应按照规定出庭对调查核实证据进行说明,充分保障再审当事人的辩论权。

六、机动车交通事故保险理赔领域虚假诉讼案件的查办要点

（一）细致深挖事实真相

攻守同盟不易攻破,证据说了谎,但事实真相终究存在。保险理赔领域虚假诉讼案件一般书证造假居多,但书证造假一般不会涵盖所有相关文件,大多是当事人提交的能够直接证明其主张的部分。如夸大车损案件,一般修理厂伪造发票,甚至伪造事故车辆修车详单,但其账册、配件出入库记录、工时记录、纳税凭证等一般不会造假。在调取书证后,确凿书证又有助于快速突破非法行为人的口供,利用笔录固定虚假证据。再如,单位出具虚假务工证明、行政机关出具虚假居住证明的,一般单位和行政机关管理制度和责任追究制度比较严格,不会出现单位造假,大多是个人利用职务之便出具虚假证据。因此,可以酌情先了解情况再调取证据,实践中受调查的单位一般都会积极配合。

（二）多种监督方式并用

除采取抗诉、再审检察建议的监督方式外,还应加强改进工作检察建议的应用。按照《人民检察院民事诉讼监督规则（试

---

① 奚晓明主编:《〈中华人民共和国民事诉讼法〉修改条文理解与适用》,人民法院出版社2012年版,第497页。

行)》第112条的规定,对于发现人民法院对民事诉讼中同类问题适用法律不一致的;人民法院在多起案件中适用法律存在同类错误的;人民法院在多起案件中有相同违法行为的;有关单位的工作制度、管理方法、工作程序违法或者不当,需要改正、改进的情形,人民检察院可以提出改进工作的检察建议。因此,针对前述机动车交通事故保险理赔领域案件审理过程中普遍存在的虚假证据审查与识别、对单方诉前鉴定意见的采信、依职权调取证据和法院主动调取证据、启动虚假证据调查、移送案件线索等方面问题,可以向法院提出行之有效的建议;同时建议法院依据虚假诉讼审查规则适时采取传唤当事人到庭接受询问、要求证人出庭作证、要求证人宣誓签署保证书的方式,并加强罚款、拘留等妨碍民事诉讼强制措施的法律适用力度;建议并帮助审判机关建立涵盖虚假诉讼、恶意诉讼失信人名单制度。对于监督中发现的评估鉴定行业管理不规范、标准缺失、鉴定机构和鉴定人员帮助造假行为,向行政管理机关或者行业协会发出建议;对于社会征信制度缺失、保险公司内部风险控制意识弱、跨部门信息协作能力弱问题,向有关行业监管部门提出改进工作建议,促进行业治理整顿。

(三)注重案件线索倒查

一些当事人、伪造证据的不法行为人、诉讼代理人、评估鉴定机构在虚假诉讼中尝到甜头,就会多次采取制造虚假证据的方式骗取非法利益。经调查发现某公估公司为当事人出具虚高的公估报告,鉴定人员没有仔细核实车主、车损等情况,按照车主的要求随意出具公估报告,经深入调查后发现了其他案件线索。

(四)注意案件线索移送

虚假诉讼和恶意诉讼都是当事人利用民事诉讼程序谋取不当利益的行为,民事诉讼成为涉及刑事犯罪的前置程序。审判机关、检察机关需要将发现的虚假诉讼和恶意诉讼案件线索及时移送公安机关,加大惩治力度,惩治违法犯罪行为。

（五）加大打击力度，对虚假诉讼形成震慑

一是扩大监督范围，由案到人、由外到内，查处背后提供虚假证据人员的责任问题，争取"办一案，带一串"，不断扩大战果，形成办案规模效应。二是通过报纸传媒、门户网站、举报电话等多种方式，宣传法律和典型案例，向社会披露信息，形成强大的舆论氛围和社会监督环境，有效遏制虚假诉讼行为。

重大案件侦查终结前讯问合法性核查实务问题研究

李世勇 伊 刚 王 兵[*]

【摘 要】 随着最高人民检察院、公安部、国家安全部《关于重大案件侦查终结前开展讯问合法性核查工作若干问题的意见》的出台,重大案件侦查终结前讯问合法性核查制度正式确立,本文从驻看守所检察人员的角度,对实务中存在的需要澄清或者进一步研究解决的问题进行分析,提出解决思路。

【关键词】 核查制度 驻看守所检察人员 实务问题 解决思路

一、讯问合法性核查制度概述

重大案件侦查终结前讯问合法性核查制度(以下简称"讯问合法性核查制度")从 2016 年首次提出,至 2020 年初正式确立,经历了三年多的时间。

2016 年 7 月 20 日,在最高人民法院、最高人民检察院、公安部、国家安全部、司法部联合印发的《关于推进以审判为中心的刑事诉讼制度改革的意见》中,在其第 5 条中指出:"探索建立重大案件侦查终结前对讯问合法性进行核查制度。对公安机关、国家安全机关和人民检察院侦查的重大案件,由人民检察院驻看守

---

[*] 作者单位:河北省唐山市人民检察院。

所检察人员询问犯罪嫌疑人,核查是否存在刑讯逼供、非法取证情形,并同步录音录像。经核查,确有刑讯逼供、非法取证情形的,侦查机关应当及时排除非法证据,不得作为提请批准逮捕、移送审查起诉的根据。"首次提出探索建立重大案件侦查终结前讯问合法性核查制度。2017年6月27日,"两高三部"又联合发布《关于办理刑事案件严格排除非法证据若干问题的规定》,在其第14条第3款又进一步重申了《关于推进以审判为中心的刑事诉讼制度改革的意见》中有关讯问合法性核查制度的规定。

最高人民法院在相关司法解释和规范性文件中也提到了讯问合法性核查制度。2017年2月17日,最高人民法院《关于全面推进以审判为中心的刑事诉讼制度改革的实施意见》第22条规定:"被告人在侦查终结前接受检察人员对讯问合法性的核查询问时,明确表示侦查阶段不存在刑讯逼供、非法取证情形,在审判阶段又提出排除非法证据申请,法庭经审查对证据收集的合法性没有疑问的,可以驳回申请。检察人员在侦查终结前未对讯问合法性进行核查,或者未对核查过程全程同步录音录像,被告人在审判阶段提出排除非法证据申请,人民法院经审查对证据收集的合法性存在疑问的,应当依法进行调查。"2018年1月1日起试行的最高人民法院《人民法院办理刑事案件排除非法证据规程(试行)》第7条规定:"开庭审理前,承办法官应当阅卷,并对证据收集的合法性进行审查:……(三)对于重大案件,人民检察院驻看守所检察人员在侦查终结前是否核查讯问的合法性,是否对核查过程同步录音录像;进行核查的,是否作出核查结论。"第11条规定:"对于可能判处无期徒刑、死刑或者黑社会性质组织犯罪、严重毒品犯罪等重大案件,被告人在驻看守所检察人员对讯问的合法性进行核查询问时,明确表示侦查阶段没有刑讯逼供等非法取证情形,在审判阶段又提出排除非法证据申请的,应当说明理由。人民法院经审查对证据收集的合法性没有疑问的,可以驳回申请。驻看守所检察人员在重大案件侦查终结前未对讯问的合法性进行核查询问，或者未对核查询问过程全程同步录音录像，被告人及其辩护人在审判阶段提出排除非法证据申请，提供相关线索或者材料，人民法院对证据收集的合法性有疑问的，应当依法进行调查。"

2016年以来，全国有不少检察机关开展了重大案件侦查终结前讯问合法性核查工作试点，也制定了规范性文件，为规范讯问合法性核查制度提供了实践样本。2018年12月29日，最高人民检察院在印发的《2018—2022年检察改革工作规划》中，在主要任务中着重提出了"建立重大案件侦查终结前对讯问合法性进行核查制度"。2019年12月30日起施行的《人民检察院刑事诉讼规则》第71条规定："对重大案件，人民检察院驻看守所检察人员在侦查终结前应当对讯问合法性进行核查并全程同步录音、录像，核查情况应当及时通知本院负责捕诉的部门。负责捕诉的部门认为确有刑讯逼供等非法取证情形的，应当要求公安机关依法排除非法证据，不得作为提请批准逮捕、移送起诉的依据。"该条款为此次修改中新增加条款。2020年1月17日，最高人民检察院、公安部、国家安全部联合印发了《关于重大案件侦查终结前开展讯问合法性核查工作若干问题的意见》（以下简称《核查工作意见》），讯问合法性核查制度正式确立，该文件明确了讯问合法性核查制度是现有非法证据排除制度的重要补充这一定位，起到了对非法证据的过滤作用，是刑事执行检察职能的延伸和拓展。人民检察院驻看守所检察人员参与讯问合法性核查工作，其具有亲历性、便利性和相对中立性的优势，将检察关口前移，对非法证据早发现、早排除，既有利于保护犯罪嫌疑人的权利，也能倒逼侦查机关落实刑事诉讼法对侦查工作的要求；另外，《核查工作意见》也明确了检察机关内部分工，人民检察院驻看守所检察人员通过核查发现刑讯逼供、非法取证情形线索时，进行初步调查核实后，及时移送负责捕诉的部门进一步调查核实，人民检察院驻看守所检察人员积极配合而不是取代负责捕诉的部门在审查逮捕、审查起诉阶段对证据合法性的审查。

二、实务中遇到的问题及解决思路

（一）驻看守所检察人员与负责捕诉的部门不属于同一检察院时移送相关材料的问题

《核查工作意见》第9条、第10条等规定中均有"移送人民检察院负责捕诉的部门"的表述，但在办理案件过程中，如果驻看守所检察人员与负责捕诉的部门均属于同一检察院的时候，材料和文书的移送不会产生问题，但如果驻看守所检察人员与负责捕诉的部门不属于同一检察院的时候就容易产生材料和文书如何移送的问题。《人民检察院刑事诉讼规则》第71条规定"核查情况应当及时通知本院负责捕诉的部门"，笔者认为，这里的"本院"仅考虑了驻看守所检察人员与负责捕诉的部门均属于同一检察院的情况，未考虑驻看守所检察人员与负责捕诉的部门不属于同一检察院的情况，在不属于同一检察院的情况下，人民检察院驻看守所检察人员采取直接向负责捕诉的部门移送相关材料或者送达相关文书为宜，特殊情况下，可以委托相关部门移送或者送达。

（二）侦查终结后驻看守所检察人员无核查职责

在实践中，侦查机关在侦查终结前未通知人民检察院驻看守所检察人员开展讯问合法性核查，而是在侦查终结后才通知，人民检察院驻看守所检察人员是否应当启动讯问合法性核查程序？《核查工作意见》第2条规定了重大案件侦查终结前讯问合法性核查的概念，即"重大案件侦查终结前讯问合法性核查，是指对于可能判处无期徒刑、死刑的案件或者其他重大案件，人民检察院在侦查终结前对讯问合法性进行核查"。第4条第1款规定了讯问合法性核查工作的启动方式，即"侦查机关在侦查终结前，及时制作重大案件即将侦查终结通知书，通知人民检察院驻看守所检察人员开展讯问合法性核查。"从上述两条规定来看，均将核查启动的时间限定为"侦查终结前"，因此，笔者认为，如果侦查机关在侦查终结后，已经将案件移送审查起诉，侦查机关再通知人民检察院驻看守所检察人员开展讯问合法性核查的，因诉讼阶段已不属于"侦查终结前"，人民检察院驻看守所检察人员不能启动讯问合法性核查程序。另外，如果按照《刑事诉讼法》第175条第3款的规定对案件进行补充侦查的，在补充侦查即将完毕前，在诉讼阶段上也应当属于"侦查终结前"，由于补充侦查阶段也可能出现刑讯逼供等非法取证情形，开展讯问合法性核查能够起到对非法证据的过滤作用，能够体现讯问合法性核查制度的价值。因此，在补充侦查即将完毕前，侦查机关通知人民检察院驻看守所检察人员开展讯问合法性核查的，也应当依法启动讯问合法性核查程序。

（三）对"重大案件"的理解

《核查工作意见》第2条规定了重大案件侦查终结前讯问合法性核查的概念，即"重大案件侦查终结前讯问合法性核查，是指对于可能判处无期徒刑、死刑的案件或者其他重大案件，人民检察院在侦查终结前对讯问合法性进行核查"。这里包含了讯问合法性核查的对象，即"可能判处无期徒刑、死刑的案件或者其他重大案件"，这与《刑事诉讼法》第123条"侦查人员在讯问犯罪嫌疑人的时候，可以对讯问过程进行录音或者录像；对于可能判处无期徒刑、死刑的案件或者其他重大犯罪案件，应当对讯问过程进行录音或者录像"中的"重大犯罪案件"范围应当是一致的。另外，在2014年10月1日施行的《公安机关讯问犯罪嫌疑人录音录像工作规定》第4条规定了应当对讯问过程进行录音录像的"重大犯罪案件"范围，即"对下列重大犯罪案件，应当对讯问过程进行录音录像：（一）可能判处无期徒刑、死刑的案件；（二）致人重伤、死亡的严重危害公共安全犯罪、严重侵犯公民人身权利犯罪案件；（三）黑社会性质组织犯罪案件，包括组织、领导黑社会性质组织、入境发展黑社会组织、包庇、纵容黑社会性质组织等犯罪案件；（四）严重毒品犯罪案件，包括走私、贩卖、运输、制造毒品，非法持有毒品数量大的，包庇走私、贩卖、运输、制造毒品的犯罪分子情节严重的，走私、非法买卖制毒物品数量大的犯罪案件；（五）其他故意犯罪案件，可能判处十年以上有期徒刑的"。这里的第（二）项至第（五）项规定实际上是对"其他重大犯罪案件"的细化。

（四）是否属于"重大案件"应由侦查机关确定

关于重大案件是由侦查机关还是驻看守所检察人员认定的问题。这个问题涉及人民检察院驻看守所检察人员对于侦查机关送达的所谓的"重大案件"是否需要再审查是否属于"重大案件"。笔者认为，侦查机关可以根据案件实际情况确定是否属于"重大案件"，人民检察院驻看守所检察人员对案件是否属于"重大案件"无须进行实质审查，在收到侦查机关侦查终结通知书后，应当立即开展核查。

（五）关于对重大案件的所有涉案人员是否都应当进行核查

根据《核查工作意见》第2条规定，核查对象为"可能判处无期徒刑、死刑的案件或者其他重大案件"。按照上述规定，在共同犯罪案件中，对于涉及罪轻的犯罪嫌疑人，也应当对开展讯问合法性核查，但是有没有必要对全部犯罪嫌疑人都进行核查，笔者认为有待进一步商榷。

（六）人民检察院驻看守所检察人员不能依职权或者依申请启动讯问合法性核查程序

《核查工作意见》第4条规定了唯一一种启动讯问合法性核查的情形，即"侦查机关在侦查终结前，及时制作重大案件即将侦查终结通知书，通知人民检察院驻看守所检察人员开展讯问合法性核查"。实践中，人民检察院驻看守所检察人员是否可以依职权或者依申请启动讯问合法性核查？笔者认为，《核查工作意见》中并未规定人民检察院驻看守所检察人员可以依职权或者依申请启动讯问合法性核查程序,如果驻看守所检察人员在日常检察监督中发现新入所人员体表外伤或羁押后被提至看守所外讯问等其他非法讯问线索,或者犯罪嫌疑人、被告人或其辩护人、诉讼代理人或近亲属认为讯问存在刑讯逼供等非法情形,向驻看守所检察人员提供有关线索的,驻看守所检察人员应当及时将有关线索和材料移送人民检察院负责捕诉的部门处理,对于刑讯逼供、非法取证行为涉嫌犯罪需要追究刑事责任的,应当依法立案侦查。也就是说,依职权和依申请启动不在讯问合法性核查制度范畴中,而是在讯问合法性核查制度之外有非法证据排除制度的保障。

(七)驻看守所检察人员开展核查不应限于在看守所羁押期间有无刑讯逼供、非法取证情形

例如,犯罪嫌疑人曾经被采取监视居住或者取保候审强制措施,后被刑事拘留或者逮捕,并羁押于看守所,核查时犯罪嫌疑人反映在执行监视居住或者取保候审期间存在刑讯逼供、非法取证情形,在入所后无刑讯逼供、非法取证情形,在这种情况下,驻看守所检察人员也应进行核查,可进行初步调查核实,调取、查询犯罪嫌疑人入所的身体检查记录及相关材料,并移送负责捕诉的部门进一步调查核实,这样恰好发挥了核查制度过滤非法证据的作用,如仅限于在看守所羁押期间有无刑讯逼供、非法取证情形,那么核查制度的过滤作用将大打折扣。

(八)对未在看守所羁押的犯罪嫌疑人不进行讯问合法性核查

实践中,有些符合"重大案件"标准的案件,但是犯罪嫌疑人由于符合适用取保候审等非羁押性强制措施的条件,而未在看守所羁押,驻看守所检察人员是否还需开展讯问合法性核查?笔者认为,由于犯罪嫌疑人未在看守所羁押,驻看守所检察人员对犯罪嫌疑人不再具有亲历性、便利性等优势,缺少讯问合法性开展的基础性条件,因此,对未在看守所羁押的犯罪嫌疑人不进行

讯问合法性核查。

（九）关于核查档案归档问题

重大案件侦查终结前讯问合法性核查工作是刑事执行检察业务之一，按照刑事执行检察从办事为主向办案为主转变的要求，归档是办案模式的重要体现。从《核查工作意见》来看，驻看守所检察人员在核查过程中收到或者产生的相关材料包括：（1）重大案件即将侦查终结通知书；（2）重大案件讯问合法性核查听取律师意见笔录；（3）重大案件讯问合法性核查询问笔录；（4）重大案件讯问合法性初步核查意见函；（5）重大案件讯问合法性核查报告；（6）重大案件讯问合法性核查意见书；（7）初步调查核实过程中形成的相关材料；（8）同步录音录像；（9）其他需要入卷材料。这里主要区分两种情况，第一种情况为犯罪嫌疑人、辩护律师或者值班律师在人民检察院开展核查询问和听取意见时均明确表示没有刑讯逼供等非法取证情形，并且检察人员未发现刑讯逼供等非法取证线索的，驻看守所检察人员应当归档的有第（1）、（2）、（3）、（5）、（6）、（8）、（9）项材料，因第（2）、（3）、（6）、（8）、（9）项材料原件需要移送负责捕诉的部门，可留存复制件归档。第二种情况为犯罪嫌疑人、辩护律师或者值班律师反映存在刑讯逼供等非法取证情形的，驻看守所检察人员应当将第（1）项至第（9）项材料全部归档，因第（2）、（3）、（7）、（8）项材料原件需要移送负责捕诉的部门，可留存复制件归档。另外，从2016年印发的《人民检察院诉讼档案管理办法》来看，人民检察院所有诉讼档案的最低保管期限为30年，笔者认为，驻看守所检察人员办理的讯问合法性核查案件档案的保管期限为30年比较合适。

对民事调解书的检察监督及建议

杨建玲[*]

【摘 要】 民事调解书与民事判决书、民事裁定书并列为人民法院三大司法应用文书,是人民法院在审理民事案件过程中按照自愿和合法原则,在查清事实、分清是非的基础上,促成当事人达成协议而制作的法律文书。2012年民事诉讼法修改时首次将对民事调解书的监督写入其中。但在司法实践中,尤其是检察监督方面对民事调解书的监督确实还存在力所不逮的问题。本文拟从民事检察监督角度入手,浅谈对民事调解书的监督及完善问题。

【关键词】 民事调解 检察监督 完善

一、民事调解概述

(一) 民事调解书的概念

民事调解,是指人民法院审理民事案件,根据自愿的原则,在事实清楚的基础上,分清是非,进行调解。调解达成协议,人民法院应当制作调解书。调解书应当写明诉讼请求、案件的事实和调解结果。从单纯文义角度出发,民事调解书是指人民法院在审理民事案件的过程中,按照自愿和合法原则,在查清事实、分清是非的基础上,促成当事人达成协议而制作的法律文书。

---

[*] 作者单位:河北省唐山市路南区人民检察院。

《民事诉讼法》第9条规定，人民法院审理民事案件，应当根据自愿和合法的原则进行调解。第97条第3款规定："调解书经双方当事人签收后，即具有法律效力。"

（二）民事调解的积极意义

1. 符合我国传统文化的内核精神。中国文明崇尚和谐，古今如此，和谐观念渗透于司法领域，调解就有了生长的土壤。今天能够看到的关于调解最早记载是舜主动出面对"历山之农者侵畔、河滨之鱼者争坻"进行有效调解的故事。文明的一脉相承，使调解从远古走到现代，从强制走到自由。但无论如何，调解具有的高效性、便民性的特点未曾改变，已成为民事审判活动的最佳"助攻手"。

2. 社会治理方式的有效工具。调解与审判一样，皆服务于法的体系功能，都是为了最大限度地发挥出应然法的功能。调解与审判不同之处在于，审判必须严格按照法律规定行事，不能超出法律规定而肆意妄为，更多地体现"定纷"；调解则可在制定法之外，适当参考适用当地习惯、道德、人情等社会规范，以缓和各类矛盾，更多地体现"止争"。以调解的"软着陆"已成为社会治理方式的新型有效的工具手段。

3. 实现繁简分流，缓解人民法院民事审判压力。对于法律关系明确、事实清楚、争议不大的案件且当事人同意调解的，由人民法院主持调解达到纠纷的"彻底"解决，能使人民法院腾出更多时间和精力处理疑难复杂案件，以实现司法资源的合理分配，最终从整体上维护司法的公正性和权威性。

二、民事调解书检察监督的现状

以笔者所在院2017—2019年办理案件数作为统计依据。

（一）案件受理问题

1. 申请监督案件。当事人对于民事调解书申请检察监督的案件少之又少,约占案件受理总数的 11.1%。究其根本原因,在于调解的本质,即在合法的前提下,以一方对另一方的妥协、退让交换双方利益所得,一旦签收即发生法律效力,从根本上快速解决了矛盾,再次引起检察监督的可能空间不大。该院办理的当事人申请对调解书的监督,并非来源于当事人直接向该院申请监督,而是源于上级院的转办。

2. 依职权监督案件。依据《人民检察院民事诉讼监督规则(试行)》第 41 条的规定,具有损害国家利益或者社会公共利益的;审判、执行人员有贪污受贿、徇私舞弊、枉法裁判等行为的;依照有关规定需要人民检察院跟进监督的,人民检察院应当依职权进行监督。该条规定与检察机关对民事调解书的监督有不谋而合之处。在司法实践,对于损害国家利益或者社会公共利益的定义众说纷纭,且检察机关在履职过程中直接发现民事调解书存在损害"两益"情形的案件并不多见。通常的监督渠道是通过案外人以申请执行活动监督为启动点,从审查执行卷宗入手,倒查审判卷宗中民事调解书是否存在损害"两益"的情形。如笔者所在院办理的对民事调解书的监督就是通过案外人申请执行活动监督中发现的。因调解的特殊性,一经签收即发生法律效力,一旦参与调解的双方当事人出现恶意串通的情形,极大可能会损害到案外人的合法权益。案外人得知自己权利受损的时间节点一般是案件已进入执行程序,其采用第三人撤销之诉进行救济的为数不多,更多的案外人是通过执行异议来维护自身权利。法院如果驳回案外人的诉讼请求,大多数案外人会采用向检察机关申请执行活动监督的方式,使案件流入检察监督领域。检察机关通过解开执行面纱,审查其背后隐藏的民事调解书的合法性、真实性。

(二) 高频法条

在办理具体案件过程中,《人民检察院民事诉讼监督规则(试行)》第 86 条关于对同级人民法院民事调解书监督的规定、最高人民法院《关于适用〈中华人民共和国民事诉讼法〉的解释》第 384 条关于调解书再审期限的规定和《民事诉讼法》第 208 条关于检察机关抗诉事由、抗诉程序的规定,这三个法条的出现频率颇高,涵盖了对民事调解书监督的实体要件和程序要件。民事调解书申请检察监督的程序要件亦和民事判决、裁定一样设置了法院再审的前置程序,否则检察机关即使受理了未向人民法院申请再审的民事调解书,也会以受理的案件不符合受理条件为由终结审查。而在实体要件上,则是检察机关对调解书的监督必须以损害"两益"为前提基础。

(三)对"两益"的解读

"两益"是指国家利益和社会公共利益。何谓国家利益?根据《辞海》的解释,国家利益就是满足或能够满足国家以生存发展为基础的各方面需要并且对国家在整体上具有好处的事物。其包括领土完整、国家主权和文化完整。而何谓社会公共利益?《辞海》的解释是为广大公民所能享受的利益,此处的广大公民,是指特定范围内的广大,有全国性的广大,又有地区性的广大,其外延可以限制在享有立法权的建制区域。而刘辉老师在《民事调解检察监督》一文中对国家利益和社会公共利益的阐述接近于司法实践,他认为,"在国家利益和社会公共利益两者难以界定的情况下,可强调对公共利益的论证说理。在我国《宪法》和《物权法》中,也是以'公共利益'来表述的。公共利益是指在特定社会历史条件下,从私人利益中抽象出来能够满足共同体中全体或大多数成员的公共需要,经由公共程序并以政府主导所实现的公共价值"。公共利益在社会成员利益之间形成了缓冲地带,密切了社会成员之间的紧密关系。将"两益"受损设置为民事调解书检察监督的前提,是因为调解书相较于判决、裁定来说,具有较强的灵活性和高度的终局性,一旦滥用,公共利益的纽带性和桥梁性将失去其存在的价值。

三、民事调解书检察监督存在的问题

(一) 民事调解书的检察监督与民事调解书的法院再审程序存在脱节

民事调解书申请再审需符合《民事诉讼法》第 201 条规定，需存在调解违反自愿原则或者调解协议的内容违反法律规定；民事裁判文书申请再审需符合《民事诉讼法》第 200 条规定的 13 种情形之中的一种或两种以上情形。申请再审要求的前提不同，直接导致检察监督在对民事裁判监督中与法院再审无缝对接，都是以《民事诉讼法》第 200 条作为各自审查的依据；而对民事调解书的监督却出现脱节，民事调解书的检察监督依据《民事诉讼法》第 208 条的规定，而法院对民事调解书的再审依据却是《民事诉讼法》第 201 条，衔接上的脱节一定程度上造成民事诉讼法"审判监督程序"一章对民事调解书监督出现混乱。检察机关又将"调解违反自愿原则或者调解协议的内容违反法律的"纳入《人民检察院民事诉讼监督规则（试行）》第七章"对审判程序中审判人员违法行为的监督"，进一步加剧了体系的混乱，直接导致民事调解书与民事裁判文书在检察监督路径选择上的不同。

现以民事调解书与民事裁判文书签收为例，予以论证。《民事诉讼法》第 97 条第 3 款规定："调解书经双方当事人签收后，即具有法律效力。"最高人民法院《关于适用〈中华人民共和国民事诉讼法〉的解释》第 147 条第 1 款规定："人民法院调解案件时，当事人不能出庭的，经其特别授权，可由其委托代理人参加调解，达成的调解协议，可由委托代理人签名。"对于民事调解书的代签行为必须有当事人的特别授权。反观对于民事裁判文书的代签行为，法律并未有明确规定。因此，在司法实践中，一旦一审人民法院未直接将裁判文书送达当事人（排除在授权委托书上已有"代接收法律文书"的权限）而导致其失去二审程序救济途径的，民事裁判文书的当事人在满足法定条件的情况下，可以"违反法律规定，剥夺当事人辩论权利"为由申请对生效裁判文书的检察监督，检察机关经查证属实，向上一级检察院提请抗诉或向同级人民法院发出再审检察建议予以监督。但对于违反民事调解书签收规定，由一般授权委托人代为签收调解书的，案件当事人若以违反自愿原则为由申请对生效调解书的检察监督，一般检察机关会以民事调解书未违反"两益"为由，不支持监督申请，后续再依职权以"调解违反自愿原则"为由，向同级人民法院发出审判活动程序违法的检察建议。考虑柔性的检察建议与刚性的抗诉在效力上的不同，会导致检察机关给予民事调解书和民事裁判文书的保护力度不同，前者是单层保护，后者是层层保护。

（二）民事调解书与民事裁判文书在实现法院再审程序价值上存在较大区别

法院的再审程序作为特殊程序，其最大的价值体现是"实事求是，有错必纠"，意在使每一个案件都能得到正确处理，使每一个错案都能得到彻底纠正。民事裁判文书一般历经一审、二审和再审程序的法院自我救济渠道，满足了双方当事人倾"诉"与倾"听"的心理追求，再辅之以检察监督的"最后一公里"，使整个裁判过程被安置在一个相对合理、高效的情景中。民事裁判文书的再审程序设计将其价值机能体现得淋漓尽致；而反观民事调解书的再审程序设计，将违反自愿原则或者调解协议的内容违反法律作为申请再审和法院审查再审案件的基础，根据民事诉讼法"谁主张，谁举证"的原则，由再审申请人举证证明违反自愿原则的主观心理状态谈何容易。再加之上文所提到的民事调解书的再审与民事调解书的检察监督程序之间出现的脱节，法院再审程序的自我纠错功能和检察监督的"最后防线"功能较难体现。

四、对民事调解书检察监督的建议

（一）统一标准，消除"隔阂"

效仿民事生效裁判检察监督与法院再审程序的体系衔接，将"调解违反自愿原则或者调解协议的内容违反法律规定"规定为对生效民事调解书检察监督的条件之一，与损害"两益"的情形并列。在具体司法实践操作过程中，可通过客观方面进行推理验证是否存在"调解违反自愿原则"的情形，如申请人未出庭参加调解，调解书由未获申请人特别授权的同案当事人签收。对于"调解协议的内容违反法律规定"亦采用上述客观验证法，如一般授权委托人，代签收调解书；调解协议中变相超过约定借款利息；未经村民代表大会会议发包本村土地等情形，破解举证证明责任难题。

（二）考虑增设民事调解书申请再审期间的"例外"条款

民事调解书一经签收，即发生法律效力。不像民事裁判文书那样享有上诉的权利，只能申请再审。而《关于适用〈中华人民共和国民事诉讼法〉的解释》亦规定了6个月的申请再审期限，意在维护整个民事诉讼法律体系的统一性，但囿于民事调解书的特殊性，应可以考虑为调解书增设超过6个月申请期限的例外情形，如未经特别授权而代签调解书的，应当从知道或应当知道之日起计算6个月的申请再审期限。这样能更好地保护民事调解当事人的合法权益。

综上，民事诉讼法既然将民事调解书纳入检察监督的范围，就应该捋顺对民事调解书检察监督的体系。在"大调解"的民事审判格局中，对民事调解书的监督将成为今后检察监督新的增长点和闪光点。

民事再审检察建议制度研究

陈秀萍*

【摘　要】　修改后的民事诉讼法吸收了检察机关多年来开展检察建议工作的成功经验,确立了再审检察建议监督方式,是一种与抗诉并行的检察监督机制,但与抗诉相比,既有共性,又有区别。在具体操作实践中,再审检察建议制度仍存在一些不足,希望通过立法等措施进一步完善民事再审检察建议制度。

【关键词】　民事　再审检察建议

检察建议作为民事法律监督的重要手段在各地的实践中具有广泛的应用。检察建议分为一般检察建议和再审检察建议,本文主要研究再审检察建议。民事再审检察建议,是人民检察院在办理民事申诉案件过程中,认为人民法院已经发生法律效力的民事判决、裁定确有错误,向人民法院发出检察建议书,从而启动再审程序的监督方式。

一、再审检察建议的立法沿革

修改前的《民事诉讼法》仅规定了抗诉这一种监督方式,各地检察机关根据民事诉讼法的基本精神和《人民检察院组织法》的相关规定,创造性地开展工作,从检察实践中探索开展再审检

---

* 作者单位:河北省乐亭县人民检察院。

察建议的监督方式,并且得到了最高人民法院和最高人民检察院的认可。2001年最高人民检察院《人民检察院民事行政抗诉案件办案规则》第47条第（一）项规定,原判决、裁定符合抗诉条件,人民检察院与人民法院协商一致,人民法院同意再审的,人民检察院可以向人民法院提出检察建议。2001年11月,最高人民法院《全国审判监督工作座谈会关于当前审判监督工作若干问题的纪要》第17条规定：人民检察院对人民法院的审判监督工作提出检察建议的,人民法院应认真研究改进工作;经与人民法院协商同意,对个案提出检察建议书的,如符合再审立案条件,可依职权启动再审程序。2002年高检院民行厅在杭州和成都分片召开座谈会,推动再审检察建议工作的开展。会后,再审检察建议工作逐步推广,成为与抗诉并驾齐驱的监督方式。由于检察机关的积极探索,为司法体制改革和立法的修改提供了丰富的实践经验和成果,再审检察建议上升到立法层面。2011年,最高人民法院、最高人民检察院《关于对民事审判活动与行政诉讼实行法律监督的若干意见（试行）》第7条第1款规定：地方各级人民检察院对符合本意见第5条、第6条规定情形的判决、裁定、调解,经检委会决定,可以向同级人民法院提出再审检察建议。2012年修改民事诉讼法时吸收了这一司改成果,修改后的民事诉讼法第208条、第209条对检察建议做了明确规定。

修改后的民事诉讼法吸收了检察机关多年来开展检察建议工作的成功经验,确立了检察建议监督方式,实现了检察监督制度的法律化。修改后的民事诉讼法及其司法解释规定的再审检察建议适用情形可以归纳为三种情形：第一,损害"两益"的生效裁判、调解书,依职权启动；第二,有明显错误的再审裁判,经当事人申请启动；第三,符合再审条件的生效裁判,当事人申请法院再审未获支持,再向检察机关申请监督。

二、民事再审检察建议与抗诉的比较

民事再审检察建议作为与抗诉并行的一种检察监督机制，在一定程度上矫正了抗诉案件集中于高层级检察机关的失衡现象，使法律监督的结构更为合理。从民事再审检察建议与抗诉的关系来看，再审检察建议与抗诉相互补充，是与抗诉相并行的对法院生效法律裁判进行监督的方式。民事再审检察建议发生在同级检察院与同级法院之间，是一种非诉性、沟通性的同级监督手段，其在性质、功能、适用条件、适用范围以及法律效力等方面均于抗诉制度有所区别。

（一）民事再审检察建议与民事抗诉的共性

首先，二者均系检察机关的民事诉讼监督方式。多年来，检察机关充分运用抗诉与再审检察建议两种手段，刚柔并济，加强对人民法院生效裁判结果的监督，切实发挥了民事诉讼检察监督效能。尤其自修改后民事诉讼法施行以来，民事再审检察建议摆脱了长期以来缺乏立法授权的尴尬境地，成为与民事抗诉并行的法定的民事诉讼监督方式，二者互为补充，成为检察机关对人民法院民事诉讼实行法律监督的重要方式。

其次，二者的监督范围均围绕人民法院的裁判结果。对人民法院民事审判程序中的违法行为及执行活动中违反法律规定的情形，检察机关只能通过一般的诉讼监督检察建议加以监督纠正，不能采取抗诉或者再审检察建议的监督方式。

最后，二者的法定监督事由相同。根据修改后《民事诉讼法》第208条的规定，对人民法院生效民事判决、裁定，在出现《民事诉讼法》第200条规定的情形之一的，或民事调解书出现损害国家利益或者社会公共利益的情形，检察机关可选择适用抗诉或再审检察建议两种监督方式。

（二）民事再审检察建议与民事抗诉的区别

首先，二者的发展起点和地位不同。民事诉讼自1991年民事诉讼法施行时就被确立为法定且唯一的民事诉讼检察监督方式，自始具有法定的地位，而民事再审检察建议由检察机关在民事检察工作实践中创设，一开始并没有明确的立法授权，长期以来一直作为民事抗诉的补充监督手段发挥作用，直至2012年民事诉讼法修改时将民事检察建议纳入法定的监督方式，自此获得了独立的诉讼地位，成为与抗诉并行，二者互为补充的民事诉讼监督方式。

其次，二者的监督层级不同。民事抗诉的监督层级系上提一级的模式，除高检院可对各级人民法院的生效民事裁判结果直接提出抗诉外，地方检察机关对同级人民法院符合法定情形的生效裁判结果，仅享有提请上级检察机关抗诉的权力，不能直接提出抗诉，而再审检察建议的监督层级则采取同级监督模式，地方各级检察机关均可提出再审检察建议，且仅能针对其同级人民法院作出的生效裁判结果，体现了其监督层级的对等性特征。

最后，二者的监督效力不同。民事抗诉是一种刚性的民事诉讼监督方式，具有强制启动民事再审程序的法律效力，人民法院在收到检察机关的民事抗诉书后必须在30日内作出再审裁定，不存在驳回的问题，且负有通知抗诉机关派员出席再审法院的法定义务，而民事再审检察建议是一种柔性的监督方式，不能强制启动再审程序，人民法院是否采纳再审检察建议，更多地取决于检、法两家的协商程度。对于人民法院采纳再审检察建议而启动再审程序的，人民法院应通知检察机关派员出席再审法庭，现行立法并无明确规定。

三、民事再审检察建议现存的不足

2012年修订后民事诉讼法虽将再审检察建议明确为民事检察权的职能之一，提出再审检察建议的适用条件和程序等，但具体操作实践中,再审检察建议制度仍存在一些不足。

(一)当事人申请再审检察建议的利益权衡

当事人申请再审检察建议或者抗诉的适用条件相同,均为符合《民事诉讼法》第200条规定的情形之一或者民事调解书损害国家利益、社会公共利益。但再审检察建议与抗诉的法律后果并不同,是否采纳再审检察建议的决定权在同级法院,而抗诉虽不是凡抗必审,但是只要符合法律规定的立案条件就能够启动再审。同时,在修订后的民事诉讼法中当事人申请再审或者抗诉必须先由人民法院进行处理,且当事人只能申请一次。检察机关对于不予采纳的再审检察建议可以再向上级检察院提请抗诉,但如果检察机关不认为法院的复查决定有误,当事人申请再审检察建议就不能启动再审程序。这就使得当事人在选择申请再审检察建议还是抗诉时会进行利益考量,慎重行使自己的申请权利。另外,一般情况下当事人是向作出生效判决的上级法院申请再审,在上级法院驳回再审申请的情况下,作出生效裁判的法院对再审检察建议的处理结果可能会与上级法院保持一致,从而作出不接受检察机关再审检察建议的情况,从而让当事人对检察机关使用再审检察建议的方式进行监督的情况失去信心。

(二)再审检察建议复查程序不公开

《民事诉讼法》及"两高"《关于对民事审判活动与行政诉讼实行法律监督的若干意见(试行)》对法院审查再审检察建议的方式均未规定,实践中法院多以书面审查为主,复查程序具有一定封闭性。程序公开性不足,一方面易导致法院在审查再审检察建议理由是否成立存在障碍,有时仅根据书面案卷或者原审承办人的回忆,但缺少当事人的陈述、申辩使得某些关键法律事实无法查清;另一方面不透明程序产生的结果不易为当事人接受,比如法院书面审查后同意再审检察建议而主动启动再审,但未给予被申请人陈述是否启动再审程序的机会,被申请人很可能产生合理怀疑。

（三）检察机关参与深度不统一

不管采纳检察建议与否，现在法院对于民事再审检察建议一般都能及时函复审查结果。但对于法院接受再审检察建议而决定启动再审程序的案件，是否通知检察机关再审开庭时间，检察院是否派员出席再审庭审，是否将再审裁判结果送达检察院，实践中的做法不一致，法律、司法解释对此未置明文。不同做法会产生不同的监督效果，通常检察机关是积极参与的，社会矛盾化解效果较好，当事人服判息诉率高。

（四）民事再审检察建议质量不高

近年来，再审检察建议采纳率及再审改判率出现下降趋势，虽然存在缺乏效力保障、人民法院消极对待等多种原因，但追根溯源，案件质量不高是影响再审检察建议运用效果的内在因素，司法实践中主要体现在以下几个方面：

一是随意放宽再审检察建议案件的受理条件。作为裁判结果监督案件，再审检察建议案件来源主要包括当事人申请监督以及检察机关依职权监督两种方式，而这两类不同来源的案件均有严格的法定受理条件。根据修改后《民事诉讼法》第209条第1款之规定，对当事人申请监督的条件，须经过人民法院再审前置程序，检察机关才能受理，对依职权监督的案件，只有符合《人民检察院民事诉讼监督规则（试行）》第41条规定的情形之一，方能到案管部门登记受理。实践中，个别检察机关基于案源的考量，在再审检察建议的入口环节，未严格遵守法定受理条件，对不符合依职权监督条件的案件，未经人民法院的再审前置程序的案件，变相通过依职权发现的方式予以受理，有违检察监督的谦抑性。

二是对再审检察建议案件未恪守与抗诉同等的监督标准。抗诉作为一种刚性的监督方式，具有强制启动再审程序的法律效力，在检察机关的诉讼监督实践中发挥着至关重要的作用，是检察机关一种比较成熟的监督方式，其自身的优越性意味着检察机关在办理抗诉案件过程中必须严格把控案件质量，以维护检察机关的监督权威。修改后的民事诉讼法对再审检察建议规定了与抗诉相同的监督事由与适用条件,但个别检察机关在办理再审检察建议案件时,并未按照办理抗诉案件的严格标准来办理再审检察建议案件,影响了再审检察建议的监督效果。

四、民事再审检察建议制度之完善

(一)严把案件审查标准,提高法律文书质量

司法实践中,部分检察机关为追求办案数量,对再审检察建议案件并未坚持与提请抗诉案件同等的审查标准,在事实认定与法律适用等方面未进行全面审查,有的再审检察建议书释法说理性较差,难以说服法院采纳,影响了再审检察建议的质量,损害了检察机关利用再审检察建议办理再审案件的权威。检察机关在办理再审检察建议案件时应注意以下几点:一是严格把控案件审查标准,对案件的基本事实、主要证据、法律关系、法律适用等进行全面审查之后,再决定是否向同级人民法院提出再审检察建议。二是提高再审检察建议书的质量,再审检察建议书作为检察机关重要的法律文书,承载了检察机关对案件的审查意见,通过指出原审生效裁判文书的错误,促使人民法院依职权启动再审程序,对原审裁判结果进行纠正,再审检察建议书很大程度上影响了案件的再审结果。因此,办案人员应注重再审检察建议书的撰写,做到格式规范、内容全面、逻辑严密、论证充分,要注重检察建议书的释法说理,对提出的每一条检察建议都要有事实依据和法律依据,以说服人民法院接受检察建议,启动再审程序纠正错误裁判。

(二)设置审判委员会讨论决定程序

"两高"《关于对民事审判活动与行政诉讼实行法律监督的若干意见(试行)》及《人民检察院民事诉讼监督规则(试行)》对再审检察建议设置了检察委员会讨论决定程序,以防止再审检察

建议的滥用。然而，现行立法及司法解释关于人民法院对再审检察建议的决定程序，均未设置相应的"须由审判委员会讨论决定"的对等程序。人民法院立案庭或者审监庭的法官即可作出不予采纳检察建议的决定，只有在法官决定再审的情形下才由院长提交审判委员会讨论决定，明显存在不对等情形。因此，对再审检察建议案件，从法院层面，应设置审判委员会讨论决定程序，即人民法院收到再审检察建议后，不论是否启动再审程序，均应由院长提交审判委员会讨论决定，以与再审检察建议"检察委员会讨论决定程序"对应。

（三）明确检察机关的法律地位

法院采纳检察建议而开庭审理的民事案件，可以通知检察机关派员出席法庭，再审终结后，法院应当将再审判决书、裁定书副本送达检察机关。笔者认为，在民事再审检察建议已成为其法定职权的情况下，检察机关应比照抗诉的法律规定，实行从干预型向参与型检察监督理念的转变，全面监督法院的后续再审程序，积极参与再审案件的矛盾化解工作。也就是说，法院采纳民事再审检察建议而启动再审程序的，应当告知检察机关再审开庭的时间，检察机关应当派员出庭，说明再审检察建议的事实和理由，对其依职权调取的相应的证据材料进行出示和说明，监督再审庭审活动等，案件审理终结后，法院应当将再审裁判文书及时送达检察机关，由其决定后续的监督措施。

五、小结

再审检察建议作为我国特有的民事诉讼监督方式之一，通过2012年民事诉讼法的修改已经明确了其作为监督手段的法律地位，但是随着实践的发展也暴露出一些问题，希望通过立法等措施进一步完善民事再审检察建议制度，提高民事再审检察建议的操作性，提升民事监督的质效。

改革与前瞻

刍议未成年人检察社会支持体系的构建与完善

蔡晓锦*

【摘　要】　未成年人因其处在身心发展的特殊阶段,需要得到更多的关注和保护。未成年人检察社会支持体系作为一项创新工作和配套措施,属于未成年人司法保护工作中的重要一环。近年来,检察机关积极推进未成年人检察社会支持体系建设工作,力求给予未成年人更多的关注和更好的权益保护。本文从目前未成年人检察社会支持体系的现状出发,分析其有益经验和存在的问题,并针对存在问题提出构建与完善措施,以期为我国未成年人检察社会支持体系的有效运行和持续发展做出贡献。

【关键词】　未成年人　检察　社会支持体系　社会参与

党的十九届四中全会就进一步健全幼有所育、学有所教、弱有所扶等未成年人保护机制作出重要部署。检察机关作为法律监督机关,在保护未成年人健康成长方面,一直在做着不懈的努力。近年来,高检院发布关于加强未成年人检察工作的相关规定和制度,给予未成年人更多的关注,使未成年人的权益得到更全面、系统的保护。各地检察机关积极推进未成年人检察社会支持体系建设工作,此项工作意义重大,不仅有助于罪错未成年人更好地

---

* 作者单位:河北省玉田县人民检察院。

回归社会,也有利于更明确地进行专业化分工,提高检察工作效率。

一、构建未成年人检察社会支持体系的必要性

(一)符合未成年人刑事司法方针与原则

我国《未成年人保护法》和《刑事诉讼法》明确的"教育、感化、挽救"的方针和"教育为主、惩罚为主"的原则,是未成年人检察工作必须秉承的方针与原则。其最终目标是致力于教育感化未成年人,帮助他们回归社会,而不是对罪错未成年人予以惩戒。未成年人需要法治教育,更需要社会、学校、家庭的教育,而后者更加平和温暖,更易被未成年人接受。且基于未成年人心智还处在发展阶段,犯罪原因具有综合性、复杂性、社会性,在对未成年犯罪人进行教育、感化、挽救时,要考虑影响他们身心健康发展的环境因素,因此,依靠社会大环境的影响和帮助才更有助于教育和感化他们,有利于他们更好地回归社会。所以,在保护未成年人和预防未成年人犯罪的过程中,只有社会力量广泛参与,才能收到良好的效果。

(二)满足未成年人教育矫治的独特需求

近年来,未成年人犯罪暴力化、低龄化、极端化越发显著,导致未成年人犯罪的原因多样,要想教育矫治未成年人达到良好效果,必须提供针对性、专业化的社会服务。而检察机关因专业限制及工作压力等原因,无法全面提供多元且专业的社会服务,这决定了解决未成年人问题必须得到社会力量的支持。社会力量包括社会学、心理学、教育学等不同学科领域人才,以及与罪错未成年人的父母、老师等人。他们从不同的角度帮助未成年人克服心理障碍,重新审视自己,从而回归正途。这也在一定程度上减轻了检察机关的工作任务,使检察官得以集中精力处理未成年人司法工作,从而提升工作质效。因此,未成年人检察工作中需

要积极引入社会力量参与来弥补专业技能的缺失,为未成年人提供精准、专业的社会服务,以满足未成年人教育矫治的独特需求。

（三）遵循未成年人刑事司法规律的需要

未成年人刑事司法重点关注的是"行为人"而不是行为,关注的是行为人的"回归"而不是对行为的惩罚,因此它必然与社会参与紧密联系。有学者认为,"离开社会支持体系就不可能有少年司法。"帮教、监督、考察是少年司法工作的重要内容,目的是使未成年人回归社会,因此未成年人刑事司法的规律主要体现在社会性和非刑罚导向性。这决定了其需要积极寻求司法之外的社会参与及其支持体系。这种社会支持体系不仅能对未成年人犯罪及不法行为实现有效预防,而且通过社会接纳和社会融入的方式,使未成年人改过自新,重回社会。同时,还可以为未成年受害人提供必要的救助。未成年人检察工作社会支持体系致力于整合司法、家庭、学校及社会保护,为未成年人提供专业、全面的救助,充分保障未成年人的司法权利。

二、未成年人检察社会支持体系的实践探索

自1994年在上海市长宁区第一个少年法庭建立,到2018年2月最高检、共青团中央《关于构建未成年人检察工作社会支持体系合作框架协议》（以下简称《框架协议》）的共同签署,再到2019年4月确定北京市海淀区检察院等40个地区作为未成年人检察社会支持体系的试点单位,这30多年的发展历程证明未成年人检察工作是与未成年人检察社会支持体系相伴而生、共同发展和进步的。未成年人检察工作的顺利开展必须依靠广泛的社会力量参与,因此,各地检察机关积极探索,努力推进未成年人检察社会支持体系的建立。

目前,我国未成年人检察社会支持体系的构建尚未形成规定模式和统一标准。各地检察机关根据各自实际情况,结合地区经

济、文化特点，探索出各具特色的经验做法。大致有以下几种模式：

1. 上海市利用转介方式，提升未成年人保护的专业化。建立未成年人检察社会服务专门机构，由该专门机构将检察机关的司法保护需求转介至专业的社会组织或预防青少年违法犯罪专项组成员单位，为涉案未成年人提供教育矫治和保护救助等司法服务；上海市长宁区检察院探索"就地观护、跨区协作、异地委托"三层立体关护模式；上海嘉定实行未成年人保护处分制度，联合多个部门，吸纳社会力量，构建起了涵盖未成年人警务、检察、审判、执行各个环节的社会支持体系。

2. 四川资阳建立高危未成年人临界预防机制，利用网络大数据，智能化处理、分析未成年人信息，有效实现对未成年人的帮教、预防、保护。

3. 北京市海淀区检察院发挥"捕、诉、监、防"一体化功能，依托专业的社区工作组对涉罪未成年人进行专业化、科学化、全面化的帮教工作。北京、四川等地委托司法社工、公益律师等开展社会调查。

4. 江苏省江阴市检察院推动成立江阴市青少年权益保护协会，以政府购买服务方式，积极引入专业司法社工，将社会调查、合适成年人参与诉讼、心理疏导、观护帮教、附条件不起诉监督考察等工作交由青保协承担，建立形成由政府牵头、司法引导、多部门合作、社会力量广泛参与的未成年人综合保护工作机制。宿迁市探索"一体两翼"模式，由建立未成年人司法服务平台，有公检法和社会力量及职能部门对问题进行分流处理，并且通过线上未成年人司法服务中心云平台和心理矫治项目，全方位构筑未成年人保护网。

5. 山东潍坊探索观护帮教案件化办理模式，对涉罪未成年人的观护帮教程序独立运行，并用具体明确的工作规范约束社会参与过程，促使社会参与结果更专业、更可靠、更科学。

6. 云南昆明盘龙区检察院完善跨部门合作机制，检察机关加强与政府部门、未成年人保护组织等的合作，针对外来流动人口犯罪率高的情况，探索建立异地协作机制和特色观护基地。

7. 另外，其他地区也在积极探索，全国范围的未成年人检察社会支持体系不断丰富和完善，如福建罗源构建检察机关与政府部门联动机制、与社会力量转介机制、与法治宣教配套机制，积极推进未成年人检察社会支持体系的构建。再如，浙江等地借助民间力量在爱心企业建立社会管护基地。2019年浙江温州发布了全国首个青少年司法社工行业标准，为青少年司法社工提供了规范化的行动指引。

三、未成年人检察社会支持体系的现实困境与完善建议

（一）现实困境

从实践来看，各地未成年人检察社会支持体系的发展除了受经济发展影响、地区发展不均衡外，还存在一些问题。

1. 法律依据不足，理论研究滞后。我国未成年人司法起步较晚，仅在《未成年人保护法》《预防未成年人犯罪法》以及《刑事诉讼法》等中对社会力量参与未成年人司法做了原则性规定。这些规定对实践探索有一定的指导作用，但可操作性不强。当前我国关于未成年人检察工作社会支持体系的理论研究还相对薄弱，对检察机关和社会参与主体的职责定位、结构体系、行为界限、工作内容均没有形成统一的标准，使得社会参与主体不明、参与范围模糊、职责不清、参与度不高，导致实践中各部门难以有效对接。

2. 运行规则散乱，服务质效不高。当前未成年人检察工作社会支持体系运作主要依靠《框架协议》的指引，并未形成明确的规则。各地标准与规则不统一，没有形成规范和量化的标准指引，社会参与度及服务过程和效果都无法体现。因运行流程和环节无

法做到标准统一、规范有序，跨机构、跨区域协作及资源链接机制不健全，社会力量联动性不强，使运行的科学性和专业性大打折扣。专业化程度直接影响社会服务的实效，目前我国未成年人社会工作者储备严重不足，无法满足社会工作大量开展的需要，这在一定程度上影响了社会参与度，降低了社会支持的整体效果。然而通过吸纳专业人才进行职业培养又面临着岗位不完善、薪酬不合理等难题。未成年人检察社会工作队伍职业化、专业化、规范化建设缺位，未成年人检察社会支持体系运行质效就无法保障。

3. 配套保障欠缺，持续发展受限。目前未成年人检察社会支持体系的运行依赖公共志愿服务较多，政府购买社会服务较少，且经费保障、配套设施均不到位，社工专业人才及评价机制缺乏，后劲不足。一是资金来源不足。构建全方位社会参与需要大量人力物力的投入，资金投入有限使得辅助设备无法购买，帮教基地无法建立，专业人才无法聘请，影响社会参与的效果。二是评价机制缺位。评价机制既是考察社会工作者服务能力和服务效果的客观需要，也是监督、督促社会工作提升改进的现实需求。未成年人检察社会工作者提供的服务内容、效果需要通过检验来衡量其工作能力，从而不断提升社会服务质量，达到预期效果。评价机制不仅可以监督社会工作者积极履行职责，更能充分保障未成年人权益。未成年人检察工作社会支持体系亟须建立切实可行的评价机制确保其科学性、规范性和实效性。

(二) 完善建议

基于社会参与的多元性、复杂性以及刑事司法的特殊性，必须采取相关措施以保证社会力量参与的有序性、有效性和可持续性，即实现社会力量的规范整合、有序参与和常态进行。

1. 加强理论研究，完善顶层设计。司法制度的改革和发展要遵循司法客观规律，加强对成年人检察工作社会支持体系的相关概念及基本原理的研究，才能在尊重客观规律的基础上进一步推动未成年人检察社会支持体系的构建和创新发展。同时，应通过立法将未成年人检察社会工作进行细化，进一步明确未成年人检察社会工作者的法律地位和职责，并确定未成年人社会工作机构、组织及人员是未成年人保护与犯罪预防的重要力量。只有依据相同的原则和标准统一修订完善，才能保障未成年人检察社会工作在各机关、部门之间有序地开展，实现社会参与过程有法可依、有章可循。因此，必须统一各法律法规中关于社会参与的规定，形成统一的标准，提高社会参与的规范化。检察机关应充分发挥其统筹协调的能力，鼓励、引导、规范和监督他们依法参与未成年人犯罪预防和教育矫治工作。

2. 打造专业团队，规范运转流程。一是注重人才培养，加强队伍建设。专业化团队建设和规范化运行标准是深入推进未成年人检察社会支持体系建设工作的重要因素。未检社会工作对专业具有较高的要求，比如，对涉案未成年人进行社会调查、心理疏导、观护帮教、行为矫治、监督考察等及对未成年被害人提供心理辅导、创伤治疗等，需要根据未成年人的生理、心理特征，运用技巧和方法进行，以帮助他们达成一种良好的社会适应状态。因此，要健全专业人才培育机制，建立人才库以吸纳司法社工人员，组建专门的未成年人检察工作社会支持机构，以实现对社工人才及志愿者的统一管理，并定期组织理论培训与与实践锻炼，帮助他们提升工作能力与水平。二是整合社会力量，实现有效衔接。未成年人刑事司法涉及的部门多、专业强、领域广，各部门人员应各司其职，这就需要通过一个平台来整合各方力量，检察机关作为法律监督机关和唯一一个参与未成年人司法保护全过程的政法机关，其与社会力量合作贯穿于未成年人司法活动的始终，理应发挥好中枢作用争取社会参与，整合各方力量。同时，必须制定一系列可操作的规则，确保社会力量参与未成年人检察社会工作有序进行并发挥实效。要建立沟通与协调机制，实现专业化办案与社会参与的有效衔接。三是保障信息共享，拓展多元服务。交流沟通不畅成为社会力量参与未检工作的瓶颈，应搭建信息平台,实现资源共享,办案单位无法实现的任务可及时转介到其他合适的主体,由最合适的社会力量适时参与,另外,信息共享有利于多主体通力合作。同时规范司法社工服务标准,探索社会支持内容多元化发展,可考虑聘请教育学、心理学、犯罪学、社会学及青少年社会工作等领域的专家和志愿者,作为社会力量参与未成年人刑事司法事项的人力资源保障,从而为未成年人提供更多层次、更广领域的服务。

3. 完善保障机制,助力长效发展。一是拓展资金获取渠道。未成年人检察社会支持体系的构建离不开资金的保障,因此,必须畅通资金渠道,吸纳充足的资金,作为保障建设未成年人检察工作社会支持体系的坚实后盾。首先要优化政府购买政策。《框架协议》鼓励支持通过政府购买服务的方式引进社会服务机构,但需要注意公开引进标准,明确引进主体的资质和审查要求、招标引进流程、具体执行标准以及监督考核机制,确保引进的社会服务机构经过合理的考察监督,能够提供优质的社会服务。必须严格规范政府购买,通过严格的要求和标准,监督政府购买社会服务的过程以及社会服务落实情况,以保障社会力量参与有效性和可持续性,为未成年人检察工作社会支持体系的发展奠定良好的物质基础。其次要探索专项资金引入。加大公益资金支持,社会服务组织可根据《慈善法》申请变更为慈善组织、通过与慈善机构合作或定向募捐的方式获得资金支持。同时可考虑寻求未成年人司法保护科研立项基金投入,以保障社会力量参与未检工作的经费充分。二是健全职业保障机制。要给予未成年人司法社工合理的薪酬待遇,充分保障未成年人社会工作者的权益。要建立健全未成年人司法社工激励机制,根据人才学历、资历、职级等予以相应的优惠、奖励政策,从而吸纳更多优质人才并充分调动未成年人社工的工作积极性。还要考虑到未成年人社会工作职业发展的需要,完善相应的岗位晋升制度,拓展社工的职业发展空间。

4. 发挥检察职能,完善配套措施。一是建立考评机制,提升服务质效。建立未成年人检察社会支持体系评价机制,对社会参与过程、服务内容及效果等进行全方位评价,并根据反馈结果及时进行整改。检察机关要发挥主导作用,牵头探索科学、客观、有效的评价反馈机制,奖惩分明。这不仅有利于提高社会参与的工作质效,也有助于通过对问题的整改形成可推广的工作经验,形成良性循环促发展。二是法治教育宣讲,提高法律意识。未成年人法律意识薄弱,自我保护能力不足,对未成年人进行法治教育可帮助未成年人提高自我保护能力与风险预防能力。检察机关以保护未成年人为出发点,要将"法治进校园"巡讲活动持续进行下去。在此基础上,还可考虑检察机关吸纳未成年人犯罪学、心理学、行为学的专家学者合作,提供更全面深入的教育。另外,将法治教育对象扩大到法律知识同样匮乏未成年人的家长,开展"法治进家庭"活动,未成年人监护人通过法治学习与检察机关、学校一道,共同为保护未成年人做出努力。

认罪认罚案件量刑建议精准化研究

许 麟[*]

【摘 要】 认罪认罚从宽是刑事诉讼的一次重大变革,检察机关在认罪认罚从宽制度中承担主导责任。犯罪嫌疑人自愿认罪后,检察机关应当根据案件情况提出量刑建议,如果没有特别情节,法官一般应当采纳检察官提出的量刑建议。由此,量刑建议直接影响了犯罪嫌疑人的认罪态度和认罪认罚从宽制度的适用。检察机关应当加强认罪认罚案件量刑建议的精准化研究,切实发挥认罪认罚从宽中的主导作用。

【关键词】 认罪认罚 检察 主导 量刑

一、认罪认罚案件中量刑建议精准化的时代背景

党的十八届四中全会通过的《中共中央关于全面推进依法治国若干重大问题的决定》提出了"完善刑事诉讼中认罪认罚从宽制度",这是我国刑事诉讼领域中重要的改革措施。随后"两高"五年改革纲要中也明确提出了"推动完善刑事诉讼中认罪认罚从宽制度"的任务。2016年7月22日,中央全面深化改革领导小组第二十六次会议审议通过了《关于认罪认罚从宽制度改革试点方案》(以下简称《试点方案》)。2016年9月3日,第十二届全国

---

[*] 作者单位:河北省乐亭县人民检察院。

人民代表大会常务委员会第二十二次会议通过了《关于授权最高人民法院、最高人民检察院在部分地区开展刑事案件认罪认罚从宽制度试点工作的决定》（以下简称《试点决定》），认罪认罚从宽制度正式在北京、天津、上海等18个城市开始为期2年的试点。同年11月，"两高三部"发布《关于在部分地区开展刑事案件认罪认罚从宽制度试点工作的办法》（以下简称《试点办法》），自此认罪认罚从宽制度正式开展了试点工作。

长期以来，我国法律对罪犯认罪认罚从宽并无明确的体系规定，但有关认罪认罚从宽的精神却具有相关的法律条文（具体情形下文会详细介绍）。如实体法层面的自首、坦白等，程序法角度的简易程序、速裁程序等。但总体而言，对于认罪、认罚犯罪人如何统一落实处理仍缺乏体系上的规定，从逻辑角度上来讲就是存在着制度漏洞问题。

伴随着认罪认罚从宽制度试点工作的推进，实践中也暴露出一些问题，如值班律师的作用尚未发挥、认罪认罚自愿性的审查不力以及被告人有无上诉权存在争议等。目前，学界已对这些问题予以研讨并提出相关对策。笔者认为，认罪认罚案件的量刑建议机制同样值得我们探讨。

二、认罪认罚案件中量刑建议精准化的重要性

量刑建议，是指检察机关在提起公诉后，就有罪被告人的量刑种类和量刑幅度向法院提出的法律意见。

（一）"认罪认罚从宽"中的"从宽"体现在检察机关的量刑建议上

检察机关的量刑建议是体现"从宽"的程度和幅度的直接载体，是检察机关基于犯罪嫌疑人认罪认罚、综合全案的情况作出的一种具有司法公信力的承诺。如果是以精准量刑建议提出，检察机关在综合被告人认罪认罚各项量刑要素后，给予被

告人较为精准的减少一定幅度的从宽量刑建议，被告人能直接感受到"从宽"政策。

（二）量刑建议正确与否，关系认罪认罚的实体效果

认罪认罚案件中，由于不能对罪名及罪数进行交易，因而只涉及量刑方面的协商。最终的量刑建议结果是在控辩双方达成合意的前提下提交给法院裁判的建议范围，很大程度上也就是被告人即将被判处的刑期。因此，量刑建议的正确与否，事关认罪认罚从宽制度的实体效果，也是实践中控辩双方最关注的问题。

（三）量刑建议正确与否，关系认罪认罚的程序推进

从程序上看，量刑建议在认罪认罚案件中具有双重属性。一方面，对于犯罪嫌疑人来讲，量刑建议是检察机关与其进行协商的基础，是犯罪嫌疑人在听取值班律师的意见下与检察机关进行反复协商并最终签署认罪认罚具结书的关键；另一方面，量刑建议是检察机关对于法院刑事审判过程中自由裁量权的监督，尤其是在推进庭审实质化的刑事诉讼制度改革背景下，认罪认罚案件从简、从快的办理方式就更应该受到一定的制约。

（四）精准的量刑建议能提高诉讼效率

精准量刑建议的提出更多是针对认罪认罚从宽制度中较为简单、证据确实、无争议或争议较小的案件，检察机关通过与犯罪嫌疑人、辩护人（或值班律师）的沟通后，充分了解掌握各种法定、酌定量刑情节，收集到更为全面且准确的决定对被告人精准量刑的信息，在被告人认同并接受该量刑"处罚"的情况下，向法院提出精准量刑建议。该类案件本就大多适用速裁程序，若是再加以精准量刑建议，将能给法官更有价值的参考，在一定程度提高审判的效率。

（五）精准量刑建议能避免以往量刑建议随意性大的问题

传统量刑建议是由检察机关依职权单方面提出，不需要考虑

被告人是否认罪认罚,不需要就量刑建议与被告人及辩护人(或值班律师)进行协商,也不需要得到他们的认同,现这种传统的量刑建议在运行过程中存在随意性较大的问题。而认罪认罚中适用精准量刑建议,必须多方面考虑量刑情节,向法院提出一个精准、确定的量刑建议,更能发挥量刑建议工作的作用。

三、精准量刑建议工作所面临的困难

(一)精准量刑建议对检察机关提出了更高要求

《刑事诉讼法》第176条规定,犯罪嫌疑人认罪认罚的,人民检察院应当就主刑、附加刑、是否适用缓刑等提出量刑建议,并随案移送认罪认罚具结书等材料。因此,在认罪认罚背景下,精准量刑建议是明确的要求和趋势。检察机关在量刑工作上虽有多年的实践基础,但是以往的量刑建议一般都是幅度刑,在量刑方法和经验积累方面较审判机关而言存在较多不足,对于如何提出高质量的精准量刑建议,把握量刑的准确性,将是目前精准量刑实践工作的首要而直接的问题。

(二)精准量刑建议工作尚无全面统一的指引规范

最高人民法院《人民法院量刑指导意见(试行)》《关于常见犯罪的量刑指导意见》与福建省高院《关于常见犯罪的量刑指导意见实施细则》等对刑事案件的量刑进行了指引规范。实践中,检察机关在制作量刑建议时仅能参考以上法院的量刑指引规范,然而量刑建议制度与法院的裁判毕竟具有不同的属性、规律和要求,司法裁判具有终局性的属性,而量刑建议只是一种具有请求属性的阶段性建议,与司法裁判还是有着根本的不同,因此根据量刑建议制度自身特征和要求制定全面统一的指引规范是必然选择。除此之外,若法检两家适用的量刑方法和标准不统一,很可能造成精准量刑的采纳与否问题。实现检察机关量刑建议与审判机关量刑决定一致性的最大化也是当前工作的一个严峻问题,既

要满足检察系统内部的精准量刑建议工作,避免不同检察院、不同检察官之间"同案不同罚"的问题,也要满足与法院的衔接工作,提高精准量刑建议的采纳率。

(三)检察机关与法院及辩护人(值班律师)还存在较长时间的磨合期

对于精准量刑建议工作,一些人存在检察机关精准化的量刑建议剥夺法官量刑裁判权的错误看法。实际上量刑建议是法院形成量刑裁判的依据和参考,即使是高度精准的量刑建议也并不是法官进行量刑裁判的唯一信息来源,法官在案件办理中同样需要就定罪量刑的每一个情节进行考虑、计算。在认罪认罚案件中,若公诉人对案件量刑情节判断正确、具体量刑计算正确,且没有新的量刑情节或不予采纳的特殊情形,法院采纳量刑建议则可以提高诉讼效率,并非是量刑裁量权被剥夺。量刑建议只有经过法院的采纳,才具有终局性,否则没有预先约束力,因此不会干扰法官正常审判活动。实践,还需继续推进精准量刑建议的普及工作,以改变部分检察官和法官的固定认知和片面看法。认罪认罚工作中,除法检两家外,还多了一个重要的参与者,即辩护人或值班律师。认罪认罚制度提高了辩护人或值班律师在案件中的参与度,也可直接参与到公诉方量刑建议工作中,可以就具体量刑建议进行协商,但是一些值班律师对于认罪认罚案件的做法更多的是无条件同意公诉方的定罪与量刑,甚至成为帮助公诉方让犯罪嫌疑人同意适用认罪认罚制度的"说客",有的在还未阅卷、还未具体了解案情的情况下,就说服犯罪嫌疑人签署认罪认罚具结书,未真正发挥在认罪认罚案件中与检察机关平等、协商的作用。

四、推进精准量刑建议工作的对策措施

(一)制定全面统一的量刑标准指引规范

检察机关确定量刑建议与法院确定判决刑罚,总的来说在

思维方式和过程上有一定程度的一致性。因此实践中也多参考法院的量刑规范文件，但检察机关量刑建议工作有其自身的特点、规律和工作要求，且法院的量刑规范文件中罪名尚不周延，规定的幅度也较大，不能完全适应认罪认罚从宽制度中的精准量刑建议要求。对此，应在实践的基础上，与法院进行协商，制定全面统一的量刑标准指引规范，就刑期档次、量刑计算方法等进行统一规定，以保证认罪认罚从宽制度量刑建议的精准度和采纳率。

（二）允许一定的个案差异和设置容错机制

精准量刑建议工作的一个要点是避免同案不同罚，但一个案件往往存在数个量刑情节，现有的法院量刑指引规范也多是只能从单个情节进行规定，实践中各量刑情节的组合、叠加、冲抵，各个环节计算后难免出现一定的量刑差异。因此存在一定的个案差异是正常情况，不可纠结于绝对的"同案不同罚"。此外，量刑建议精确到与法院判决毫无差异也是不现实的，应该允许二者有一定的差异幅度，精准量刑建议的"精准"并不意味着检察机关提出的量刑建议就是完全正确的，法院在对案件进行审理时可能发现该量刑建议有所偏差，因此可就此项工作与当地法院事先沟通协调，有两种方式进行调节，一是对于法院认为量刑建议偏高，在合理范围内适当降低的，可由经办法官与公诉人进行沟通；二是对于法院认为量刑建议偏低，需要适当提高，由于认罪认罚中被告人已签署具结书，高于具结的量刑建议可能会使被告人心理预判失衡，出现被告人在审判阶段拒绝认罪认罚的情况，因此建议法院对于提高量刑的，给予书面说明。若法院判决超过量刑建议幅度较大，出现严重偏轻、偏重等情况，检察机关可就量刑畸轻、畸重提出抗诉。

（三）完善量刑建议精准性的外部保障

量刑建议的精准性取决于诸多因素，既包括公诉人对案情、证据的充分把握，确定具体量刑建议的计算方法和标准，还包括证据的质量、律师的参与等各方面。因此，为提高量刑建议的精准性和采纳率，除了在检察机关内部进行规范外，还需强化外部保障。一方面，证据的数量和质量直接关系到量刑建议的准确与否，因此需用审判的标准引导、审查证据，依法排除非法证据，强化证据把关、过滤作用，坚决防止案件"带病"起诉。可适时运用提前介入的方式，引导侦查机关规范调查取证，强化量刑证据意识，及时全面收集固定证据。检察机关可与公安机关协调配合，适时就证据的标准等问题开展交流座谈，最大限度地保障案件事实和证据能够充分全面。另一方面，律师在认罪认罚从宽案件中具有举足轻重的作用，应充分保障律师的参与度。实际上犯罪嫌疑人没有法律专业知识，一般无法判断量刑建议的合理与否，因此需要辩护人或值班律师能够站在犯罪嫌疑人的立场上，先行审核检察机关的精准化量刑建议是否科学、合理，再由犯罪嫌疑人签署认罪认罚具结书。对于律师参与认罪认罚的工作还需对相关配套制度进行完善，对于律师参与节点、阅卷时间、意见发表方式等细节进行规范，以保障律师参与认罪认罚案件的时间、对案件的了解等，使律师在认罪认罚制度中充分发挥其作用。

（四）构建全国性的刑事司法数据库，对刑事数据进行多角度分析，形成同案量刑分析报告

首先，构建全国性的刑事司法数据库是建构系统的前提。系统是对全国刑事司法数据库中海量数据进行开发、功能细化的产物，是数据库的下游产品。所以系统功能的定位务必统一在司法大数据模式顶层设计的框架内，是全国刑事司法数据库中数据的具体智能化应用。这一数据库至少应包括司法基本数据、审判流程数据、裁判文书数据、庭审活动数据、执行案件数据、诉讼服务信息等六大类。也就是说，这个数据库应包括从司法机关基本信息、审案到宣判整个诉讼的同步记录数据。当前，构建全国性的刑事司法数据库的要素已经具备，需要在顶层设计下打通各个数据平台之间的"脉络"，并在系统构建中将其海量数据进行智

能化运用。

其次,以案件为单位纵向结构类化其所有文书、视频、录音等数据,形成一个智能分析的对比系统,为司法人员提供分析结果。这一分析结果以时间、地域、动机、情节等多种量刑要素为纵轴,形成同案量刑分析报告。以故意伤害案件为例,以地域为纵轴,分析这类案件在全国范围内整体的量刑区间,量刑差异最大和最小的地区,这些地区为什么会产生如此巨大区别或几乎没有量刑区别,原因又是什么。建构在海量的数据分析基础之上的量刑分析报告囊括了所有同类案件的量刑信息,可以为检察官提出精准的量刑建议提供准确参考。

总之,认罪认罚制度涉及方方面面,需要全方位综合考量,既有刑事实体法、程序法层面的法律修改、完善,又有司法机制、体制的建构、调整和发展。认罪认罚制度的改革无疑会对我国整个刑事司法体系的发展产生不可估量的影响。而精准化的量刑建议则是推动认罪认罚案件规范化的重要环节,检察机关提供的量刑建议是公诉机关与被告人的协商与合意,是认罪认罚从宽的前提与基础,量刑建议正是基于协商与合意而具有法律约束力。在认罪认罚案件中,量刑建议是被告人认罪认罚的前提,是检察机关客观义务的体现,是裁判者量刑的依据,也是被害人服判息讼的基础。明确、规范、合理的量刑建议使犯罪嫌疑人、被告人对案件诉讼结果有清晰的预期,能更好地促使被告人与公诉机关进行有效协商、确保法官量刑裁判的精准化与统一化。

刑事执行检察办案模式选择与实现路径

张庆来 王六亿 王 兵*

【摘 要】 刑事执行检察选择"办案模式"有其必要性、现实性和紧迫性,传统办事模式在业务办理上由于缺乏对违法情形监督的受理标准和监督期限,导致监督的随意性大、久拖不决。检察机关要突出以办案为中心,刑事执行检察案件化办理模式对于行使职权的程序、方式、法律文书的适用等更为严谨和规范,有利于解决以往办事模式下监督不够规范、重点不够突出和质效不够理想的问题,同时有利于办案责任制的落实,是司法责任制改革、员额制改革的必然要求,也为刑事执行检察监督的规范化、程序化和司法化提供了制度保障,是刑事执行检察的必由之路。

【关键词】 刑事执行检察 办案 办事 证据

最高人民检察院张军检察长强调,检察机关要突出以办案为中心。法律监督必然要通过办案来实现,刑事执行检察也必须在监督中办案、在办案中监督。只有建立符合检察特点和监督规律的办案模式和工作机制,才能提高刑事执行检察工作的司法属性,使法律监督更具司法权威性和公信力。

---

* 作者单位:河北省唐山市人民检察院。

一、刑事执行检察选择"办案模式"的重要意义

刑事执行检察选择"办案模式"有其必要性、现实性和紧迫性,认清办案模式的重要意义,才能更好地指导实践。

（一）刑事执行检察选择"办案模式"的必要性

刑事执行监督是检察机关与生俱来的法定职责,同时又长期徘徊在"案件化"的边缘,2016年之前叫监所检察,号称"小检察院",职能呈现碎片化特点,多而不精、繁而杂,专业化和司法的精细度不高,主要以监管活动及监管工作人员为监督对象,特别是派驻检察以日常监督为工作常态,自然地反映在工作模式上就是以"办事"为主,监所检察部门虽属业务部门,但长期不被认同为办案部门。尤其是在诉讼案件归档时基本呈现的是"无案卡、无案号、无案卷、无结案文书、无业务档案、无办案系统"的"六无"状况。2013年11月,高检院部署运行的统一业务应用系统涉及的10项业务108个流程唯独不包括监所检察。正如执检厅王守安厅长所言,公安机关根据《治安管理处罚法》办理的治安案件,有些是典型的违法但不构成犯罪的事件,但是没人否定治安案件是"案件"。那么,为什么办理的刑事执行活动中的违法事件就不是"案件"呢?一直到2015年5月,在全国检察机关刑事执行检察工作会议上,传统的监所检察向刑事执行检察转变,才首次明确提出工作模式要从以"办事"为主向以"办案"为主转变的理念。2015年12月4日,最高人民检察院印发《关于全面加强和规范刑事执行检察工作的决定》,明确了执检工作的总体思路、工作理念、五项工作原则、三大监督领域、十一项职责、五项工作重点、四种监督方式、三种监督手段、十项禁令,执检工作才真正走向办案的轨道,要求着力改变传统工作模式存在的监督范围不明确、监督过程不规范、监督质量无法评价等问题。特别是2016年底,与刑事执行检察工作格局和"办案模式"相适

应的统一业务应用系统执检子系统部署运行,将刑事执行检察业务梳理、提炼、明确为15类案件19个流程,进行了比较全面、彻底的"案件化"再造,执检办案模式正式确立起来,彻底结束了刑事执行检察以办事模式为主、长期徘徊在案件化边缘的格局。司法办案是执检部门履行监督职责最基本的方式、手段和途径,是安身立命之本。这个艰难的迟到过程来之不易,这种升级的蝶变阶段必须珍惜,必须树立办案思维,所办理的每一起监督事项都是监督案件,从思想意识上要上升到办案的高度,从实体上、程序上、法律文书制作和适用上都要按照案件化的要求和标准来办理。

(二)刑事执行检察选择"办案模式"的现实性

传统办事模式在业务办理上,由于缺乏对违法情形监督的受理标准和监督期限,导致监督的随意性大、久拖不决;由于缺乏对违法情形的认定事实、证据收集和法律适用,导致发出的纠正违法通知书和检察建议的质量不高、监督效果不佳;由于没有结案审查报告、案件卷宗和归档,也导致办案责任制无从落实。特别是在依法治国的大背景和司法责任制改革深入推进的大前提下,执检工作由办事模式向办案模式转变更为现实。刑事执行检察人员通过审查有关法律文书等案卷材料和刑事执行监管记录,开展必要的调查核实,收集固定和运用证据查明有关事实,确定刑事执行活动是否合法,以及是否需要追究相关执行人员的责任,依法制发纠正违法通知书、检察建议书和检察意见书,这种案件化办理模式,有受理规定,具有启动的强制性,可以解决以往存在的"可干可不干"的监督随意性问题;有办理时限规定,具有时间约束性,可以解决监督虚化、监督拖延导致监督效能衰退的问题;有调查收集证据规定,具有实体性,可以解决违法事实认定缺乏根据导致监督事实认定错误的问题;有结案审查报告规定,具有释法说理性,可以解决对刑事执行违法事实定性不准、说理不清等问题。可以说,案件化办理模式对于行使职权的程序、方式、法律文书的适用等更为严谨和规范，有利于解决以往办事模式下监督不够规范、重点不够突出和质效不够理想的问题，同时有利于办案责任制的落实，是司法责任制改革、员额制改革的必然要求，也为刑事执行检察监督的规范化、程序化和司法化提供了制度保障。

（三）刑事执行检察选择"办案模式"的紧迫性

推行案件化办理模式以来，特别是2016年12月25日统一业务应用系统执检子系统上线运行后，唐山市检察院抓全员培训促办案理念更新，抓线上办理促办案规范操作，抓管控评查促办案质量提升，努力推动监督事项案件化办理，工作模式办案化转变，实现了办案信息网上录入、办案流程网上管理、办案活动网上监督、办案数据网上统计，干警的办案思维、办案理念进一步牢固，监督意识、规范意识、证据意识、责任意识逐步提高。2018年，唐山市执检部门办理的2件刑事执行监督案件被评为全国精品案件，2019年底，唐山市执检部门办理的3件刑事执行监督案件被评为全国精品案件，在规范监督、加强办案方面取得了明显进步，迈出了可喜步伐。但是不可否认，我们的案件化办理模式还不成熟，还存在诸多不规范的地方。执检部门应切实增强紧迫感，真正树立"规范监督"的理念，完善监督程序，优化监督方式，规范监督行为，提升监督质量。真正树立"加强办案"的理念，聚焦监督主责主业，深化案件的标准化办理，真正推动刑事执行检察工作模式由"办事"为主向"办案"为主优化升级。

二、努力构建以证据为核心的刑事执行检察办案模式

2018年8月20日，河北省院下发了《关于加强案件办理规范化建设的意见》，要求进一步规范刑事执行检察工作，细化和完善刑事执行监督案件的立案标准、办理流程、推动刑事执行检察从"办事模式"向"办事模式"与"办案模式"相结合转变。提出"构建以证据为核心的刑事执行检察办案模式"，就是落实省院规

范化建设意见，要求每名办案人员在发现线索、拿到案件时就立刻启动办案思维，自觉地开展认定事实、收集证据、适用法律等具有司法属性的行为。特别是要贯彻好证据裁判原则，在检察监督中，将收集固定违规违法行为证据摆在核心位置，无论审查、调查还是核查，不能随意而为，都要围绕证据展开，不办理没有证据支持的案件，不制发没有证据支持的法律文书。要强化严格依法、强化流程再造、强化调查核实、强化释法说理、强化归档留痕，努力推进办案的证据化、程序化、卷宗化、责任化、信息化，真正通过构建以证据为核心的案件化办理模式，规范执法监督，提升办案水平，增强监督刚性，实现双赢多赢共赢。

（一）强化严格依法，推动执检工作向"精准监督"转变

坚持法治思维，严格执行实体法和程序法，贯彻职权法定原则，所有检察行为，包括安全防范检查、收集固定证据和证明行为都要根据法律规定开展，根据法定职权作为，既不能越位，也不能缺位；既不能滥用，也不能失职。这是推行刑事执行检察"案件化"办理模式的前提和基础。近年来随着司法体制改革深化和检察权的内部调整，刑事执行检察部门增加了很多新的职责，高检院先后出台了一系列执法操作层面工作规范，如《人民检察院办理减刑、假释案件规定》《人民检察院办理羁押必要性审查案件规定（试行）》《人民检察院对指定居所监视居住实行监督的规定》《人民检察院强制医疗执行检察办法（试行）》等。还将出台重大案件侦查终结前讯问合法性核查的规定，对监狱、看守所检察办法等基础文件进行修改。严格执行这些规定，严格依照法定权限和程序行使权力才能于法有据，才有底气去监督别人，才能避免监督的随意性。

（二）强化流程再造，推动执检工作向"规范监督"转变

规范刑事执行检察办案模式，重点是健全办案模式的构成要素，包括办案主体和办案组织等主体要素、案件事实发生等客体要素和办案程序、证据、审批、终结意见、归档等程序和流程要素。

从权力运行程序来看,刑事执行检察办案模式应具备以下四个要素,①启动标准和程序;②审查和调查程序;③结案程序;④归档程序。① 具体讲,包括启动、管辖、审查和调查、收集证据、期限、纳入案管、审批和备案、结案和处理、归档。要明确案件化办理范围,凡属对相关当事人的权利义务产生直接影响的决定、建议和对其他司法机关的诉讼活动提出检察意见的执法活动、凡属对外需要以检察院名义出具法律文书的执法活动都必须落实案件化办理模式。要规范办理程序,建立健全线索受理、立案、依法审查或调查核实、审批处理、复议复核、跟踪整改、结案归档等完备的司法程序,切实规范受理入口、规范调查收集证据、规范工作文书、法律文书适用,真正做到依法规范、全程留痕。

(三)强化调查核实,推动执检工作向"实质监督"转变

新修改的《人民检察院组织法》第21条明确了人民检察院的"调查核实权",调查核实是检察机关行使法律监督职权的方式之一,在办理刑事执行检察案件时,根据案件需要,充分行使调查核实权,有助于提升监督的刚性和实效,有助于被监督单位对监督事项的认可。因此,在加强刑事执行办案过程中要注重打造亲历性办案模式,由简单地进行书面审查向重调查取证转变,建立健全具有刑事执行检察工作特点的调查机制,特别是可能影响变更刑事执行的重大事项都要开展亲历性调查。调查核实时要有"侦查思维",全面依法收集固定物证、书证、证人证言、刑事被执行人陈述、刑事执行执法司法人员陈述、鉴定意见、勘验检查辨认笔录、视听资料、电子数据等,主要案件事实都要有证据支持、用证据加以印证。坚持证据的客观性、关联性、合法性要求,做到取证主体合法、证据形式合法、证据来源合法、取证手段合法,依法认定事实和相关人员责任,以调查核实的高质量提升监

---

① 王守安:《论刑事执行检察办案模式》,载《人民检察》2018年10月第19期。

督刚性，树立监督权威。

（四）强化释法说理，推动执检工作向"智慧监督"转变

检察法律文书是检察机关开展释法说理的重要平台。有的法律文书只说适用哪个法条、司法解释，而不说明为什么要适用该条规定，影响了监督的严肃性和实效性。要把释法说理作为规范办案的有机组成部分，通过释法说理来提升办案的质量和效果。要坚持"精准化纠违，科学化建议"，强化证据意识、法律适用，精准对接违法情形，画好工笔画；要准确说明认定的案件事实及相关证据，对证据的客观性、合法性和关联性进行必要分析，说明采信和不采信的理由；要结合法律文书的具体内容和结论，对所作决定依据的法律、司法解释条文的具体内容予以列明，解释法律适用的理由和依据；要注重法理情的有机结合，释之以法，晓之以理，动之以情，增强司法办案的人文关怀和社会效果，增强针对性和实效性，最大限度地争取社会的理解和支持，真正使执检监督办案由数量规模型向质量效果型转变。

（五）强化归档留痕，推动执检工作向"主动监督"转变

所有与办案模式相对应的执法记录、收集证据、法律文书等都要按照要求进行归档。2016年高检院和国家档案局联合发布了《人民检察院诉讼档案管理办法》和《人民检察院诉讼文书材料立卷归档细则》，对案卷的内容、排序、装订、保存年限都有明确规定，对刑事执行检察业务部分也有具体要求，必须严格遵照执行，做到每个监督案件有案号、有案卡、有案件卷宗，并将案件卷宗归档到各院诉讼档案统一管理，确保履职全程留痕，纳入司法责任制进行管理，员额检察官对案件质量终身负责。

三、切实提升刑事执行检察办案质量和办案效果

（一）抓学习培训提素质

执检干警要认真学习刑事执行检察规范性文件，让监督和办

案有法可依。另外,加强分类分层培训、专题培训、轮训力度,使学业务、学规范、学技能经常化、日常化,全面提升司法办案水平。要借用微信群,搭建交流平台,促进学习研讨,要坚持"走出去"与"请进来"相结合,向兄弟院取经,以形式多样的学习培训促进干警素质提升。

(二)抓系统运用提质量

要强化统一业务应用系统执检子系统的"全员、全面、全程"使用与规范操作,严格按照受理、审查、结案等流程规范办理,准确填录案卡对接报表,准确制作文书体现办案质量,确保办案信息全部网上录入、办案流程全程网上管理、办案活动全面网上监督、办案数据全部网上统计,借力子系统推动监督事项案件化办理,提升办案质量。

(三)抓典型案例提氛围

张军检察长强调,一个案例胜过一打文件。案例是实践中发生的鲜活生动的教材,是最好的教科书。持续加大对执检办案模式典型案例选树力度,通过评选精品案件、优秀案件,评选优秀法律文书,营造刑事执行检察依法监督、规范办案的浓厚氛围。

(四)抓制度建设提规范

在刑事执行检察办案模式制度化建设上有所作为,鼓励各院积极探索,对办案经验进行总结,努力上升为规范,促进刑事执行检察办案工作提质提效。

(五)抓检查督导提效果

坚持以标准化卷宗模板、法律监督表格模板为基础强化案件质量标准;以检察长依职权监督、纪检监察监督、案管综合监督、部门内部监督强化案件办理监督;以定期组织案管评查、各检察室交叉检查为基础强化案件质量评查,减少司法瑕疵,确保整体办案质量得到有效提升。

监狱巡回检察制度的完善研究

王喜来[*]

【摘　要】　2019年3月12日，最高人民检察院张军检察长在十三届全国人大二次会议上所作的最高检工作报告中，展示了监狱检察制度改革取得的新成果——"派驻+巡回"检察方式。巡回检察，是检察机关主动从"供给侧"进行结构性改革而推行的一项创新性监督制度，有利于强化监督刚性，促进更好地改造罪犯。如何更好地发挥巡回检察制度的作用，需要我们在实践中继续摸索、创新理念、总结经验，切实维护好公平与正义。

【关键词】　派驻检察　监狱巡回检察　优势　完善

2018年6月以来，最高人民检察院先后在山东、辽宁、上海等8个省（区、市）开展监狱巡回检察试点。同年10月26日，十三届全国人大常委会第六次会议修订通过人民检察院组织法，将派驻检察和巡回检察并列为监狱检察的法定形式，吸收试点经验，确立了"派驻+巡回"的监狱检察新模式。自开展试点工作以来，唐山市人民检察院在借鉴试点地区有效经验、优秀经验并通过自身高标准准备、高标准实施的基础上，在2019年4月9日至6月2日期间，先后分三个批次，完成了对全部6个押犯监狱的首轮巡回检察，取得了较可观的成绩。首轮巡回检察共发现各类问题136项次，其中涉及刑罚执行方面问题25项次、教育改造

---

[*] 作者单位：河北省唐山市曹妃甸区人民检察院。

方面问题 19 项次、狱政管理方面问题 90 项次、其他问题 2 项次。首轮巡回检察中唐山市检察院向监狱制发了 16 件《检察建议书》和 16 件《纠正违法通知书》,做到了监督精准到位,激发了刑事执行检察工作新活力,促进了监狱刑罚执行和监管改造工作的依法规范开展。在充分发挥"驻"的便利上,"巡"的优势也更加凸显,与单纯的派驻检察相比,巡回检察优势明显,成效突出,实现了法律监督工作和刑罚执行工作的双赢多赢共赢。

一、单纯派驻监狱检察的弊端

(一)面广事杂人少,检察监督乏力

地级市一般都有地方监狱,由对应的市一级检察院设立派驻检察室,有的地级市还设立有省直属监狱,例如在唐山市设立冀东监狱,隶属于河北省监狱管理局。然而不管是设立一所监狱还是多所监狱,实际上派驻的检察干警人员有限,且大多年龄偏大,业务更新不足,独立办案能力欠缺。另外,日常派驻监狱检察的工作量其实很大,涉及的业务量广而杂,例如收监、出监检察,减刑假释检察,暂予监外执行检察,禁闭检察,狱政管理、教育改造检察等,平时还要负责与在押人员谈话,接收、整理举报线索,进行监狱医疗、卫生条件检察,安全防范检察,监督维护罪犯合法权益等。但人员配备却严重不足,派驻检察工作凸显人员少与任务重的矛盾,有的工作根本无暇顾及,难以落实监督到位。

(二)形式化监督问题突出

有的派驻检察机构的派驻检察人员,长年工作、生活在监管场所,容易出现被"同化"的现象,碍于情面而不愿监督、不敢监督。有的派驻检察干警责任意识不强,存在"事不关己高高挂起"的错误思想,日常保证自己在工作岗位上就行了,监狱管理方面只要别出现重大事故,也就不用担心被追究责任了。还有一部分派驻检察干警,办事模式向办案模式的观念还未转变过来,

为了应付工作任务，与监狱管理人员通过私下"商量"，监督纠正一些监狱管理中的违法违规问题，实际上根本起不到检察监督的质效。

(三) 派驻检察监督缺乏刚性

整个刑事执行检察业务呈现的一个共性问题就是检察监督刚性缺失。这样的局面跟法律的不完善与立法的滞后有着直接的关系，没有明确的法律依据，使得检察监督没有底气、没有权威。例如，发出纠正违法以后在规定时间内被监督单位不进行落实与回复，这种情况下，只能上报对应的上级检察院，上级检察院也只能与被监督单位上级机构沟通来解决，而且不一定能解决问题。所以，很多情况下，派驻监狱中进行的纠正违法、检察建议，往往无功而返，缺乏刚性，与派驻检察监督的初衷相背。

二、监狱巡回检察制度发挥的重大作用

(一) 监狱巡回检察概况

1. 监狱巡回检察的目的与价值。聚焦罪犯服刑期间改造质量，促进监狱把罪犯改造成尊法、守法公民，降低重新犯罪率，确保社会安全稳定，同时督促监狱机构依法、依规履职，惩戒并预防职务犯罪，形成监督制约的合力；抓好落实总体国家安全中内部安全体系的重要环节，提升罪犯改造的质量。

2. 监狱巡回检察的基本方式。根据巡回检察的内容和实施主体不同，最高人民检察院明确了巡回检察的四种基本方式，分别是常规巡回检察（按期对监狱日常工作进行检查监督）、专门巡回检察（集中骨干力量，结合刑罚执行和监管场所改造活动中存在的突出问题进行安排，增强监督针对性和实效性）、机动巡回检察（由各地针对常规巡回检察反馈的问题及整改落实情况进行"回马枪"式突击检察，确保问题得到解决）和交叉巡回检察（跨域巡回检察，充分发挥"陌生面孔、陌生环境"下发现问题

敏感度高、监督力度大等优势作用）。其中，常规、专门和机动巡回检察一般由对监狱负有直接监督职责的检察院组织开展巡回检察工作，交叉巡回检察一般由省、直辖市、自治区检察院组织、部署巡回检察工作。在日常开展巡回检察工作时，要根据上述几种巡回检察方式各自的特点和优势，灵活安排，互为补充，系统推进，提高监督质效。

（二）监狱巡回检察的优势

1. 深入了解被监督对象，做到精准监督。巡回检察的优势和特点是检察人员不固定、巡回方式机动灵活，有效解决了派驻检察"熟人熟事""一团和气"的问题，同时通过完善巡回检察工作机制和通过组建好巡回检察队伍，提高巡回检察的专业性，深入了解被监督对象，确保监督到位、精准监督。另外，积极引入"外脑"，提升巡回检察工作实效。根据有关规定，检察机关可以邀请司法行政、安全生产监督管理、审计等部门中具有专门知识的人参加巡回检察，让专业的人干专业的事，确保发现问题更加精准、深入。

2. 能够实现监狱检察监督工作的双赢多赢共赢。"理念一新天地宽"。对于监狱等监管场所来说，要突出刑罚变更执行、刑事被执行人人权保障、出监教育等重点。把监狱有没有致力于改造罪犯，改造得好不好作为监督导向，《刑法》第78条中罪犯享有的减刑权利是否能够完全实现，为何监狱不敢适用假释，以及刑罚变更执行活动中关于计分考核等规定是否科学、合理，是否合法，是否有利于罪犯改造等问题纳入监督视野，分析发生问题的深层次原因，提出有针对性的纠正意见，使得检察机关在履行法律监督职责中实现由被动日常监督向积极的治本监督转变，使法律监督机关定位实至名归。在这一过程中，通过监狱巡回检察的突出优势，倒逼监狱更加注重对罪犯的教育、改造，不断完善监狱管理体制、机制，同时强化对监狱工作人员渎职犯罪线索的收集、对渎职犯罪案件的侦查、办理，以促进其更好地履行监管职责、预防失职、渎职现象。这样，通过发挥巡回检察的优势作用，既有利于罪犯的改造、人权保障，又能体现出检察监督的实效，还能促进监狱工作的完善，从而实现法律监督工作和刑罚执行工作的双赢多赢共赢。

3. 监督主动性和敏感性进一步提升，监督工作更趋深、细、实。实行巡回检察，由于巡回检察人员不固定、巡回检察方式和手段更为丰富，检察人员监督的积极性和敏感性得到很大提升，职业责任感明显增强。充分利用好巡回检察的监督方式，通过巡回检察"真找问题""找真问题""真解决问题"，促使刑事执行主体保持全面履职尽责的常态压力，围绕落实"治本安全观"，推进刑事执行和刑事执行检察健康发展。在巡回检察过程中，检察人员可以依据当次巡回检察的目标和重点灵活选择检察方法，如调阅相关案卷材料以及书面、录像、电子资料，实地查看监狱内部、与罪犯谈话、向监狱民警了解情况等。在开展涉及设施安全、消防安全、食品卫生安全等专业性检察时，检察组可以邀请相关机构协助，发挥专业优势，解决检察机关人员有限和专业短板的问题。通过上述灵活、有侧重点、有效借助外力、清单化检察等多种巡回检察方式的有效结合，能够促进检察监督工作更加深入、细致、突出实效性。

4. 有效克服单纯派驻检察的弊端，倒逼派驻检察干警充分履行检察监督职责。巡回检察的优势在于可提高监督敏感度，从而有效避免派驻检察人员因熟生腐、因熟生懒等问题。此外，巡回检察的机动性和灵活性强，能够及时发现和纠正实践中出现的违法问题，并且更加注重对被监管人合法权益保障的监督，监督监狱、看守所等对被监管人的教育改造，促其成为守法公民。另外，通过对巡回检察中发现的问题的分析、研判，有哪些问题是派驻检察人员工作上的疏忽、做的不到位，哪些问题是派驻检察人员应当发现而未及时发现的，从而倒逼派驻检察人员认真、充分履行检察监督职责，与巡回检察工作形成合力，进一步提高监督质效。

三、进一步完善监狱巡回检察制度，更好地发挥巡回检察的作用

（一）整合完善巡回检察办案组织机制

为更好地发挥监狱巡回检察的全面性、专业性、机动性、灵活性等优势，有必要在省、市院成立巡回检察工作办公室，负责巡回检察组的组织调配、工作安排、协调管理。同时省、市院可以建立巡回检察人才库，将巡回检察办案能手、其他"外脑"办案力量在人才库进行登记、注册，集中进行管理、分配，以更好地发挥专业化的作用。驻监狱检察室保留至少一名检察人员，负责日常联络和跟踪落实监狱整改工作的基础上，其他派驻检察人员撤回，并整合设立巡回检察组，巡回检察组的数量及人数根据各省、市院对应的监狱数量及监狱关押罪犯数量的实际情况进行合理设置，同时可以抽调基层院执检部门的骨干力量参与巡回检察并在人才库进行登记、注册。巡回检察人才库要根据登记、注册人员的流动情况适时进行调整，以做到巡回检察办案组人员力量充足。

（二）创新巡回检察模式

在最高检确定的四种检察方式基础上，继续探索并完善以"巡回检察+日常检察"为主，专门巡回检察、省院巡回检察、跨域交叉巡回检察、机动巡回检察为补充的工作模式，既可以"兵团作战"检察，也可开展分散式检察。积极构建巡回检察标准体系，将检察内容采取清单式项目设置，增强操作性，避免随意性，也便于落实司法责任制。明确巡前准备动员、检察方法手段、情况反馈整改等要求，对同一监狱再次巡回检察时，更换主办检察官，更换巡回检察组成员。

(三) 注重巡回检察手段的有效性

坚持问题导向，在灵活运用"听""查""谈""调"等方法的基础上，采取档案检查与实地检查相对照、书面审查与谈话座谈取证相印证、重点检查与调查取证相衔接、巡察问题与落实制度相比对、规定动作与自选动作相结合的五种措施，使手段更接地气，检察更有成效。

(四) 开展岗位培训"大练兵"活动，打造优秀的巡回检察队伍

作为新时代的检察干警，要不断提升自己的专业素养，杜绝本领、能力恐慌。监狱巡回检察制度作为一项新确立的检察监督机制，大部分检察干警对其还比较陌生，尤其缺少实战经验。所以适时组织、开展巡回检察专题培训刻不容缓。定期开展专题培训，组织巡回检察办案组人员、巡回检察人才库人员学习监狱检察有关的法律法规、司法解释、规范性文件和典型监督案例，提升巡回检察监督能力和水平。聘请经验成果丰富的试点省、市检察院的专业人员进行授课与指导，有条件时，可以组织培训的人员组成办案组，深入培训当地监狱进行实践，以促成学与实践的有效结合，提高培训的质效。

(五) 完善巡回检察司法责任制，严肃责任追究

有权必有责，用权受监督，遵守权责利相一致特点，构建巡回检察官办案责任追究制，这是落实好巡回检察监督职责的必然要求。坚持以强化巡回检察责任为导向，做到具体问题具体分析。追究检察官的执法办案责任，具体而言，要根据巡回检察的职权特点，合理处理一些具体问题上发生的矛盾和冲突。同时，要严格落实巡回检察办案责任，在巡回检察过程中，对于疏忽、不认真履行巡回检察职责，对于应当依法监督纠正而未及时依法监督纠正，对发现的违法问题不予报告、瞒而不报，对依法提出纠正意见后未认真督促、检察整改落实的实际效果，对受理的控告、

举报线索等未及时调查、核实并作出处理结果,对发现的职务犯罪线索未及时进行处理,对上轮巡回检察办案组履行监督职责不到位未及时记录、上报,依据相关规定严肃追究有关巡回检察办案组成员的责任。

(六) 做好巡回检察与派驻检察的有效结合

巡回检察与派驻检察都有各自的优势,在发挥好派驻检察优势的基础上,再通过巡回检察进行检察监督深层次的推进,能够取得监狱检察监督最大效果。所以在实践中,要注重发挥"驻"的便利和"巡"的优势,充分发挥派驻检察在沟通协调中的"桥梁作用"和发现监督线索的"收音机作用",认真梳理和总结监狱执法过程中存在的突出问题并及时反馈给巡回检察组,确保有针对性地开展巡回检察。

(七) 建立并完善巡回检察质效评估机制

巡回检察中不管是发现轻微的违法情形还是严重的违法情形,不管是口头纠正还是发出纠正违法通知书或检察建议,亦或是受理控告、举报、申诉,再或者发现渎职行为需要处理,其实这些工作也是实实在在的办案行为,巡回检察本身就是有明确法律依据的检察监督。所以,既然是办理案件,案件质量的高低自然需要考核与评估,需要规范管理,以促进案件办理质效的不断完善与提升。可以参照现有的案件管理部门考核、评价案件质量的机制,由最高检牵头制定并出台巡回检察方面案件管理办法,以规范巡回检察案件办理。同时,考虑到巡回检察的特殊性即聚焦罪犯服刑期间改造质量,促进监狱把罪犯改造成尊法、守法公民,降低重新犯罪率,确保社会安全稳定,这就需要在规范巡回检察履行纠正违法、检察建议检察监督职责的同时,还应注重监督、促进监狱对罪犯改造的质量,检察机关作为其中的参与者,在这方面并不是最专业的,而社会大众的评价这时就显得极为重要。这时,可以考虑引入社会第三方力量参与评估,便于发现更多隐蔽性问题,确保巡回检察在检察监督与促进罪犯改造质量上都能发挥实效。

四、结语

在事物的发展过程中,通过量变的不断积累,才会逐渐达到质变的效果。同样,监狱巡回检察制度的完善需要在实践中量变的不断积累。监狱检察监督经历了从便利监督、独立监督到有效监督的蜕变,监狱巡回检察制度的确立经历的是一条实质化的改革道路。监狱巡回检察是检察方式和检察理念的一次革新,对于提升检察监督工作整体实效,推动新时代检察工作创新发展具有重要意义。继续探索、完善监狱巡回检察制度仍然任重而道远,需要全体检察人继续用心、用力,扬帆远航!

检察机关提起刑事附带民事公益诉讼需要厘清的三个关系

马淑亚*

【摘 要】 2018年3月2日，最高人民法院、最高人民检察院《关于检察公益诉讼案件适用法律若干问题的解释》规定了检察机关可在生态环境资源和食品药品等领域提起刑事附带民事公益诉讼制度，该项制度涉及刑事诉讼和民事公益诉讼，涉及检察机关内部刑事检察部门与公益诉讼检察部门，如何充分发挥刑事附带民事公益诉讼制度的作用，检察机关需要厘清刑事附带民事公益诉讼与刑事附带民事诉讼、刑事责任与民事责任、刑事检察与公益诉讼检察三个关系。

【关键词】 检察机关 刑事附带民事公益诉讼 三个关系

为节约司法资源，高效保护公益，2018年3月2日，最高人民法院、最高人民检察院在《关于检察公益诉讼案件适用法律若干问题的解释》中确立了检察机关可在生态环境资源和食品药品等领域提起刑事附带民事公益诉讼制度。2018年1月至11月，全国检察机关提起刑事附带民事公益诉讼1954件，占起诉案件总量的76.33%[1]，刑事附带民事公益诉讼制度将刑事处罚与民事赔偿结

---

* 作者单位：河北省唐山市人民检察院。

[1] 最高人民检察院通报2018年检察公益诉讼工作情况，http://www.spp.gov.cn/spp/zgrmjcyxwfbh/zgjtbjnjcgyssqk/index.shtml，2019年7月10日。

合起来，对违法行为形成双重打击，在保护社会公共利益上发挥了重要作用。但是，实践中也暴露出很多问题，比如，实体上，民事经济损失与刑事责任是否有关系，履行民事赔偿责任能否减轻刑事责任，追究被告人刑事责任后民事赔偿能否执行到位等；程序上，检察机关是否需要履行诉前公告程序，刑事公诉人与附带民事公益诉讼起诉人能否由同一人担任，刑事检察与公益诉讼检察如何衔接；等等。笔者认为，检察机关提起刑事附带民事公益诉讼需要厘清以下几个关系。

一、刑事附带民事公益诉讼与刑事附带民事诉讼的关系

刑事附带民事公益诉讼可以说是由刑事附带民事诉讼派生而来，《刑事诉讼法》第101条第2款规定，因被告人的犯罪行为致使国家财产、集体财产遭受损失的，人民检察院在提起公诉的时候，可以提起附带民事诉讼。这是检察机关提起刑事附带民事诉讼的基础规定。因此，在检察机关提起公益诉讼试点工作中发现，在生态环境资源、食品药品领域违法行为人的违法行为不仅构成犯罪，而且也可能侵害了生态环境、不特定消费者权益等社会公共利益，可参照刑事诉讼法关于刑事附带民事诉讼的规定由检察机关在提起公诉的同时，提起附带民事公益诉讼。此制度更是在检察公益诉讼全面开展以后，在"两高"公益诉讼司法解释中确立下来。但是实践中部分检察机关以及人民法院将刑事附带民事诉讼与刑事附带民事公益诉讼进行了混淆，存在"同案不同提，同案不同判"的现象。例如，资阳市雁江区人民检察院诉陈某某刑事附带民事公益诉讼案，陈某某因涉嫌非法采矿罪被提起公诉，检察机关认为陈某某破坏了国家矿产资源，并提起附带民事公益诉讼要求赔偿国家矿产资源损失247049.6元、鉴定费用20404

元，共计 267453.6 元的民事赔偿责任，诉讼请求得到人民法院支持。① 隆昌县人民检察院诉曾某刑事附带民事公益诉讼案，曾某因涉嫌非法采矿被提起公诉，检察机关认为曾某造成了国家矿产资源损失和土地及周边生态环境破坏，并提起刑事附带民事公益诉讼，要求赔偿国家矿产资源损失 111 万余元，并按确定方案修复非法采矿破坏区域的矿山地质环境和土地，诉讼请求得到人民法院支持。② 同样是非法采矿案件，造成国家矿产资源损失，生态环境破坏，但是诉讼请求不同，这是源于检察机关与人民法院对于刑事附带民事公益诉讼还是刑事附带民事诉讼没有统一明确的认识。

（一）法律依据不同

附带民事公益诉讼主要依据为《民事诉讼法》第 55 条第 2 款的规定，是对破坏生态环境和资源、食品药品安全领域侵害众多消费者合法权益等损害社会公共利益的行为提起的诉讼，重点在于损害社会公共利益。附带民事诉讼主要依据为《刑事诉讼法》第 101 条第 2 款规定，因被告人的犯罪行为致使国家财产、集体财产遭受损失的，人民检察院在提起公诉的时候，可以提起附带民事诉讼，重点在于国家财产、集体财产遭受损失。

（二）诉讼地位不同

最高人民法院《关于适用〈中华人民共和国刑事诉讼法〉的解释》第 142 条第 2 款规定："人民检察院提起附带民事诉讼的，应当列为附带民事诉讼原告人。"而最高人民法院、最高人民检察院《关于检察公益诉讼案件适用法律若干问题的解释》第 4 条规定人民检察院以公益诉讼起诉人身份提起公益诉讼。

---

① 资阳市雁江区人民检察院诉陈某某刑事附带民事公益诉讼案，载 http://www.zyyjcy.gov.cn/info/820.htm，2019 年 7 月 22 日。

② 四川首例非法采矿公益诉讼案宣判，载 http://www.sc.jcy.gov.cn/jwzn/gyss/201804/t20180418_2184350.shtml，2019 年 7 月 22 日。

有的人民法院对检察机关提起的刑事附带民事公益诉讼，仍将检察机关列为附带民事诉讼原告人。

（三）请求范围不同

检察机关提起的刑事附带民事诉讼是国家财产、集体财产遭受损失，并且限于物质损失。检察机关提起的刑事附带民事公益诉讼，主要从弥补社会公共利益角度考量，违法行为人应支付遭受到损害的生态环境恢复至正常使用功能期间合理支出的费用，包括应急性处置费用、生态环境修复费用、服务功能损失以及检验、鉴定及其他合理费用。笔者认为，前述案例矿山资源虽然属于国家所有，其遭到非法开采，国家矿山资源遭受损失，但并不必然导致生态环境遭到破坏，生态环境修复更是与国家矿产资源损失不同，国家矿产资源损失属于提起附带民事诉讼范围，生态环境修复属于提起附带民事公益诉讼范围，四川首例非法采矿刑事附带民事公益诉讼案件同时提起了国家矿产资源损失与生态环境修复，将附带民事诉讼与附带民事公益诉讼结合起来，不失为一种创新。

（四）诉前程序不同

对于刑事附带民事诉讼，最高人民法院《关于适用〈中华人民共和国刑事诉讼法〉的解释》第142条第1款规定："国家财产、集体财产遭受损失，受损失的单位未提起附带民事诉讼，人民检察院在提起公诉时提起附带民事诉讼的，人民法院应当受理。"可以看出，检察机关提起附带民事诉讼的前提是受损失的单位未提起。笔者认为，国家矿产资源损失应为矿产资源主管部门提起较为恰当，这也符合目前实行的生态环境损害赔偿制度。对于刑事附带民事公益诉讼，是否需要履行提起民事公益诉讼的诉前公告程序，还存有争议。一种观点认为立法尚未明文规定以及出于保密规定可不履行诉前公告程序。另一种观点认为附带民事部分属于民事案件范畴，在刑法无规定的情况下应当适用民事诉讼法规定①。实践中也有不同的做法，是否公告仍需要进一步明确。

二、刑事责任与民事责任的关系

我国的法律责任制度包括三方面：一是刑事责任，二是民事责任，三是行政责任。刑事责任、民事责任、行政责任在产生的原因、适用的法律、追究责任的形式、承担责任的形式方面均有不同。刑事附带民事公益诉讼使得被告人既承担刑事责任，同样也承担民事责任。对于两种责任的承担，司法实践中出现了很多问题。

（一）刑事责任与民事责任可否替代

在某县人民法院判决的葛某污染环境刑事附带民事公益诉讼案件中，检察机关提出诉讼请求之一为，为判令葛某在省级新闻媒体上对污染环境损害社会公共利益的行为赔礼道歉，但是人民法院认为葛某已经受到刑事处罚，对于检察机关该项诉讼请求不予支持。葛某污染环境的行为即是一种侵权行为，在违法行为触犯刑法的情况下，虽需受到刑事追究，但也需要承担民事责任。从最新的法律规定来看，《民法典》第187条规定"民事主体因同一行为应当承担民事责任、行政责任或者刑事责任的，承担行政责任或者刑事责任不影响承担民事责任。"第179条规定了停止侵害、排除妨碍、消除危险、返还财产、恢复原状等多种承担民事责任的方式。以上民事责任形式与刑事责任的判处刑罚、罚金、没收财产并不相同，《民法典》第187条还规定："民事主体的财产不足以支付的，优先用于承担民事责任"，这也表明罚金与赔偿损失也不可替代。此外，最高人民法院、最高人民检察院《关于

---

① 罗田田：《刑事附带民事公益诉讼应当适用诉前公告程序》，载公益诉讼研讨微信公众号，2018年6月15日。

办理环境污染刑事案件适用法律若干问题的解释》将"造成生态环境严重损害的"作为污染环境犯罪严重程度量刑情节之一，并明确生态环境损害包括生态环境修复费用，生态环境修复期间服务功能的损失和生态环境功能永久性损害造成的损失，以及其他必要合理费用。因此，刑事责任与民事责任不仅不可互相替代，检察机关因追究民事责任所委托鉴定机构对污染的环境进行恢复治理所做的生态环境修复费用也将影响到被告人刑事责任的承担。

（二）承担民事责任能否减轻刑事责任

根据最高人民法院《关于适用〈中华人民共和国刑事诉讼法〉的解释》第157条规定："审理刑事附带民事诉讼案件，人民法院应当结合被告人赔偿被害人物质损失的情况认定其悔罪表现，并在量刑时予以考虑。"虽然此条是规定刑事附带民事诉讼，但在刑事附带民事公益诉讼案件中可以参照。最高人民法院、最高人民检察院《关于办理环境污染刑事案件适用法律若干问题的解释》第5条明确规定："实施刑法第三百三十八条、第三百三十九条规定的行为，刚达到应当追究刑事责任的标准，但行为人及时采取措施，防止损失扩大、消除污染，全部赔偿损失，积极修复生态环境，且系初犯，确有悔罪表现的，可以认定为情节轻微，不起诉或者免予刑事处罚；确有必要判处刑罚的，应当从宽处罚。"因此，行为人积极承担民事责任，将会对其刑事责任产生非常大的影响，但是在实践中一定要严格遵守法律规定，既不能出现以刑事责任代替民事责任的情形，也不能出现以承担民事责任代替刑事责任的情形。

（三）刑事责任与民事责任的被告人是否同一

笔者认为，刑事附带民事公益诉讼中刑事责任与民事责任的认定、承担适用《刑法》《民法典》等不同法律，可以根据不同法律的规定追究责任人，刑事责任与民事责任被告人可以不同一，但是也应有所关联。刑事附带民事诉讼中规定的赔偿主体除被告人之外，还有其他几类。最高人民法院《关于适用〈中华人民共和国刑事诉讼法〉的解释》第143条规定："附带民事诉讼中依法负有赔偿责任的人包括：（一）刑事被告人以及未被追究刑事责任的其他共同侵害人；（二）刑事被告人的监护人；（三）死刑罪犯的遗产继承人；（四）共同犯罪案件中，案件审结前死亡的的被告人的遗产继承人；（五）对被害人的物质损失依法应当承担赔偿责任的其他单位和个人。附带民事诉讼被告人的亲友自愿代为赔偿的，应当准许。"在刑事附带民事公益诉讼案件中，对于单位实施环境污染犯罪的，对直接负责的主管人员和其他直接责任人员定罪处罚，但是民事赔偿责任却不是由主管人员和其他直接责任人员承担，应根据《民法典》第1191条"用人单位的工作人员因执行工作任务造成他人损害的，由用人单位承担侵权责任"之规定由单位承担民事赔偿责任。

三、刑事检察与公益诉讼检察的关系

检察机关办理的刑事附带民事公益诉讼案件涉及刑事检察部门及公益诉讼检察部门两个内部职能部门，办理好刑事附带民事公益诉讼案件，需要做好刑事检察与公益诉讼检察的衔接。

（一）做好公益诉讼案件线索的发现与移送

《民事诉讼法》第55条第2款规定，公益诉讼案件线索来源为"履行监督职责中发现"，批捕、公诉等检察监督职责是公益诉讼案件线索发现的重要来源。刑法中与生态环境资源领域、食品药品安全领域直接相关的罪名很多，常见的有：污染环境罪、非法占用农用地罪、滥伐林木罪，盗伐林木罪、非法捕捞水产品罪、非法狩猎罪、非法采矿罪、生产销售伪劣产品罪、生产销售假药罪、生产、销售劣药罪、生产、销售不符合安全标准的食品罪、生产、销售有毒有害食品罪、生产、销售不符合标准的卫生器材罪等。在批捕、起诉环节，刑事检察部门的检察人员可以第一时间与公益诉讼检察部门联系，由公益诉讼检察部门人员审查是否涉及侵害社会公共利益，或者刑事检察部门的检察人员自行审查是否涉及侵害社会公共利益。

（二）互相协作审查案件证据

刑事案件审查与公益诉讼案件审查有很大不同，刑事案件多为定性分析，判断是否构成犯罪，而公益诉讼案件多为定量分析，考虑损害后果为多大，双方需要的证据亦有区别。但是双方证据也可互相补充使用。例如，污染环境罪，非法排放、倾倒、处置危险废物3吨以上即构成立案追诉标准，但是违法所得或者致使公私财产损失30万元以上的构成"严重污染环境的"情形，致使公私财产损失100万元以上的构成"后果特别严重"，成为污染环境罪量刑加重情节。公益诉讼检察部门对犯罪嫌疑人污染环境后果进行鉴定，该鉴定结果可成为刑事犯罪案件量刑依据。再者，某县办理的石某非法处置废油桶污染环境案，公安部门报送检察机关批准逮捕时仅报送石某一人，公益诉讼检察部门发现环境污染后果并非石某一人造成，为其提供废油桶的"上游"也应构成共同侵权，对污染后果承担赔偿责任，与刑事检察部门讨论后由公安部门继续对"上游"补充侦查，公益诉讼检察部门同公安部门一同对"上游"四家钢铁公司进行了调查，对调取证据进行互相转换，致使该污染环境案不仅处置了直接行为人，也对"上游"危废生产企业进行了打击，规范了固体废物处置程序，避免企业将处置成本转嫁社会承担。

（三）共同做好出庭应诉工作

对于刑事附带民事公益诉讼案件的出庭，实践中一般由刑事检察部门出庭公诉刑事案件，公益诉讼检察部门出庭起诉附带民事公益诉讼案件，双方各自就各自控告、起诉事实举证，发表意见。有的人提出两方举证皆因同一违法犯罪行为，刑事证据与民事证据亦多有相关，为了避免两个部门协调沟通不畅，出现庭审矛盾的情况，应将刑事附带民事公益诉讼案件出庭交由一个部门办理，甚至此类刑事涉公益案件也交由一个部门办理。在本次检察机关内设机构改革中，多地亦考虑到生态环境资源领域刑事犯罪多涉及公益，避免两个部门重复审查以及沟通不畅，将此类刑事案件审查职责由公益诉讼检察部门承担，不失为一种有效方案。但是无论刑事附带民事公益诉讼案件由一个部门办理还是两个部门办理，均需要遵循刑事诉讼法、民事诉讼法不同的法律规定及原则，保证案件客观公正，仍需要检察机关在实践中不断探索。

逮捕案件公开审查规范化研究

姚文卿[*]

【摘　要】　逮捕作为审前程序的重要组成部分，理应具有基本的诉讼构造。逮捕案件公开审查，简言之就是在审查逮捕阶段就犯罪嫌疑人是否应当受到逮捕，通过采取公开审查的方式进行裁决。逮捕案件公开审查的探索，在创新工作模式、广泛听取各方意见、促进批捕权公开、谨慎运行，督促侦查机关谨慎提捕等多方面起到积极的作用。但也要看到，公开审查在程序启动、审查内容、制度运行等方面还具有很大的随意性。长远来看，只有不断明确制度适用范围、规范制度运行模式、健全制度运行基础，才能真正发挥逮捕案件公开审查的公开、公正的程序价值。

【关键词】　逮捕　公开审查　规范化　亲历性

逮捕案件公开审查是"以审判为中心"诉讼制度改革背景下检察机关批捕程序改革的重要探索，其根源于审前程序诉讼化变革的时代背景，发展于检察机关批捕权正当性的理论探讨，目的是通过公开审查的机制，改变当下审查逮捕部门办案的模式。但在我国当前，逮捕案件公开审查尚处于起步阶段，程序上没有法律明文规定，理论界与实务界在制度主体、内容、方式等方面均未达成统一的认知。逮捕案件公开审查的进一步发展需要在明确

---

[*] 作者单位：河北省唐山市曹妃甸区人民检察院。

其纯粹功能的基础上,通过主体、程序、内容、效力等方面的构建,不断推动制度的规范化运行。

一、逮捕案件公开审查的现实背景

近年来,理论界对符合我国国情的审查逮捕运行模式争论不休,立法上也不断对检察机关批准逮捕权的构建和运行机制加以规制和完善。从已有的讨论来看,无论是主张取消检察机关批捕权的学者,还是认同检察机关批捕权正当性的学者,基本上都认为在当前的发展阶段应当按照公开审查的方式来改革审查逮捕方式。

(一)逮捕案件公开审查的内涵

逮捕案件公开审查,简言之就是在审查逮捕阶段,就犯罪嫌疑人是否应当受到逮捕,通过采取公开审查的方式进行裁决。在检察机关的主持下,侦查机关、犯罪嫌疑人及其律师、被害人及其相关诉讼参与人参加,就侦查阶段所获得的事实材料能否对犯罪嫌疑人进行逮捕进行陈述、质证、辩论的程序。

(二)审查逮捕程序之缺陷

党的十八届四中全会提出要推进以审判为中心的诉讼制度改革,而逮捕作为审前程序的重要组成部分,理应具有基本的诉讼构造。虽然修改后刑事诉讼法在审查逮捕程序上新增了讯问犯罪嫌疑人、询问证人等诉讼参与人、听取辩护律师意见的规定,但从形式上看,审查逮捕程序行政化和封闭性的特点仍然存在。

1. 程序正当性不足。首先,审查逮捕程序在运作过程中形式上的公正性不足,容易诱发批捕程序意义上的正当性危机。审查逮捕制度在听取各方意见方面的完善已经基本能够保障犯罪嫌疑人的实体权利,但犯罪嫌疑人及其律师仍然很难真正参与程序运作,对是否批捕的决定影响有限。① 这与审查逮捕程序所要求的多方参与性与公开性的原则相悖,一些学者正是依此认为我国审查逮捕制度具有秘密性,批判当前批捕权的滥用。

2. 信息来源单一。现行审查逮捕程序的设置决定了检察机关决策信息来源的单一性,检察机关所能获得的只是来自侦查机关所提供的信息。卷宗书面审查形式化又使得案卷笔录中心主义在审查逮捕阶段的作用凸显。检察机关除通过卷面审查的方式分析案情、讯问犯罪嫌疑人外,没有其他方式和途径获取更多信息。承办人如果不能在讯问犯罪嫌疑人时全面了解案情、听取犯罪嫌疑人意见,便极易引发疏漏。

3. 社会危险性判断偏差。我国刑事诉讼法将逮捕的条件概括为有证据证明有犯罪事实、可能判处徒刑以上刑罚、有社会危险性三个层次。就其他两个层次而言,社会危险性的审查带有更高的主观特性。承办人对社会危险性的判断往往基于卷宗所体现的犯罪事实和前科劣迹,面对大量案件事实与有罪陈述,承办人极易忽视犯罪嫌疑人的反馈和异议,这也常常导致对社会危险性的判断失于客观。

正是逮捕程序存在上述弊端,使得审查逮捕制度变革在当下的法治环境下显得尤为重要,而以公开审查的方式来弥合审查逮捕缺陷的理论已逐渐发展成学界共识。

二、逮捕案件公开审查的规范化构建

逮捕案件公开审查的探索,在创新工作模式、广泛听取各方意见,促进批捕权公开、谨慎运行,督促侦查机关谨慎提捕等多方面起到了积极的作用。但也要看到,公开审查在程序启

---

① 参见郭松:《质疑"听证式审查逮捕论"——兼论审查逮捕方式的改革》,载《中国刑事法杂志》2008年第5期。

动、审查内容、制度运行等方面还具有很大的随意性。长远来看，只有不断明确制度适用范围、规范制度运行模式、健全制度运行基础，才能真正发挥逮捕案件公开审查的公开、公正的程序价值。

（一）明确制度适用范围

随着理论探讨的不断深入，理论界对公开审查达成共识的同时却在适用范围和幅度上出现了较为明显的分歧。一是借鉴西方治安法官制度，主张公开审查应当由重大疑难复杂案件、未成年人案件等特殊案件逐渐推广到所有案件，使其成为审前程序的诉讼化常态。二是认为公开审查的范围应当限定在事实清楚、证据确实充分，可能判处3年以下有期徒刑，但社会危险性存在争议的案件，目前各探索省市大多针对此类案件作为试点。

笔者认为，对逮捕案件公开审查范围的探讨应当从公开审查的目的出发结合逮捕案件办理的实际，逮捕案件公开审查作为一项渐进式的阶段性改革，核心价值就是回归到"正当法律程序"的司法理念，以符合公开、公平、公正的司法要求，弥补逮捕程序意义上的正当性危机。中国审查逮捕制度本身合理化的矛盾应当在吸取他者或域外经验的同时，强调自我或本土经验基础以及双方的互动关系，最终走一条既符合国情，又符合法治发展趋势的新路径①。

1. 公开审查的核心内容

从诉讼程序上看，逮捕并不是刑事诉讼的独立阶段，它在时间节点上位于侦查阶段，对案件的公开审查当然要尊重侦查阶段的特有属性。在犯罪嫌疑人对事实和证据有疑问的情况下进行公开审查，会在证据条件既不充分、也不全面的客观情况下，为犯

---

① 左卫民：《司法化：中国刑事诉讼修改的当下与未来走向》，载《四川大学学报（哲学社会科学版）》2012年第1期。

罪嫌疑人隐瞒事实、毁灭证据提供参考。即便犯罪嫌疑人在当前阶段对证据没有异议，对证据的公开审查也会有提前暴露证据的风险。从这一角度考虑，犯罪嫌疑人对于事实和证据有疑问的案件和认罪案件中事实和证据问题不应采用公开审查的方式解决。考虑到公开审查的目的，为防止程序烦琐、拖沓，防止侦查阶段案件秘密泄露等综合因素，应当将逮捕案件公开审查的范围限定在认罪案件中犯罪嫌疑人的社会危险性方面为宜。

2. 公开审查的案件类型

值得注意的是，大部分的试点单位在上述审查内容的基础上进一步将公开审查的范围限定在可能判处3年以下有期徒刑的轻微刑事案件。从公开审查的可行性和效率效果等层面分析，可能判处3年以上有期徒刑的案件重大、复杂，公开审查的难度较大，也更易发生影响侦查的情形。但以整体制度的设想与价值选择出发，规范运行下的公开审查制度并不排斥可能判处3年以上有期徒刑的案件。结合当下制度可行性及运行效率，建议对符合上述条件的3年以下轻微刑事案件原则上公开审查，对3年以上的重大刑事案件，依申请，并由检察机关决定是否公开，以平衡制度价值与现实可行之间的矛盾。

（二）规范制度运行模式

1. 明确参与主体及举证责任

（1）参与主体。逮捕案件公开审查体现了逮捕诉讼化的司法属性，依照程序正当的原则，参与审查的主体应当在某种程度上体现诉讼形态的三方结构，以弥合审查逮捕阶段公开性、辩论性、亲历性不足的缺陷，其中理想的三方结构应当由提请批准逮捕的侦查机关、侦查人员担任控方，犯罪嫌疑人、辩护人及其亲属担任辩方，承办检察官居中审查，同时听取被害人及其亲属意见。为达到上述功能，有的地方尝试将公开审查的场所设置在看守所内，以便律师及承办检察官可以随时听取犯罪嫌疑人意见；有的将公开场所设置在检察机关内部，或者由辩护律师代理犯罪嫌疑人参加，间接完成对犯罪嫌疑人意见的听取；也有的地方甚至采用远程视频的形式使得犯罪嫌疑人可以直接在看守所讯问室内参加审查[①]。在此过程中，部分学者对公开审查过程中是否应当由犯罪嫌疑人直接参与存在异议。笔者认为，公开审查的纯粹功能希望犯罪嫌疑人的亲历与程序的对抗。但在操作过程中，犯罪嫌疑人出席公开审查的可行性较低，一方面犯罪嫌疑人的参与使得侦查秘密处于随时泄露的危险状态，另一方面在共同犯罪案件中犯罪嫌疑人出席公开审查的操作性差，极易造成程序拖沓、冗长，与制度设想下的效率原则相悖。故在当前制度与技术双重限制下，笔者对犯罪嫌疑人参与公开审查持保守态度。

（2）举证责任。上文已论述，公开审查应以审查社会危险性为宜，而是否具有社会危险性的判断，又需要承办人综合全案、结合证据，依据经验综合考量。逮捕过程的准司法化属性天然地要求在举证责任分配上应当由侦查机关提出社会危险性方面的事实与证据（展示逮捕必要性的证据），并结合全案进行说明。以此证实适用逮捕强制措施的依据。一方面，辩护人及犯罪嫌疑人近亲属应当就不适用逮捕进行说明，为承办检察官全面考量社会危险性提供参考。另一方面，承办人在保证公开程序顺畅的同时，适当引导侦查人员与犯罪嫌疑人方就社会危险性方面展开针对性的辩论，对促使侦查机关谨慎提捕也有较大的作用。

2. 规范制度运行及审查效力

逮捕案件公开审查作为在审查逮捕诉讼化发展趋势下演进出来的一项新的制度，其必然将在日后的审查逮捕工作中趋于常态，那么保障制度在运行过程中的合理、规范就显得尤为重要。

（1）创新制度启动方式。逮捕案件公开审查试点中，程序的

[①] 于萌、郭佳、张伟：《逮捕案件公开审查制度基本问题研究》，载《法制与社会》2015年第33期。

启动往往由检察机关自主选择、自行联系，具有很大的随意性和不稳定性，同时也不能充分发挥公开审查的预设功能。规范条件下逮捕案件公开审查的启动方式应当包括依职权启动与依申请启动两种。依职权启动，即检察机关经审查认为案件符合公开审查条件，且对案件的社会危险性认定有异议的，可以依职权组织召开。依申请启动，指犯罪嫌疑人及其家属、辩护人、侦查机关可以向检察机关提出申请，检察机关接到申请后，对符合条件的应当公开审查，对不符合条件的应当书面告知原因，以保证公开审查启动方式的稳定性。此处需要强调的是，提出申请的时间应当予以约束，防止提请程序对正常逮捕程序的干扰。

（2）细化组织召开流程。需要特别指出的是，检察机关对逮捕案件公开审查的，应提前讯问犯罪嫌疑人，听取犯罪嫌疑人对公开审查议题的意见。组织召开应当提前告知各方关于议题等各方面内容，保证各方充分准备。①

（3）明确公开审查效力。公开审查的结果应当作为检察机关是否批准逮捕犯罪嫌疑人的重要参考，但不应当是决定因素，是否逮捕应综合案件书面审查、公开审查而作出决定。因此公开审查当场，主持人并不作出是否逮捕的决定，但承办人应在报告中注明公开审查的过程和各方意见及对各方意见的处理意见，有条件的，可以将处理意见的采纳及说理情况向各方送达。

三、逮捕案件公开审查的运行基础

程序的设计不可能兼顾完美，但是应当达成制度设计所预想的纯粹功能。逮捕案件公开审查的制度设计既要考虑公开、亲历等价值追求，同时也要兼顾程序与职权的局限，否则不仅无法达

---

① 柯志欣、刘宪章：《审查逮捕程序诉讼化改革之思考》，载《中国检察官》2014年第11期。

成制度设计的初衷,甚至可能对当前的矛盾推波助澜。

(一) 兼顾程序与效率

检察机关审查逮捕的期限是 7 日,即便不考虑当前案多人少的矛盾,在如此短的期限内完成公开审查的全部流程,也对程序的顺畅、高效提出较高的要求。 公开审查的目的是通过这一程序设计合并听取各方意见的过程,提高办案效率。从效率的层面要求,公开审查组织召开的全过程要极大地优于分散实施听取意见。程序运行过程的拖沓极易使承办人在案件事实全面审查和逮捕案件公开审查之间顾此失彼。

(二) 平衡审查与侦查

1. 平衡公开与秘密

审查逮捕在时间点上处于侦查阶段,必然牵涉到公开审查与侦查秘密的平衡问题。虽然我们将公开审查的内容放在认罪案件犯罪嫌疑人社会危险性层面。但伴随侦查人员、犯罪嫌疑人近亲属参与审查,相关证据和事实仍然处于随时泄露的状态,严重的甚至可能妨碍侦查活动的展开。因此,程序设计之初就应当考虑在公开审查过程中相关配套保密制度的构建。

2. 确保侦查机关参与

现阶段逮捕案件公开审查程序没有法律的明确规定,制度上也缺乏相关规范支撑。从参与性的角度来看,检察机关在召开公开审查的过程中仅有邀请侦查机关参与的权利,但侦查机关是否参与、如何参与,检察机关却无法提出要求。侦查机关参与的不确定性极易造成程序的不完整和不稳定。这不仅需要相关法律法规的规制,更需要公、检双方在制度实施过程中不断探索、推进。

(三) 公开审查亲历性保障

实践中,在对事实和证据无异议的情况下,犯罪嫌疑人拥有

---

① 于萌、郭佳、张伟:《逮捕案件公开审查制度基本问题研究》,载《法制与社会》2015 年第 33 期。

辩护律师的比例较低，犯罪嫌疑人无法在审查当场发表意见也使得公开审查过程亲历性缺失。近亲属与犯罪嫌疑人沟通不畅导致无法全面客观反映犯罪嫌疑人的观点。辩方力量的相对薄弱在公开过程中的表现更是显而易见。这一背景下如何保障犯罪嫌疑人一方的参与及意见表达，是制度设计面临的难点之一。

逮捕案件公开审查，是检察机关批捕程序改革的重要探索。其公开性、辩论性、亲历性的特点对提高司法办案效率、深化检务公开、推动检察权规范配置具有积极作用。但当下逮捕案件公开审查程序的创新仍需要检察机关在实践基础上严谨论证，不断完善。在已有的操作经验的基础上，积极探索制度层面的和技术层面的规范化发展之路。

运行与管理

牢记初心使命 维护公共利益
以公益诉讼为牵引全面提升基层院建设水平

王青松 杨 达[*]

【摘 要】 公益诉讼是检察机关的一项新职能,检察机关是公共利益的代表。基层检察院在检察机关体系中居于基础性、根本性地位,处于神经末梢,与人民群众接触最普遍、最广泛,基层检察院的执法司法水平直接影响人民群众对检察机关的整体印象与看法。新时代检察机关应当着力夯实基层基础,以公益诉讼改革为契机,激发基层院建设整体活力,全面提高基层检察院的权威和公信力。

【关键词】 公益诉讼 服务大局 监督共赢 生态环境

当前司法体制改革持续深化,唐山检察机关在上级院的坚强领导下,全面贯彻落实《关于新形势下加强政法机关队伍建设的意见》和高检院、省院关于加强基层院建设的相关部署,围绕争创"一流检察机关"的工作目标,始终坚持以人民为中心,着力以公益保护激发改革活力,全面推进新时代基层院建设,相关工作一直处于全省先进行列,所辖基层单位被评为全国模范检察院、先进检察院以及科技强检示范院,市院机关被评为全国文明单位。

---

[*] 作者单位:河北省唐山市人民检察院。

一、以"讲政治,顾大局"统领公益保护,确保基层院建设的方向性

把党对检察工作的绝对领导落到实处,切实将"公共利益代表人"的意识融注在服务大局、检察监督和司法办案中,切实提升新时代基层院建设的"认识论"。

(一)对基层院建设赋予新的时代内涵

始终深切回应人民群众对高质量生活环境的真诚期盼,把以人民为中心的根本要求贯彻到基层建设的各环节、全过程;着力把公益诉讼作为检察机关司法为民的新路径、新任务,以提升公益保护能力为抓手全面提高基层法律监督水平,让人民群众普遍感受到获得感、满足感、幸福感和安全感,使公益诉讼成为焕发基层生命力的强大引擎。

(二)把公益诉讼作为服务大局的重要切入点

基层院建设始终随着社会主要矛盾和新时代新任务而不断发展,将公益保护作为基层转型升级的关键,为唐山生态优先发展、社会和谐稳定、经济跨越发展持续输送检察资源,使检察机关成为城市良好发展环境的重要标识。市委常委会多次听取专项工作报告,相关主体特别是行政机关在法定期限内回函并启动整改率达100%,以"零诉讼"的效果有力践行了张军检察长"把诉前实现维护公益目的作为最佳状态"的理念。

(三)聚焦党的决策部署

紧紧围绕"三个努力建成"[①]和"两个率先"[②]的总体规划,

---

① "三个努力建成":2010年7月,习近平同志莅临唐山视察指导工作,要求"努力把唐山建成东北亚地区经济合作的窗口城市、环渤海地区的新型工业化基地、首都经济圈的重要支点"。

② "两个率先":2017年12月,河北省委书记王东峰同志在唐山调研检查工作,要求唐山市要"率先全面建成高质量小康社会和现代化强市"。

因地制宜开展"保障核心、山海联动"等专项工作,要求全市基层院结合区域重点工作着力破解治理难题。城市核心区通过办理非法占地、生活垃圾整治、固体废弃物处置、食药安全防范等案件,为高质量发展提供优质环境;北部山区重点办理违法采矿采砂、毁林养殖、专项资金滥用等案件。迁安市院针对棒磨山铁矿闭坑导致地质灾害危及群众生产生活安全问题,督促政府和矿企启动了数亿元的环境修复项目。南部沿海通过河海环境污染防治、饮用水源保护、大气污染防治等工作,守护碧水蓝天净土更富实效,获得了河北省院和唐山市委的充分肯定。

二、以"重自强,谋发展"贯穿公益保护,提升检察工作的科学性

把城市治理体系和治理能力现代化作为深化公益诉讼的目标和重点,着力制度化、常态化提升职能自信,深化加强服务高质量发展能力的"方法论"。

(一)坚持市院在公益保护中的主导地位

一是着力构建大格局。请示协调市"两办"出台《关于建立行政执法与检察公益诉讼工作衔接机制的意见》,沟通报告市人大常委会下发《关于加强检察公益诉讼工作的决定》,与行政司法机关会签《关于建立公益诉讼协作配合机制的意见》,制定《关于建立公益诉讼一体化办案机制的规定》,凝聚公益保护合力。二是聚焦强化顶层设计。以提升城市治理能力为导向,切实解决以往公益诉讼目标模糊化、力量分散化、项目碎片化的问题,灵活监督方式、优化资源配置,建立两级院指挥协作体制,各有侧重、整体配合,优化"管理链";完善精准研判、统筹实施的工作机制,由粗放漫灌到精细滴灌,以体系化、标准化理顺"生产链";注重研究群众最关心、最直接、最现实的人居环境、食药安全等利益问题,以理论创新打造"智慧链",相关调研成果获检察日

报"检察长谈公益诉讼"征文一等奖。三是组织开展专项活动。先后在全市部署食品药品安全监督、打击无证排污环境违法行为、行政处罚"处而不罚"、英烈保护监督等专项工作,探索推进了长城保护等法律规定"等外"领域案件,被高检院充分肯定。

（二）强化基层院的主责作用

一是坚持一把手工程。将检察长对司法办案的领导和监督,同司法责任制有机统一起来,发挥公益保护的最大效能。路南区院在农副产品集散中心派驻工作站,由检察长一线统筹指挥,促进解决侵害群众健康利益的突出问题,由分管检察长、检察官组成常态化巡查小组,对商区行政执法行为进行动态监督,有效维护"小微企业"和个体工商户的合法权益。二是围绕中心工作。市院要求各基层院善于当好当地党委政府的"眼睛",将公益保护的目标任务精准融入地方工作大局。滦州市院围绕党委"文旅融合高地"的规划,积极绘制"环境地图",打造"检护古城"机制,以优质的公益服务提升旅游软环境,争做文旅经济发展的法治助手和"公益领航员"。三是聚焦精准护航。深入研判影响基层社会稳定、经济发展的突出问题,将司法办案和损害修复有机结合。遵化市院成立"美丽乡村工作组",针对清东陵5A级景区周边非法采砂导致耕地严重破坏,综合发挥民行公益诉讼和生态环境损害赔偿机制作用,督促责任人员迅速修复生态原貌。

（三）加强公益保护机制建设

一是建立以工作布局为纵轴的"一主两辅"。形成了以"诉前督改"为主体,以风险提示和提起诉讼为辅助的公益保护思路。督促职能交叉下的行政主体合力整改,警示收到检察建议后仍不积极履职的诉讼风险,鼓励民事主体主动修复相关损害。二是完善以年度节点为横轴的"445"机制。形成了以年初部署、年中推进、经验交流、年底总结等"四项会议",开展了立案、进度、问题、成效等"四大调研",建立了对公益损害的研判、与专家学者的咨询、和地方政府的沟通、向市院党组的报告、以考核导向的问责等"五个平台",有效引导促推了基层院公益诉讼工作全面有力开展。三是实行"一体化办案"。建立市院主导统筹、基层院主责推进机制,形成了纵向指挥有力、横向协作密切的领导协作体制;凡遇公益损害重大案件,均由市院综合指导,运用专案组办案模式,全市统一调配精干力量,各部门密切支持配合,提升办案质效。

(四)注重宣传引导作用

启动"公益代表·内秀外美"检察传播计划,着力拓展案源、争取支持、扩大效果。通过发布广告,将检察声音传递到企业学校、经营摊点、道路两旁以至山林大海;通过公益讲堂,检察长带头在市县党校讲公益、普法治、做宣传;通过编印集册,图文并茂、雅俗共赏,送"两代表一委员"、送民营企业家、送一切有工作联系可能的单位和个人;通过文化舞台,在机关汇演、检企共建、社区活动当中以喜闻乐见的形式进行推广;通过专题片微电影,在互联网、电视台、路边屏上滚动播出;通过新闻发布会,畅通检媒渠道,赢得媒体的尊重和支持,河北法制报、唐山电视台等多家省市级以上媒体进行了宣传报道。

三、以"守初心,担使命"检验公益保护,彰显检察机关的人民性

把高标准提升基层院建设能力和公益诉讼新经验深度融合,坚持以人民为中心的思想夯实基层基础,不忘初心、牢记使命,凸显"实效性"。

(一)坚守公益初心

一是坚持"一个中心"。以办案为中心,不脱离职能搞公益,实现案件质量和监督效果双提升。二是坚持"两个基点"。始终以党委中心工作为靶向点,始终以人民群众更丰富、水平更高的新需求为关切点,为全社会提供更加优质、及时的公益服务。滦

南县院围绕滦河河道存在的河砂盗采、废料堆积等危害行洪安全的问题发出检察建议，督促拆除违法设备上百套，重整加固堤岸数公里并回填土石五十万方，会同相关部门组建"滦河生态环保治理联盟"，形成了履职合力。时任河北省委常委、唐山市委书记的王浩同志作出专门批示："以公益诉讼服务生态唐山建设，成效明显！望进一步拓展延伸，取得更大成绩"。

（二）实现监督共赢

开展公益诉讼工作以来，全市各院发现公益诉讼案件线索近3000件，挽回直接经济损失人民币4亿余元；坚持以双赢多赢共赢理念凝聚合力，营造了与其他国家机关、民事主体顺畅衔接、良性互动的工作氛围，特别是与行政执法机关建立健全了"检察+"协同工作机制，分进合击、责任共担，有效保护了国家利益和社会公共利益，形成了党委政府支持有"实措施"，横向协作配合有"好机制"，公益诉讼宣传有"大声势"的主动共赢格局。市院被高检院确定为公益诉讼工作直接联系点。

（三）推进社会治理

一是建立"公益保护站"。作为检察职能传导的"前哨"，既是公益需求和信息收集的"传感器"，更是让全社会体验检察价值的"宣传队"。二是打造"交互协调中心"。建立以检察机关为纽带的国家机关之间信息互通、协力解决机制，将手指头攥成了铁拳头。迁西县院针对病死奶牛无害化处理问题发出检察建议，并以其为纽带，建立了行政监管机关、奶牛养殖户、农牧企业、保险公司等相关各方的信息协调机制，督促建设专业化处理工厂，构建销毁病死牲畜的标准化规程。三是打造"风险稳控中心"。及时发现公益风险隐患、作出趋势判断、发出精准预警、提出专业建议，做到提出一份检察建议完善一个领域的监督管理，纠正一批不到位的行政行为。路北区院调查发现辖区内超20%的餐饮企业将餐厨废弃物私自倾倒、出售甚至回流餐桌，其向食药、住建等部门发出的检察建议及风险警示报告获得了区委的高度重视，将报告发至相关管理部门研究,并组织开展了专项检查。四是打造"数据分析中心"。发挥检察机关的信息资源优势和法律专业能力,对特定领域公益损害风险进行大数据分析,为公益保护提供科学导航。曹妃甸区院建立了"立体会诊式数据分析模型",通过在司法办案、调查核实及线索摸排中发现的入海排污口设置、陆源污染防治、海洋生态修复等面临的风险,进行数据量化收集,以基础数据为导向找准切入点开展精准保护,切实发挥公益诉讼服务海洋生态文明建设的重要作用。

唐山检察机关虽然以公益诉讼为牵引在基层院建设中做了一些探索,但与上级的要求、群众的期盼相比仍有不少差距。今后,将切实把维护公共利益的实际成效作为践行"四大检察"全面协调发展的重要标尺,奋力推动新时代基层院建设的转型升级、跨越发展,为推进唐山城市治理体系、法治体系和治理能力、法治建设能力现代化贡献检察智慧和力量。

司法责任制背景下检察业务监督管理机制研究

刘树利[*]

【摘　要】 司法责任制改革通过科学划分系统内部不同层级权限和改革现有办案方式，赋予检察官在职权范围内相对独立的承办和决定案件，突出了检察官在司法办案中的主体地位。然而，"一切不受约束的权力必然腐败"，"谁来监督监督者"也是长期以来一项热议难平的话题。笔者从刑事检察的角度出发，结合案件管理工作，对构建以案件管理为中心的检察业务监督管理机制进行探讨。

【关键词】 司法责任制　检察业务监督管理机制　案件管理

党的十八届三中、四中全会以来，检察机关围绕检察官权力清单、司法责任制等进行了一系列"放权"式的改革，尤其是员额制检察官的推行，突出了检察官的主体地位，检察官在案件审查中独立自主权得到充分释放，具有程序启动权和大部分案件决定权，对案件事实定性和质量把关起着决定性作用。然而，正如孟德斯鸠所言，"一切不受约束的权力必然腐败"，无监督的检察权力势必导致权力滥用、权力寻租、以权谋私等腐败滋生，影响检察机关的司法公信力和公平正义。习近平总书记在中央政法工作

---

[*] 作者单位：河北省唐山市路北区人民检察院。

会议上的讲话中指出，"要优化政法机关职权配置，构建各尽其职、配合有力、制约有效的工作体系""要聚焦人民群众反映强烈的突出问题，抓紧完善权力运行监督和制约机制"。笔者从刑事检察的角度出发，结合案件管理工作，探讨建立有效的检察业务监督管理机制，保证检察官有权不任性、用权不滥权，提高办案质量和效率，促进公正廉洁执法。

一、检察业务监督管理机制的内涵

根据最高人民检察院《关于完善人民检察院司法责任制的若干意见》的规定，检察业务监督管理机制包括以下内容：①上级人民检察院对下级人民检察院司法办案工作的领导；②下级人民检察院就本院正在办理的案件的处理或检察工作中的重大问题向上级人民检察院的请示；③司法办案工作在统一业务系统上的运行；④案件管理部门对司法办案工作的统一集中管理；⑤案件分配机制；⑥检察长的监督；⑦检察官业绩评价体系；⑧办案质量评价机制；⑨阳光司法机制；⑩外部监督机制。案件管理部门在检察业务监督管理机制中发挥着对外窗口服务、对内管理监督的重要作用，上述内容中，有五项与案件管理业务息息相关。

最高人民检察院《人民检察院刑事诉讼规则》第668条规定："人民检察院负责案件管理的部门对检察机关办理案件的受理、期限、程序、质量等进行管理、监督、预警。"案件管理部门有权采取办案流程管理、案件质量评查、司法规范化检查等方式，对检察官的下列办案情况进行监督：①办案期限、强制措施期限；②制作、签发的法律文书、工作文书；③涉案财物的查封、扣押、冻结和处理情况；④案件信息公开情况；⑤其他应当监督的办案情况。在监督中发现检察官不履行或者不正确履行岗位职责的，有权提出纠正意见通报其所在部门。

笔者认为，应当以案件管理为中心构建横向的检察业务监督管理机制，案件管理部门在坚持程序全程监控、司法全程留痕的基础上，将统一受理和流程监控落实在个案管理上，将案后评查、统计分析等落实在综合性的业务管理上，负责对检察业务活动的程序合法化监控、实体公正性评估、司法档案备查、司法责任认定、业务态势分析，既对程序性事项进行监督，也对承办人在办案过程中遇到的实体性事项进行监督；既进行事前监督，也进行事中、事后的监督；既可以进行办案监督，同时也可以进行业务指导。

二、检察业务监督管理机制的价值

（一）遵循权力制衡的规律

新一轮司法体制改革推行以后，检察官在刑事办案中承担着双重角色：一是司法办案中运用法律的主体；二是司法办案中承担司法责任的主体。检察官作为司法办案中运用法律的主体，在办案过程中理所当然享有一定的独立权限，这就是"放权"；但作为司法办案中承担司法责任的主体，又应当受到制约与监督，这就是"控权"。在关注权力下放、配备的同时，监督制约及责任惩戒也必须同时跟进。① 检察业务监督管理机制的介入，能够督促检察官在法律赋予的权限范围内行使职权，有助于检察官厘清权力行使的界限，进而在一定程度上消解"放权与控权"之间的冲突，促进检察机关严格执法、规范司法，保障检察权正确运行。

（二）彰显人权保障的理念

伴随着我国1996年、2012年以及2018年刑事诉讼法的修改，我国刑事诉讼中关于人权司法保障的相关规定日趋完善。刑事诉讼中的人权保障主要包含三个方面的内容：一是保证犯罪嫌疑人

---

① 葛晓燕：《检察系统司法责任制改革构想》，载《人民检察》2016年第4期。

和被告人、被害人及其他诉讼参与人的诉讼权利得到尊重和行使；二是保证无罪的人不受刑事追究；三是保障有罪的人受到公正的惩罚。① 刑事检察工作的过程，既是追诉犯罪的办案步骤，也是保障无罪的人不受追究的重要程序，对刑事检察业务进行监督管理，保证案件处理公允公正，进而保障相关诉讼参与人的合法权益，这既是"权力制约"理念的体现，也能从根本上保障相关诉讼参与人的基本人权。

（三）有利于司法责任制的落实

除辩护律师和经人民检察院许可的其他辩护人可以查阅、摘抄、复制相关的案卷材料以外，检察办案对外界来说是一个相对较为封闭的程序。如何保证承办人在办理案件过程中不偏不倚、客观公正，除检察官必须树立正确的司法理念外，检察机关内部对于检察业务的监督管理也必不可少。按照"有权必有责，权责要对等"的制度设计，检察业务监督管理机制有利于将司法责任落实到具体的案件承办人，有助于第一时间发现问题并纠正问题，提升案件办理的整体质量与水平，防范冤假错案的发生，同时有利于司法责任的最终兑现。

三、检察业务监督管理机制的弊端

任何制度都不会完美无缺，以案件管理业务为中心的检察业务监督管理机制也是如此。虽然从一开始案件管理部门就承担着"统一入口、统一出口、统一流程监控"职责，但从横向看，行使审查批准逮捕权、公诉权、诉讼监督权等主要业务部门的监督、制约更直接更有效；从纵向上看，上下级之间的层级监督管理更权威、更有影响力。案件管理部门虽然被定位为专门负责案件管

---

① 参见陈光中：《刑事诉讼法》，北京大学出版社、高等教育出版社2002年版，第10页。

理的综合性业务部门，承担"对办案期限、程序、质量等进行管理、监督和预警"职能，但一定程序上管理监督效果不佳。① 例如，案件管理部门对司法办案工作的流程监控主要是对案件办理的程序性事项进行监督，不涉及对全部实体问题的监督；案件质量评查则是在案件办结后，案件管理部门通过对照复核法律文书和检察工作文书、审阅案卷、询问相关当事人等方式，对案件的办理质量进行检查和评估，提出案件质量检察的审查评鉴意见，并公开通报。虽然案件质量评查既关注程序问题也关注实体问题，但归根结底还是一种事后监督，对于一些问题可以提出意见，但却无法起到及时纠正的作用。即使评查出司法瑕疵问题，也因其问责不是司法责任意义上的追责，② 通过案件质量评查解决瑕疵问题的效果并不理想。

四、检察业务监督管理机制的运行原则

（一）程序公正与实体公正并重

程序与实体，在检察办案的过程如同车之两轮、鸟之两翼。作为一项多元动态运行机制，检察业务监督管理既要关注对办案程序的监督，也要兼顾对实体事实的监督。刑事检察工作作为检察实践的重要组成部分，其实体问题涉及犯罪嫌疑人、被告人罪名的认定、刑罚的处置，程序问题涉及犯罪嫌疑人、被告人的人身自由、诉讼权利和期间期限，不仅与承办人案件办理的程序合法性有关，还与犯罪嫌疑人、被告人的人权司法保障息息相关。

---

① 农中校：《检察机关案件管理面临的挑战和应对》，载《人民检察》2017年第22期。

② 最高人民检察院《关于完善人民检察院司法责任制的若干意见》第33条第2款规定："检察人员在事实认定、证据采信、法律适用、办案程序、文书制作以及司法作风等方面不符合法律和有关规定，但不影响案件结论的正确性和效力的，属于司法瑕疵，依照相关纪律规定处理。"

两者兼顾,并重监督,既有利于提高案件的办理质量,在第一时间将可能出现的问题予以解决,从而在实体方面大大降低冤假错案发生的概率;也是对当事人合法权益的有效保障,同时也有利于诉讼程序有效、合法运行。

(二)司法公正与办案效率兼顾

公正是刑事司法的基本品质,也是刑事司法赖以生存的基础和孜孜以求的价值目标。同时,效率是现代刑事司法的基本要求,注重诉讼经济。"迟到的正义非正义"。公正与效率在本质上构成了既对立又统一的矛盾关系。公正与效率的实现,既需要有效完善的制度予以保障,也需要承办人办案能力与水平的不断提升。完善的检察业务监督管理机制,不仅有助于办案程序的有效推进,也有助于承办人办案能力与水平的提升,在提升办案效率的同时实现公平正义的终极目标。

(三)监督管理与服务司法办案并行

案件集中管理后,特别是统一业务应用系统上线运行后,打破了原各部门间的信息壁垒,案件管理部门一方面可以通过对点(重点人、案)、线(整个案件流程)、面(办案动态和趋势)三个维度的管控,把分散的个别化的办案行为统摄于案件管理的整体之中,全面及时地掌握全院所有案件的办理信息,通过案件来源制约、流程监控、质量评估、业绩考核等对检察权进行全方位、全过程的监督制约。另一方面可以充分发挥数据分析的预测、研判功能,对某一时期发案领域、发案原因、适用法律和办理结果等进行综合分析,对多发案件、新型犯罪、专项检查的类案开展认真分析和对比,捕捉发现和深入分析在执法办案各环节中的普遍性和倾向性问题,定期对本院案件办理情况进行综合分析,提出有针对性的对策建议,为领导决策和业务部门执法办案服务。

五、检察业务监督管理机制的完善建议

(一) 完善案件分级分配机制,实现事前监督

案件的分配是检察权行使的开端,在"随机分案为主,指定分案为辅"的基础上,建立案件分级分配机制。根据案件性质、涉案数额、情节后果、社会影响、案件来源等因素,将案件分为需上报审批决定的案件和可由检察官自行决定的案件两类。可由检察官自行决定的案件由案件管理部门实行电脑随机轮流分配,以部门为单位为每名检察官配备专门的序列号,划归具体部门的一般按照公安机关移送案件文书序号依次自动分配给检察官,防止选择性办案,保证每名检察官案件数量的总体平衡和案件类型的多元分布。对于重大、疑难、复杂案件,以及检察官较长时间休假、培训等特殊事项,由检察官或部门负责人申请并经主管院领导审批后,由案件管理部门进行指定或调整分案。

(二) 完善案件流程监控机制,实现事中监督

案件管理部门利用统一业务系统,通过制作案件监控台账,围绕案件运行情况,抓住执法办案关键节点,从案件受理到案件归档,对案件流程完整性、办案程序合法性、法律文书规范性等进行全方位流程监控。流程监控以案件受理、分流、办理、结案等环节为关键节点,以案件所采取的强制措施、涉案财物查封、扣押、冻结、保管、处理等工作、文书制作和使用、办案期限、诉讼权利保障、拟移送案件、司法办案风险评估等为重点监控内容,实现对案件办理的全程、实时、动态监督,根据违规办案的情节轻重采取不同的处理方法。一要明确监控重点,梳理归纳近年来案件质量评查中反复出现的程序性问题,制作监控清单。二要明确监控责任,对监控清单中的程序节点,要求案管部门检察官与案件承办检察官共同承担责任。三要明确监控程序,案管部门发现程序瑕疵,即可发出流程监控通知书,通知书既可作为案

管部门检察官履职依据,也可作为案件承办检察官考核依据。建立巡查通报制度,实行清单式预警提示机制,定期向各业务部门反映巡查发现的问题,要求业务部门对工作中存在的问题和不足,认真制定整改措施,限期整改落实,推进案件规范科学管理。

(三)完善案件质量评查机制,实现事后监督

案件管理部门依托统一业务应用系统对检察业务部门已经办结各类案件开展质量评查,及时发现、纠正和防范司法不严格、不公正、不规范现象,推动检察业务监督管理逐步由个案审核审批向全院、全员、全过程质量效率监管转变,倒逼司法办案质效提升。案件质量评查可以采取常规抽查、重点评查、专项评查、逐案评查、上下互查和交叉评查等方式,以案件卷宗、法律文书以及统一业务应用系统的相关记录作为依据,着重从事实认定、证据采信、法律适用、办案程序、风险评估、文书制作和使用、涉案财物处理、办案效果、办案纪律等方面,客观、公正、全面地评价办案质量,评查结果记入检察官司法档案。一要完善案件质量评查程序,明确案件评查条件、对象选取程序、评查专家确定,确保评鉴工作具有随机性、广泛性、代表性。二要完善案件质量评查标准,确保评鉴尺度统一、定性权威、结论公正客观。三要完善案件质量评查与绩效考核、问责制度相衔接的工作机制,确定案件监督、管理结果充分纳入各检察院、各部门和个人的考核中,确保案件质量评查中发现的重大过错可顺畅对接相对应的责任追究机制。

(四)完善检务公开阳光司法机制,实现全面监督

案件管理部门除承担案件管理、监督、服务、参谋职能外,还承担着信息查询、律师接待、检务公开等职能,在构建开放、动态、透明、便民的阳光司法机制过程中发挥着重要作用。一要推进案件程序性信息查询平台建设,公开司法办案依据、程序、流程和结果,实现当事人通过网络实时查询办案流程和程序性信息,接受当事人的监督。二要积极推进重要案件信息发布平台建

设、重大案件、有争议的案件、社会反映较大的案件、检察环节作出终结性处理决定的案件以及重大监督决定,应当公开审查结果,提高检察办案的透明度。三要积极推进法律文书公开平台建设,已生效的刑事案件起诉书、抗诉书,不起诉书以及刑事申诉复查决定书等法律文书,统一上网和公开查询,法律规定不得公开的除外。四要积极推进辩护与代理预约平台建设,充分保障律师阅卷、调查取证和会见犯罪嫌疑人等执业权利,充分尊重和听取律师意见。五要积极推进新媒体公开平台建设,认真回应社会关切,自觉接受人大及其常委会的法律监督、政协的民主监督、人民群众的社会监督、新闻媒体的舆论监督和人民监督员的监督。

六、结语

以案件管理业务为中心的检察业务监督管理机制,集程序监督与实体监督、案前监督与案后监督、全程监督与重点监督、内部监督与外部监督于一体。它的运行,使具体案件的推进状况可见可控,实现对检察官的工作状态可知可评,确保司法办案行为规范,促进公正、高效司法。

司法责任制背景下检察机关案件质量评查运行机制研究

孙卫新[*]

【摘 要】 在司法责任制背景下,对于检察机关严格执法办案、全面履行法律监督职责提出了更高的要求。案件质量评查是检察业务监督管理机制的重要内容,对检察机关保障和提高办案质效具有十分重要的现实意义,然而,由于目前案件质量评查运行机制不够完善,难以充分满足司法责任制的实际需要,应当进一步贯彻落实以审判为中心的刑事诉讼理念,坚持结果导向,从评查范围、评查重点、评查组织等方面入手,不断探索建立与司法体制改革和刑事诉讼制度改革相适应的案件质量评查运行机制,切实将检察机关案件质量评查效果发挥到最大化。

【关键词】 司法责任制 检察机关 案件质量评查

案件质量评查作为检察业务监督管理机制的重要组成部分,是检察机关对已办结案件进行质量评价和监督管理的重要手段,也是检察机关推进执法规范化建设的重要形式,对于有效规范检察官的司法办案行为,保障和提高办案质量、效率具有极为重要的现实意义。随着司法责任制的深入推进,以审判为中心的执法理念不断深入人心,尤其是立法机关相继出台了一系列加强检察机

---

[*] 作者单位:河北省唐山市曹妃甸区人民检察院。

关审前把关和发挥过滤功能的制度机制，对于检察官执法办案过程中进行证据采信、案件定性、法律监督等实体审查和办案程序方面都提出了更加严格明确的要求。在新形势下，检察机关案件质量评查也应当不断适应改革的实际需要，转变评查思路、创新评查方式、发挥评查实效，全面推进案件质量评查运行机制向纵深发展。

一、案件质量评查的现实意义

（一）检察机关深入落实司法责任制要求的重要举措

近年来，检察机关认真贯彻落实司法责任制要求，相继建立并完善了检察官办案责任制、新型办案机制、绩效考核机制等与司法责任制相配套的制度规定，有力推动了司法体制改革深入开展。检察机关案件质量评查是检验司法责任制改革成果、确保改革顺利进行的重要举措，将评查评价结果与检察官绩效考核机制、责任追究机制等制度规定相结合，将办案效果进行量化体现，进一步明确检察官的办案主体责任，切实将责任落实到人，积极督促检察官严格规范执法，不断提升办案质量和效率，提升司法公信力，让人民群众在每一起司法案件中感受到公平正义。

（二）推进以审判为中心的诉讼制度改革的必然需要

党的十八届四中全会提出了"推进以审判为中心的诉讼制度改革，确保侦查、审查起诉的案件事实证据经得起法律的检验"这一重大改革命题，这也给检察机关转换工作模式、提高办案质量提供了新的切入点，对于执法办案人员来说既是机遇又是挑战，要求检察官严格遵循以审判为中心的诉讼理念，及时更新长期办案形成的固有思维习惯，从案件办理的每一个环节入手，严格细致审查，积极充分履职，切实提升办案质量，保障办案效果。检察机关案件质量评查机制，是以案件办理结果为导向，以法院审判结果和社会评价效果为参考，倒推办案进程，查找每个办案环节中可能存在的各类问题，整理汇总后形成高质量的分析报告，着力解决办案过程中存在的共性和个性问题，帮助检察官进一步加深以审判为中心的诉讼理念，努力将执法办案活动统一到以审判为中心的刑事诉讼制度改革要求上来，有效降低执法办案风险，将办案质量和效果提升到新的高度。

（三）检察机关开展执法规范化建设的重要手段

开展执法规范化建设是促进检察工作科学发展的基础，也是检察机关进行案件监督管理的重要措施，直接关系检察队伍的能力素质和检察机关的整体形象。案件质量评查工作是检察机关开展执法规范化建设的一项重要手段，也是检验执法规范化建设成果的试金石，通过对已办结案件进行实体和程序的全面审查，还原整个办案过程，重新审视每个办案步骤，从证据采信、事实认定、法律适用以及程序规范等各个方面，客观公正地作出评价，发现、解决办案中存在的不规范问题，不断提升检察机关执法办案的公正性、规范性和严肃性。

（四）检察机关强化内部监督的关键环节

强化内部监督制约是促进公正廉洁执法的重要方式，是深入贯彻落实全面从严治党、全面从严治检的必然要求。案件质量评查作为检察机关强化内部监督制约的关键环节，其实质是通过对检察官的办案行为和诉讼活动进行全面监管，进一步加强检察机关监督管理部门和办案部门之间的监督制约，增强检察官的质量和效率意识，以评查促规范，以整改促质量，有效减少甚至避免不规范问题的发生，不断增强执法公信力，实现案件办理的法律效果、政治效果和社会效果相统一。

二、案件质量评查存在的问题

（一）评查范围不够全面

接受评查的案件范围直接影响评查样本的客观性、针对性和全面性，评查案件选取过程中，往往将不批捕、不起诉、撤回起诉或者人民法院判决无罪、免予刑事处罚以及其他可能存在重大瑕疵的案件作为重点评查的案件，其余案件则采用随机抽样的方式选取或者由办案人自行提供，在司法责任制改革和以审判为中心的刑事诉讼制度改革背景下，这种选取案件的方式往往无法充分体现法院判决结果对于办案质量评价的影响，使得部分生效判决与检察机关办案人认定结论不一致的案件无法受到集中评查，例如生效判决改变定性、改变事实认定、改变量刑、捕后判轻刑、不捕判重刑等情形，而这些案件与办案质量的好坏紧密相关，案件选取的覆盖面不够广泛，导致案件评查的结果不够全面。

（二）缺乏统一、规范、具体的评查标准

科学合理的评查标准是有序开展案件质量评查工作的关键，是指导案件质量评查工作顺利进行的规范依据。最高人民检察院2017年12月25日发布的《人民检察院案件质量评查工作规定（试行）》明确指出，"省级人民检察院可以根据本规定，结合本地实际情况，制定案件质量评查工作实施细则，并报最高人民检察院案件管理办公室备案"。但是由于当前各地区办案实际并不完全相同，案件办理质量参差不齐，短期内难以形成完全统一的、明确具体的、可操作性强的案件质量评查标准。实践中，各地区尤其是基层院案件评查掌握的尺度有很大区别，严重影响案件评查工作的顺利开展，也使案件评查的整体效果大打折扣。

（三）评查内容重程序、轻实体

案件质量评查实践中，很多评查人员将评查重点放在系统填录、文书制作、案卷装订以及办案流程等一般程序性瑕疵上，而忽略了对于案件本身的实体性审查，导致案件质量评查的质量不高、深度不够，难以达到案件质量评查工作的整体要求。一方面是由于案件质量评查工作时间短、任务重无法深入地仔细研究每一个案件，对于个别有疑问的案件也较容易忽略；另一方面是由于参加评查的人员对评查案件类型并不熟悉，掌握的案件情况与办案实际信息不对称,难以挖掘案件中深层次的实体性问题,从而无法充分有效地发挥提升检察机关办案质效的评查作用。

(四)缺少专业、稳定的评查队伍

专业、稳定的评查队伍是案件质量评查开展的支柱力量,从某种程度上说,完整地进行一次评查过程难度不亚于重新办理一件新的案件,但评查实践中,评查队伍不够稳定,评查人员往往是兼职参与案件质量评查工作,不能保证在评查过程中投入过多的时间和精力,案件质量评查缺乏专门的机构和人员,无法常态化、专业化地开展,导致案件质量评查的水平和专业程度难以有效保障。

(五)评查结果落实不到位

案件质量评查的目的是发现、解决办案中存在的问题,提高办案质量和效率,案件评查结果的分析和应用直接影响案件质量评查工作效果的发挥,但是由于当前案件质量评查奖惩机制不健全、评查结果与绩效考核机制联系不紧密、评查数据管理和分析体系不足等配套制度缺失的原因,不能最大化地发挥案件质量评查的效果,如何对案件质量评查结果进行正确的分析应用是目前亟须解决的重点问题。

三、案件质量评查运行机制构想

在司法责任制背景下,检察机关案件质量评查运行机制也应当不断进行改革完善,主动适应新形势、新要求,将以审判为中心的诉讼理念融入案件质量评查工作当中,将评查结果反馈于执法办案实际,进一步强化案件质量评查的地位和作用,切实提升办案质效。

(一)以审判为中心,扩大评查范围

严格按照以审判为中心的刑事诉讼改革要求,在原有评查范围基础上，对照法院判决结果和社会评价效果，扩大接受评查的案件范围。具体来说，在审查逮捕案件中，将捕后判轻刑、不捕判重刑、捕后作不起诉处理以及捕后移送单位撤回等案件类型纳入评查范围；审查起诉案件中，将判决改变事实认定、改变起诉罪名、改变量刑建议等案件类型纳入评查范围；民行、执检、控申类案件中，将处理意见不被支持或不被采纳的案件纳入评查范围；其他类型的案件中，将对案件办理结果存在争议的案件纳入评查范围；等等。通过进一步丰富接受评查的案件类型，努力做到办案质量评价全覆盖，确保评查样本能够满足提升检察机关整体办案质量和效率的要求。

（二）以区域为划分，统一评查标准

以最高人民检察院《人民检察院案件质量评查工作规定（试行）》为基础，以省、市为单位，结合各地实际，总结评查经验，逐级统一制定与本地区办案实际相适应的案件质量评查工作实施细则，着力改变基层院各自评查的现状，逐步实现全市统一、全省统一的办案质量标准。进一步细化、明确本地区的评查步骤和程序，根据不同的办案类别，详细列举评查中常见的重点问题，具体划分优质、合格、瑕疵以及不合格案件的评价标准，使案件质量评查更具可操作性，实现案件评查规范化、标准化、统一化的目标，为案件质量评查工作有序开展提供强有力的制度支撑。

（三）以系统为依托，丰富评查形式

将人工评查和智能辅助相结合，减少单纯利用传统的纸质卷宗进行评查的方式，全面应用案件质量评查职能辅助系统，不断完善系统内评查的程序和标准，为评查工作的科学化、信息化提供技术支持，在此基础上，结合工作需要，综合运用常规抽查、重点评查、专项评查等方式有序开展案件质量评查工作。随着评查工作的深入开展，各级检察机关应当主动充分利用交叉评查的形式，以有效弥补本院自行评查的不足，这一点尤其适用于各基层院，在上级院的统一领导下，各院之间开展评查工作的交叉互查，有利于促进相互之间交流评查经验，统一办案质量评价标准，也有利于发现更深层次的办案质量问题，从而推动评查工作不断向前发展。

（四）以判决为参考，坚持实体评查和程序评查并重

案件质量评查工作经过长期的发展，伴随着司法责任制改革深入推进后办案人员规范意识的不断提高，评查中能够发现的表面性的程序性瑕疵必然会显著减少，对案件进行深层次的实体性审查将是案件质量评查的主要任务。在以审判为中心的诉讼理念指导下，法院判决结果将是检察机关对案件进行实体性审查的重要依据，即参照生效判决结果，倒推审查办案过程中证据采信、事实认定、法律适用等实体性问题，客观评价案件办理是否达到了以审判为中心的诉讼要求，是否存在办案质量不高甚至错案等问题，是检察机关案件质量评查持续深入发展的必然趋势。

（五）以培训为手段，建设专业化的评查队伍

一是成立专门的评查领导机构。各级检察机关应当高度重视案件质量评查工作，将评查工作纳入全年工作计划，成立专门的评查领导机构，明确领导机构的组织架构和职责权限，统一负责组织开展案件质量评查工作，研究确定评查制度和评查计划，为有序开展案件质量评查工作提供坚强的组织保障。二是组建专业、稳定的评查人才库。各级检察机关应当组建评查人才库，归评查组织部门统一领导。各单位或部门推荐入选人员，人才库成员应当能够满足各类型案件评查需求，由各业务部门的骨干组成。在评查期间应当充分保障评查人员的评查时间，合理分配工作任务，将评查工作计入全年工作量，并根据评查实际做好人才库更新工作。三是建立评查培训机制。统一加强培训，定期对评查人才库成员开展针对性培训，评查前对参加评查人员进行专门培训，使评查人员熟练掌握评查步骤、评查重点和评查注意事项，切实提升评查工作水平。四是做好评查结果审查。评查过程中，划分若干评查小组，便于互相交换意见，统一评查尺度，对初步形成的

评查结果，通过评查小组集体讨论并由评查组织部门领导或其他专业人员复查、办案人复核等方式，进一步确定评查结果，确保评查结果的专业性、准确性和权威性。

（六）以效果为追求，充分发挥评查作用

严格贯彻落实司法责任制要求，充分运用评查评价结果，切实发挥案件质量评查工作实效。一是完善评查通报制度，将责任落实到人。每次评查完成后，由评查组织部门制作案件质量评查报告并向本院或下级院进行通报，于每年年底制作年度评查报告，整理汇总全年评查工作成果，分别向上级院和本院党组汇报全年评查工作的总体情况。二是加强内部协作，完善监督管理体系。充分加强检察机关案管部门、监察部门、政工部门及其他监督管理部门之间的沟通联系，使案件质量评查体系与队伍管理机制以及绩效考核机制等制度规定紧密联系，坚持问题导向和正向激励相结合，将评查评价结果作为检察官业绩考核和奖惩、晋升的重要依据，进一步明确检察官的办案主体责任，确保评查效果真正落到实处。三是全面分析评查数据，注重总结评查规律。通过组织研讨会或由专人进行统计分析等方式，定期对评查数据进行深入细致的研究分析，对于共性或个性的问题，找出问题存在的症结，提出有针对性的对策建议，形成高质量的案件质量分析报告，为领导决策和业务部门执法办案提供重要参考。

员额检察官动态管理机制研究

李彦军[*]

【摘　要】　构建科学合理有效的员额检察官动态管理机制，是检察官队伍保持内在活力和提升整体素能的必然要求。员额检察官动态管理机制的价值在于，由其衔接的检察官遴选机制、考核考评机制、监督制约机制等，能有效促进司法责任落实，提升检察办案效率。

【关键词】　员额检察官　动态管理　机制研究

员额检察官制是指检察机关在编制内根据办案数量、辖区人口、经济发展水平等因素确定的人员限额。员额检察官制的实行，能够让优秀检察官在检察单独职务序列下专注于办案，通过提高业务能力和水平，实现检察职业目标的提升。

现阶段，这项改革仍在继续探索之中，没有可供借鉴的现成经验。笔者认为，应建立"定期遴选""按需定员""有进有出""能上能下"的员额检察官退出、增补机制，实行动态管理，在检察人员之间形成良性竞争，通过数年多轮人员的反复调整、筛选，最终达到最优化、最合理配置司法资源的目的。

---

[*]　作者单位：河北省唐山市丰南区人民检察院。

一、建立员额检察官动态调整机制的意义

（一）促进检察队伍"三化"

通过遴选、增补优秀法律人才，退出不适合、不适应、不胜任的员额检察官，激浊扬清，确保检察机关源头活水。在数年多轮次的人员反复筛选后，一大批法律涵养较高、业务能力突出的检察官精英将脱颖而出，进入员额检察官系列；同时将淘汰一批业务能力不强、道德品质低下、自我要求不高的检察官，最终让高素质的检察官及后备人员进入办案一线，让检察官精英留在办案岗位，促进检察队伍专业化、职业化、精英化。

（二）促进竞争机制形成

实行员额检察官动态调整，建立"有进有出""能上能下"的退出、增补机制，让能者上、平者让、庸者下，有利于形成优胜劣汰、适者生存的检察人员之间良性竞争激励机制。促使员额内检察官明白员额身份既是一种荣誉，更是一种责任，倒逼他们工作责任心和业务能力提高。同时又给了暂时没有入额的检察官以希望，给予他们上升的通道，促使他们努力工作，奋发有为，积极向上。

（三）促进司法责任落实

在员额检察官动态调整背景下，入额检察官必须以更高的责任心、更认真细致的工作态度和更强的业务能力来办理案件，促使案件整体质量提高，减少冤假错案。而那些办案质量差、效率低、效果不佳的办案人员可能在面临退出员额检察官的同时，还会被追究司法责任。同时，在各检察院绩效考核中，员额检察官也有一定的办案数量要求，不办案或办案数量不达标都将退出员额身份。因此，员额检察官动态调整机制能有效促进司法责任落实，提升检察机关办案效率。

二、退出员额检察官的情形和事由

入额不是终身制，不等于进了"保险箱"。根据员额检察官制改革的目的和我国国情，为确保员额内检察官的精英化和高素质特征，应在一些事由和情形出现的情况下，坚持员额检察官退出机制。实践中，应当坚持"七必退"。

（一）违纪违法的必退

实践中，出现违纪违法行为，应当退出员额检察官的，主要包含以下几种情形：（1）在司法办案工作中故意违反法律法规，应当承担司法责任，不宜担任员额检察官的；（2）在司法办案工作中有重大过失，怠于履行或不正确履行职责，应当承担司法责任，不宜担任员额检察官的；（3）负有监督管理职责的检察官因故意或重大过失怠于行使或不当行使监督管理权，导致司法办案工作出现严重错误，应当承担相应司法责任，不宜担任员额检察官的；（4）因其他违纪违法行为受到相应处分，不宜担任员额检察官的；（5）员额检察官在司法活动中有徇私舞弊、贪赃枉法等违法、违纪行为的；（6）在日常生活中有不当行为损害检察机关形象的；（7）不接受中国共产党的领导，发表与自身身份不符的不当言论的。

（二）业务不精的必退

检察官职业的高要求决定了检察官群体的少数性，而检察官职业的重要性也决定了检察官队伍必须精英化。一名合格的员额检察官，不仅应当秉持清正廉洁、公正为民的职业操守，还需要具备深厚的法律功底、丰富的检察工作经验。对能力不足、业务不过硬的检察官应当予以淘汰。对于业务不精，不能独立办案，办案质量、数量、效果达不到办案绩效考核标准的，也应一律退出。

（三）退休离职的必退

退休或离职的，自然退出员额检察官。目前我国检察官退休年龄适用《公务员法》规定的一般行政机关公务员退休年龄，即女性年满55周岁，男性年满60周岁。应该说，退休年龄的设置比较符合国情，既不早也不迟。如员额检察官退休过早，则造成司法资源的浪费；退休过迟，也会带来方方面面的负面问题。

（四）没有办案的必退

员额的配置是坚持"以案定额"和"以职能定额"相结合，只有必须由检察官行使职能的岗位才配备员额，而且只给办案部门配备员额。所以当员额检察官被调离办案岗位或离开检察系统，或者没有离开检察系统但担任了纪检组长、政治处主任、司法行政管理局局长等职务，进入本院行政管理部门，不再办案的，应当按规定程序免去员额检察官身份。

（五）任职回避的必退

为保证依法、公正开展司法办案，促进廉洁建设，根据《公务员法》《检察官法》《党政领导干部任职回避暂行规定》等有关法律和规定，员额制检察官配偶在本省（市、县）从事律师、司法审计、司法拍卖职业的，各级检察院领导班子成员配偶、子女在本省（市、县）从事前述职业的，应当实行任职回避。同时，检察官之间有夫妻关系、直系血亲关系、三代以内旁系血亲以及近姻亲关系的，不得同时担任下列职务：（1）同一人民检察院的检察长、副检察长、检察委员会委员；（2）同一人民检察院的检察长、副检察长和检察员、助理检察员；（3）同一业务部门的检察员、助理检察员；（4）上下相邻两级人民检察院的检察长、副检察长。员额检察官在出现上述任职回避情形时，应当退出，以堵塞直系血亲之间相互串通，利益输送，腐败滋生，影响案件公正办理的漏洞。

（六）不能履职的必退

员额检察官因个人原因不能履职的，经本人申请应当退出。主要包含以下几种情况：（1）身体健康状况不允许；（2）心理压力过大；（3）工作效率偏低；（4）家庭情况特殊，难以继续履职；（5）长期难以完成本院检察官的基本工作量。

（七）考核不合格的必退

根据检察官办案数量、质量、难易程度，检察机关正在推行建立科学合理的员额检察官监督管理考核考评机制，利用信息化、大数据手段，实行常态化的绩效考核。笔者认为，绩效考核工作主要应做到四个坚持：一是应坚持公开、量化考核原则。二是应坚持全面推行司法档案制度。把检察官履职情况如实记入司法档案，并作为岗位调整、绩效考核和责任追究的重要依据。三是应坚持适时引入社会测评机制。切实将办案数量、办案质量、执法能力、职业道德、思想作风、廉洁情况等多种情形纳入考核机制，将考核测评指标作为员额检察官退出的依据。四是应坚持考核结果区分等次原则。可将检察官办案绩效考核分为优秀、称职、基本称职、不称职四个等次。当员额检察官办案量低于同等岗位平均量60%或存在司法办案不规范问题，且情形较为严重的或办案绩效考核中弄虚作假并经查证属实，在业绩考评中被确定为不称职等次，第二年仍未达到合格以上等次的，应当退出员额检察官。员额检察官五年内累计三年业绩考评被确定为基本合格等次的，应当退出员额检察官。

三、退出员额检察官的程序和管理

最高人民检察院《关于完善人民检察院司法责任制的若干意见》指出，"员额检察官依法履职受法律保护。非因法定事由、非经法定程序，不得将其调离、辞退或作出免职、降级等处分。"该条文的规定对于防止人为因素或行政变相干预司法，随意使员额检察官退出,提供了有力的司法保护。因此,在执行员额检察官退出机制时,一定要切实维护退出员额检察官的切身利益和荣誉等,确保检察官队伍的稳定。

(一)规范退出员额检察官程序

一是应明确规定退出员额检察官各项程序。建立包括检察机关考核评议、征求当事人意见、报送惩戒委员会审批等程序在内的规范退出程序,并明文公布,确保执行过程中有规可依、有规必依。二是应充分发挥惩戒委员会评价主体作用。在市级以上检察机关统一设立检察官惩戒委员会,并制定惩戒委员会章程,加强对员额检察官队伍的监督与管理,对检察官行为进行中立的评判。要充分发挥检察官惩戒委员会的评价主体作用,在对员额检察官违法违纪进行处理,执行员额检察官退出机制时,应当根据检察官惩戒委员会的意见作出决定。三是应按照法定程序履行退出审批手续。对于主动申请退出员额检察官的,应依据《检察官法》第42条规定,由本人提出书面申请,依照法律规定的程序免除其职务。四是应确保当事员额检察官陈述、辩解的权利。基于程序正义,在当事员额检察官将被执行退出程序时,其有权进行陈述、辩解,并提供相关证据材料。五是应赋予当事员额检察官提出复议复核及申诉的权利。当事员额检察官对评价结果不服的,可以申请复议、复核。复议的处理由作出处分决定的检察院进行,复核的处理由原决定检察院的上一级检察院进行。

(二)加强退出员额检察官安置

妥善解决退出员额检察官分流使用、权责界限、职业发展等问题。要努力拓宽他们下一步的职业发展空间,畅通他们职业发展渠道,搭建交流转任平台,保护他们退出员额后的工作积极性。退出安置路径主要有以下三种:一是退休退二线。只适用于因身体原因、年龄原因等自愿退出且满足提前退休退二线条件又主动提出申请的员额检察官。二是推荐到其他机关单位任职。三是内部提拔或转化。这种方式是最主要的路径,应区别情况对待。对于因组织需要,拟提拔进入党组,并担任司法行政管理局局长、纪检组长、政治处主任等非员额身份的院领导的,要努力向上级争取,及时履行手续,落实他们的政治待遇,保留一定期限的再次直接入额资格。对于因正当理由主动退出的,应充分听取其个人意见,结合其能力、特长将其安排到检察辅助岗位或者司法行政岗位上。对于因考核不合格而退出的,宜将其分流到检察官助理的工作岗位,鼓励其继续在检察辅助岗位上积累经验,加强检察业务学习,争取在新一轮的遴选中进入员额检察官序列。对于因一般违法违纪而退出且仍留在检察院的,由于其履职过程中出现了司法作风问题,应将其调离办案岗位,分流到司法行政部门。

(三) 保障退出员额检察官利益

在执行员额检察官退出机制时,一定要切实维护退出员额检察官的切身利益和荣誉等,让他们在退出的同时能充分感受到组织的关心和爱护。一是保障他们的经济利益。未经审批不得停发相关待遇,在调查处理、复议复核等履行程序阶段,仍然要保障他们与员额相关的经济利益,不得提前停发其员额工资等相关待遇,一般应在员额检察官退出批准之日的下月起才执行。二是保障他们的政治权利。对于因任职回避、健康原因、挂名办案、业务不精、有正当理由主动退出、考核不合格等原因退出的员额检察官,应当保留他们相应的行政级别和再次入额的资格,在退出原因消失时,他们仍然可以第二次入额并办案;对于因不敢担当、不愿担当等无正当事由主动退出的,不应再赋予他们入额资格;对于退休或因工伤残等合法事由退出的,可以给予荣誉称号,享受除办案津贴外的其他待遇,以此激励全体检察人员更加珍惜员额检察官制的荣耀和价值归属;对于因违法违纪等事由退出的,则应视情节轻重来确定其再次入额资格。

四、构建和完善员额检察官增补机制

(一) 按需增补机制

员额数量的确定,主要是以政法专项编制为基数,比例一般不超过39%,总体上是符合实际的。但是我国地域辽阔,不同地方经济社会发展水平差异大,办案数量相差也较大,所以在确定员额检察官比例和基数时不宜"一刀切"。中央确定的39%的员额比例是一项参考性、原则性标准。具体到每个检察院,到底需要多少员额制检察官,应该由办案数量决定,按需定员。有些检察院即便员额比例低于39%仍案少人多,但是对于办案压力极大的基层检察院而言,按照39%的员额比例遴选出的检察官数量却无法满足办案需要。每名检察官的精力是有限的,如果案件数量无限度增长,一定会降低办案效率、影响案件质量。低下的办案效率会让正义迟来从而辜负群众对正义的期待,存在瑕疵甚至错误的案件更谈不上正义,甚至给制造冤假错案埋下隐患,这是我们不愿看到的。因此,确定充分满足办案实际需要的员额比例既要坚持中央确定的原则,又要紧密结合工作实际科学配置。首先,各基层检察院应根据自身实际情况测算受案数量、摸清办案人员的综合素质,科学计算符合院情的员额制比例,并上报省级检察院参考。其次,省级检察院监督部门应强化对员额制实施的监督,要求确定员额制的检察院要充分说明理由,不能盲目追求整齐划一。最后,应由省级检察院根据市县各院办案量实际变化,精细测算、科学核定、随时调整确定下级检察院员额数量,建立量化增补机制。对办案量小的检察院可以维持现状或适当减少员额数量;对于办案量多、办案压力较大的检察院,则应适当提高员额比例,并进行员额数量的增补。

(二) 及时增补机制

对于员额有预留或空缺的检察院,省级以上检察机关应当明确规定，必须在 3—6 个月全面完成员额的增补。通过明确的时间要求，及时将达到入额条件的检察官补充上去，避免员额检察官办案岗位长时间空缺，影响检察机关办案效率。

（三）强制增补机制

省级以上检察机关制定增补机制时应明确制度的强制性，不能仅对下级检察院起指导作用。员额一旦空缺，就必须强制增补，空多少补多少，并且应在规定的时间内完成。不能想增补就增补，不想增补就找理由不增补。实践中，有的检察院员额出现空缺后，便立即进行增补，努力避免办案缺位问题，同时也将其作为解决干警政治待遇和经济待遇的抓手。有的检察院却不愿执行，担心引起僧多粥少的问题，激化矛盾。因此，应当建立员额检察官强制增补机制。

（四）直接增补机制

建立既有检察官直接增补机制，保证政策的权威性和延续性。员额制改革后，进入员额检察官的人数要严格控制在政法编制的 39% 以内，意味着部分取得检察官身份的人员将无法担任员额检察官。有的通过国家司法考试的检察官因为人数的限制，被挡在员额制的大门外，而一部分通过小司考和初任检察官考试的干警则顺利入额。因此，为考虑政策的延续性和组织的权威性，笔者认为，只要在既往历史中，通过国家认可的各种严格的考试和组织的考核被任命为检察官的，都是具备较强法律功底和较丰富办案经验的检察人员，都应该被认为符合员额检察官的任职条件，在员额出现空缺时，如果没有特殊情况，他们应当直接增补。

（五）梯次增补机制

为确保员额增补的秩序、可操作性，保证增补工作有章可循。对于符合条件，可以直接增补的干警，应规定严格的递补顺序，有次序、有先后地递补，一个一个地通过独木桥。现阶段，通过不同途径取得检察官身份的共有四种类型，即通过国家司法考试的检察官、通过初任检察官考试的检察官、直接任命的检察官、通过小司考的检察官。所以应根据法律功底和积累的办案经验，在他们之间按一定的次序梯次增补。其次应优先考虑经过省级检察机关考核并评定检察官等级的检察员，然后是没有评定检察官等级的一般检察员，再是助理检察员。而等级较高的检察官又应较等级偏低的检察官优先。

（六）遴选增补机制

上级检察院员额检察官出现空缺时，可从下级检察院遴选。下级检察院员额检察官空缺时，则可从本院优秀的检察官助理中遴选。对于没有符合直接增补检察官身份的检察院或同一情况直接增补检察官人数较多、竞争激烈的检察院，可采用遴选增补机制。通过民意测评、绩效考核、笔试、面试，按照组织严密、程序严格、偏重务实和公开、公平、公正的原则，层层遴选，让优秀的检察人才及时入额。

浅谈司法责任制改革背景下
正确处理放权与有效监督的关系

张运成[*]

【摘　要】　司法责任制改革最直接的表现是放权,即科学划定各类主体的权责边界、明确职责任务,将司法办案权限不同程度地下放给法官和检察官。但与此同时,受历史因素和现实条件的制约,当前入额法官、检察官的素质、能力还没有完全达到应有水平,执法司法环境也有待进一步改善,司法权的下放也意味着风险隐患随之增加。应当明确,放权不是放任,在放权的同时也要处理好与有效监督的问题,实现司法权的良性顺畅运转,切实取得司法责任制改革的预期效果。

【关键词】　司法责任制　放权　监督　司法权

司法责任制改革作为司法体制改革的核心,对提高司法质量、效率和公信力具有重要意义,是司法改革的"牛鼻子",是党的十八大、十九大以来检察机关深化司法体制改革的基础性、关键性重大改革举措。作为基层检察机关,司法责任制改革以来,曹妃甸区院按照上级院统一安排部署,扎实推进各项改革任务的落实。但与此同时也注意到,改革过程中一些问题和矛盾也日益凸显,其中如何正确认识、处理放权和有效监督的关系就是一项亟

---

[*] 作者单位:河北省唐山市曹妃甸区人民检察院。

须解决的问题,实践中也进行了积极探索,取得了扎实成效。

一、正确认识放权与监督的意义,坚定推进司法责任制改革的信心和决心

党的十九大报告指出,"深化司法体制综合配套改革,全面落实司法责任制,努力让人民群众在每个司法案件中感受到公平正义"。司法责任制改革最直接的表现是放权,即科学划定各类主体的权责边界、明确职责任务,将司法办案权限不同程度地下放给法官、检察官,从而压实办案责任,最大限度地提高办案质效,根本目的是促进司法更加公正、高效、权威,更具公信力。这一改革改变了过去一人主办、多级审批、层层把关的司法办案模式,带来的是革命性、历史性的变化,对完善中国特色社会主义司法制度具有里程碑意义,应坚定不移深入推进这项改革。

但与此同时,受历史因素和现实条件的制约,当前入额法官、检察官的素质、能力还没有完全达到最高水平,执法司法环境也有待进一步改善,司法权的下放也意味着风险隐患随之增加。应当明确,放权不是不要监督,不是对办案放任不管,而是更需有效强化监督,防止权力滥用、案件质量下滑甚至出现关系案、人情案、金钱案,对司法权的有效监督制约是必然要求和现实需要。

当前,如何正确处理放权与监督的关系是一个十分紧迫的课题。

二、积极探索实践,确保检察权规范有序运行

司法责任制改革实施以来,曹妃甸区院结合本院实际,按照改革精神有序放权,同时积极探索强化监督的方式方法,取得了积极成效。

(一)科学合理界定检察官职责,实现最大限度放权

曹妃甸区院积极落实上级统一部署,及时推进改革进程。

2017年2月，在前期配套改革的基础上，曹妃甸区院首先在侦查监督部门试行办案机制改革，将一般案件的批捕、不批捕等决定权下放给员额检察官，明确谁办案谁负责、谁决定谁负责；同年5月在公诉部门实行改革，并逐步在各业务部门全面推开。

在研究论证和试点的基础上，根据省、市院文件精神，结合曹妃甸区院实际，制定了《检察官办案权力清单》《法律文书签发权限规定》，除重大疑难复杂案件外，将包括一般案件的批准逮捕、不批准逮捕、提起公诉、不起诉等多项权限逐步下放给检察官和检察官办案组，由各办案主体在权限范围内，依法对案件或事项作出处理决定。坚持依法授权和适度放权相结合，突出检察官办案主体地位，有效调动检察官的积极性。

（二）突出监督主体，加强对司法办案的内部监督

1. 落实"一岗双责"职责，强化条线管理

明确检察官所在部门负责人、主管检察长、检察长对检察官应履行"一岗双责"职责，严格教育管理，要求分管、负责部门干警遵章守纪、规范严格执法；同时在业务方面，通过统一业务应用系统及日常了解、听取汇报等，及时掌握检察官办案情况。对检察官提出要求的，认真提供意见建议或组织检察官联席会议、提交检察委会研究讨论。如果发现检察官办案中出现错误决定的情况，及时提示纠正，防范出现大的瑕疵甚至错案问题。对重大、疑难、复杂、有较大社会影响的案件，要求检察官及时汇报案件办理情况，由检察长或检察委员会对重要环节事项作出处理决定，实现检察长和检察委员会的重点把关作用。

2. 发挥案管部门作用，对案件全流程监管

把对案件的监督管理作为司法责任制改革的重要配套措施，制定、完善规章制度，严格贯彻执行。工作中，案管部门认真履行职责，对办案期限、办案程序、办案质量等严格监督管理、及时提示预警，在规范执法行为、提高办案质效上发挥重要作用。

一是统一受理分配案件，建立案件承办确定机制。制定了

《案件分配管理办法》，明确审查逮捕、审查起诉等七类案件全部由案管部门审查受理并统一分配。对受理的案件，遵循随机分案为主、指定分案为辅的分配原则，按规则分配案件。

二是加强流程监管，及时发现问题进行预警。制定了《办案期限监督管理办法》《退回补充侦查工作实施细则》，在案管部门设流程监管员，在各业务部门设流程协管员，依托信息化平台，主动跟踪监督案件办理情况，对案件从受理审查到办结进行全流程动态监管，发现办案即将超时限、信息录入不全、程序不当、文书制作使用不正确、有瑕疵、案卷材料不规范、不齐备的，及时进行预警、提醒，严防违反程序、超期办理案件及不规范问题的发生。

三是常态化开展案件评查，深入监督评价案件质量。制定《案件质量评查办法》《案件质量评查标准》，试行《案件质量评价办法》，组建案件质量评查人才库，坚持季度评查、个案评查和专项评查相结合，常态化开展案件评查。季度评查中，按不低于每名员额检察官办结案件总数20%的比例抽取案件，对事实认定、证据采信、法律适用、文书制作与使用等情况进行综合评查检查，及时发现和纠正执法办案中的问题，对情节严重问题及时向检察长汇报处理。对每件接受评查的案件都进行质量评价，确定等级，作为检察官业绩考核的一项依据，以起到奖惩和激励促进作用。

四是坚持通报、督导制度，促进依法规范、高质高效办理案件。每月将各业务部门、每名检察官的办案情况、案件信息公开情况、每季度对案件质量评查情况进行汇总分析，特别是将发现的问题着重点出，向全院进行通报，督促相关部门和人员进行整改。

3. 明确监察部门职能，加大监督检查力度

目前，曹妃甸区院尚保留监察处这一内设机构。院党组要求该部门继续发挥职能作用，进一步加强内部监督。监察处坚持日

常巡查检查，并联合政治部、办公室抽调专人组成检务督察小组，经常性开展检务督察，对检察官遵章守纪、执行办案安全措施、检容风貌、落实"三个规定"等情况进行常态化监督检查，发现问题及时纠正处理。对反映检察官违法违纪问题的，监察处都及时单独或会同案管办、相关业务部门进行调查核实，通过评查检查案卷材料、走访当事人和有关单位了解情况、与相关人员谈心谈话等，还原所反映问题的真实情况。对确属违法违纪的依纪依规严肃处理，对反映失实甚至故意诬陷的，及时向院党组汇报，提出处理意见，还干警以清白。

（三）提高信息化建设水平，强化规范司法保障机制

坚持以信息化推动司法规范化、队伍专业化。持续加大资金投入，为各部门配齐计算机、打印机、扫描仪、监控设施等科技装备，建成高标准涉案财物保管室，购置涉案财物集中管理信息平台并投入使用。全面推广统一业务应用系统、案件信息公开系统、电子卷宗系统，提高干警科技应用能力，实现执法办案网上运行、网上管理、网上监督，有效提升司法规范化水平和监督制约的科学化水平。

（四）拓宽监督渠道，主动接受外部监督

进一步强化"法律监督机关更要主动接受监督"的意识，不断拓宽渠道，更加深入广泛地接受监督。积极落实区委工作部署，依法主动向区委、人大汇报工作，认真办理人大代表、政协委员提出的建议和议案；定期邀请人大代表、政协委员视察检察工作，主动征询社会各界对检察工作的意见和建议，有针对性地加强和改进执法办案工作。不断深化检务公开，通过组织"检察开放日"活动、开展法治宣传教育、丰富门户网站、微信微博公众号内容等多种形式，及时向社会公开检察机关的办案程序和检察工作进展情况。对案件程序性信息、法律文书、重要案件信息，办案检察官通过案件信息公开网依法规范进行公开，切实增强司法透明度，依法主动接受监督。

三、正视亟须解决的问题，明确下一步努力方向

虽然在理顺改革放权与强化监督的关系上进行了有益的探索和实践，但也要清醒地认识到，随着司法体制改革特别是内设机构改革的深入进行，仍有一些问题急需解决，如检察官的权限各地掌握不一致，缺乏统一标准，相应的监督措施不完善；内设机构改革后，内部监督方式方法还需进一步探索；一些部门负责人仍有模糊认识，不敢大胆监督管理；检察官的上级领导为完成个人任务指标而投入更多精力办案，事务性工作增加，没有更多时间去关注检察官的办案情况；等等。随着改革的深入推进，要着力在以下几方面下功夫：

一是深化执法理念，为规范执法夯实坚实思想基础。要深入开展思想教育，引导干警牢固树立"四个意识"，坚定"四个自信"，切实做到"两个维护"，司法实践中自觉做到"打击犯罪与保护人权并重、实体与程序并重、公正与效率并重、质量和数量并重"。同时要自觉接受监督并敢于对他人进行监督，使"规范、文明、理性、平和"成为全体检察人员的自觉行动和自发要求。

二是加强能力建设，为各项工作提供全面人才支持。大力开展教育培训和岗位练兵，不断增强各类检察人员的能力素质，提高队伍专业化水平，为实现高质高效办案、严格规范管理提供人才保障。

三是深化内设机构改革，科学整合内部资源。内设机构改革后，进一步合理配置办案和监督力量，分工协作，确保检察权规范高效运行。

四是加强机制制度建设，保障司法责任制落实到位。进一步完善检察官权力清单，规范检察官权限，明确相应职责；强化权利保障机制，解除检察官的后顾之忧，调动工作积极性；完善检察官绩效考核机制，细化考核内容及标准，突出导向作用；科学

界定错案标准,切实提高检察官责任意识;完善队伍管理的相关规章制度,不断强化纪律作风建设。

五是严格考核奖惩,加强内部监督制约。严格依照规章制度对检察官业绩进行考核,并将考核结果作为绩效奖金发放、晋级晋职的主要依据。教育和引导各级、各部门不断提高责任意识,认真履职尽责。严明纪律,对不正确履行职责、违法办案甚至发生错案的检察人员,依纪依法严肃追究责任。

浅谈司法责任制下案件质量问责体系构建

于思萌*

【摘 要】 构建完善的司法责任制下案件质量问责机制具有非常重要的现实意义和理论意义。在司法体制改革中,逐步形成了以检察官为中心的办案形式,检察官对案件终身负责,由于检察官办案的独立性增强,导致检察权运行秩序需要重新架构,以强化责任追究为切入点,构建有效的问责机制是制约检察权力的关键。但是由于司法责任制下案件质量问责机制还不完善,在司法实践当中还存在一定的问题,需要认真分析问题产生的原因,通过完善问责机制的一系列措施,提升检察官办案的效率和质量。因此本文主要针对司法责任制下案件质量问责体系构建的问题,从司法责任制的背景、概念出发,分析目前检察机关构建案件质量问责体系的必要性和意义,指出现有司法责任制下关于案件质量问责体系面临的现实困难以及应予完善的措施,并提出自己的观点。

【关键词】 司法责任制 案件质量 问责体系

检察机关司法责任制改革的一大重点就是将检察权真正下放给检察官,但授权之后如何使权力受到约束也成为检察机关必须认

---

* 作者单位:河北省唐山市丰南区人民检察院。

真研究的问题。检察机关需始终坚持突出检察官司法办案主体地位与加强监督制约相统一的原则,在完善与司法责任制相适应的检察权的监督制约和检察管理监督方面进行有益探索。

一、构建司法责任制下案件质量问责的意义

司法责任制又称错案追究制,是指从事审判活动的法官和负责法律监督工作的检察官对其负责的案件所作出的裁判或决定,对于因其过错而导致的错案错判,承担相应责任的制度。司法责任制实质是追究司法人员违法并承担司法责任的内部监督惩戒制度,这项制度自20世纪90年代以来,就开始应用到司法系统,随着社会的快速发展,社会的主要矛盾已经发生了变化,改革进入深水期,各种矛盾的爆发更需要构建良好的司法机制,才能保证社会矛盾的处理效果,在这变化复杂的多元化时代背景下,构建完善的司法责任制下案件质量问责机制具有非常重要的现实意义和理论意义。

(一)司法责任制下案件质量问责体系的概述

1. 细化司法责任的类型

根据主观上是否存在故意或重大过失,客观上是否造成严重后果或恶劣影响,将司法责任分为故意违反法律法规责任、重大过失责任和监督管理责任三类。

2. 科学划分司法责任

办案检察官对办案行为负责,作出案件处理决定的检察官对自己的决定负责,使各办案环节和办案人员的责任清晰。从司法责任的发现途径、调查核实程序、责任追究程序、追责方式、终身追责等几个方面完善了司法责任的认定和追究机制。

3. 办案质量终身负责制和错案责任倒查问责制

检察人员应当对其履行检察职责的行为承担司法责任,在职责范围内对办案质量终身负责。

（二）构建司法责任制下案件质量问责的意义

1. 理论意义

随着社会改革的不断深入，司法体制改革也进入深水区，严峻的改革形势和复杂的社会形势都需要司法制度理论的创新，才能在面临新的社会矛盾时，准确运用相关的理论指导实践，提高办案质量，减少办案错误。通过完善司法责任制下案件质量问责理论体系，能够有效规范检察官的办案过程，指导检察机关办案程序，弥补我国司法责任制和案件质量评估的相关理论。

2. 现实意义

冤假错案的发生导致国家司法公信力的贬损，公民个人对公平正义的感受降低，突出表现之一就是人们在遇到纠纷矛盾的时候，不愿拿起法律的武器维护自身的权益，而是通过纠集上访的形式寻求自身利益的维护，甚至不惜违规越级上访。为了维护国家司法制度的公信力，维护国家法律的权威，通过构建和完善司法责任制下案件质量问责机制，有利于增强检察机关的司法责任感，保障司法案件的质量，减少和杜绝冤假错案，让公民在每个案件中都感受到国家法律的公平正义。

二、司法责任制下案件质量问责的必要性

（一）员额制给案件质量问责提出新要求

员额制改革后，检察官到一线办案，确立起"以办案为中心"的理念。但在实践层次，员额制亦对案件质量问责带来一些挑战。

员额制确立了以检察官为主体的办案模式，树立了"谁办案谁负责，谁决定谁负责""办案质量终身负责"等理念。员额制与传统的"三级审批"制相比，检察官主体地位突显，需要将案件质量问责模式由分散化的自主管理模式转变为集中化的综合管理模式。

就案件质量问责来说,同一业务部门的检察官受制于思维模式、办案习惯等,难以用新的视角审视案件中的问题,存在司空见惯、习以为常等问题。在案件质量问责结果与绩效考核挂钩的背景下,同一部门的员额检察官难以有效保证案件质量问责的客观公正。

(二)"捕诉一体"模式给案件质量问责提出新要求

"捕诉一体"模式下,同一检察官既要承办某一类型的审查逮捕案件,又要承办相应的审查起诉案件,该制度设计的目的是要强化专业化建设,培养某一类刑事案件方面的专家。案件质量问责作为一种内部监督机制,监督者具备一定的能力是有效监督的前提,"捕诉一体"模式必然带来案件质量问责专业化的挑战。

(三)内设机构改革给案件质量问责提出新要求

内设机构改革后,基层院一般是将案件监督管理职能与法律政策研究职能相整合。与此同时,案件质量问责结果运用还不适应内设机构改革的需要。目前,案件质量问责与检委会议事议案范围、典型案例、优秀检察建议的融合发展机制还不健全,案件质量问责结果上升为类案研究、业务指导性文件及服务地方经济社会治理的贡献度还不够。

三、司法责任制下案件质量问责存在的问题

(一)错案标准误差

检察官与当事人之间对错案标准的认识存在偏差,检察官对于案件质量的评估,是以法律为准绳,以证据为依据,以还原的事实为根本。对于案件事实的认定具有很高的法律标准和要求。检察机关对于错案的认定标准极高,一旦确定是错案,检察官需要承担极为严重的行政责任,甚至是刑事责任。但是当事人对于错案的认定标准,极易掺杂个人感性认识和案发当时的感受,标准混乱不一,在案件办理过程中,过分强调对方的责任,忽视自

身的过错，导致案件审结的结果与其内心期待的结果存在一定的心理误差，自认为案件质量不高。

（二）错案救济制度缺失

我国案件质量问责制度中的责任承担与错案救济机制失衡，部分错案受害者在错案获得纠正之后想要追究作出违法行为的办案人员的责任，而追究违法办案人员的责任能够抚平受害人受伤的心灵，能够恢复社会的公平正义。但是目前我们缺乏完善的制度救济错案受害者的利益，这不仅是受害者所需要的，更是整个国家司法制度的公平正义所需要的。

（三）案件质量考核机制不完善

1. 考评内容涵盖不全面

随着司法改革深入推进，办案质量不仅要确保结果正确性、公正性，更严格体现在合法性、规范化、标准化方面和质量与效率、效果相统一方面，而仅依靠卷宗载体显然不够，需将考核内容丰富起来，真正全面、立体、动态呈现检察官办案情况。

2. 考评结果差异性体现不足

一般而言，考核工作价值主要体现在监督管理和奖惩激励。现有考核过程中监督功能自然可以发挥，但结果同质化使得考核激励价值难以有效实现。

3. 定性评价存在一定滞后性

现行考评模式是定性评价和定量评价结合。定性评价主要解决实体、程序方面的考核问题，依据是特定评价标准，该标准一方面是案件结果要求，另一方面是各类优秀案件、精品案件评选结果。而实践中，各类优秀案件评选与案件考核工作往往不同步，因此会出现日常考评结果与优秀案件评选结果不相符的情形。

4. 考评结果运用效果不明显

目前考评实践中，结果运用主要体现在结果通报公示与评先评优挂钩方面。但从多次通报结果来看，有一些问题"老生常谈""屡禁不止"，考核职能并未有效发挥。

四、构建司法责任制下的案件质量问责体系的措施

（一）加强检察官队伍职业道德和执业技能培训

1. 加强职业道德建设

任何制度的设置和推行都必须通过人来实现。在司法实践活动中，完善司法责任制下的案件质量问责体系，首先要加强检察官队伍的职业道德，只有提高检察官队伍的职业道德感，才能激发检察官队伍在办案过程中严守对案件质量的高要求、对问责机制的认同，在办案过程中严格遵守职业道德，提升司法机关的公信力，维护法律的权威。

2. 加强执业技能培训

检察官案件办理质量取决于检察官的执业能力和水平。自从国家要求检察官必须通过国家司法考试之后，检察官的整体业务素质有了很大提升。但是法律跟随社会的发展而不断更新，尤其是对新生事物的相关规定，以及涉及行业专业知识的法律条文，需要检察官不断培训学习，才能真正理解法律条文制定的意义和社会背景，才能更好地把握法律规定的社会价值。所以要加强对检察官执业技能的培训，才能有效提升检察官的办案质量，才能降低检察官办案的出错率，减少对检察官的问责。

（二）构建完整高效的内部监督制约体系与惩戒机制

1. 创新评查方式，完善内部监督制约体系

一是在借鉴先进地区经验的基础上，结合本地实际，针对不同业务部门、不同案件类型量身制定评分细则，并在细则的基础上统一制作"菜单式"评查表格，使评查标准一目了然。二是采取部门评查为主、交叉评查为辅的方式推进常规评查。基于评查工作的专业性和复杂性，考虑到业务部门负责人对办理本部门案件的员额情况及其业务水平最为熟悉，为提升评查质效，常规评查中实行由业务部门负责人负责评查办理本部门案件的员额案件。

为了增强评查工作的权威性和公正性,实行交叉评查。三是采用以网上评查为主、网下评查为辅的模式高效评查。主要依托统一业务应用系统和电子卷宗系统等信息化手段开展评查,评查人员认为有必要的,可以借阅相关案件纸质材料进行评查。

2. 构建内部惩戒机制

检察官办案属于职权行为,对于办案过程中出现的案件瑕疵或者过失问题,应当构建检察官内部的惩戒机制,而不应对于所有的办案问题全部归为检察官的刑事责任。过度的惩罚不仅不会降低错案的概率,只会打击检察官办案的积极性,束缚检察官的手脚,让犯罪分子不能及时受到法律的严惩,不利于被害人对国家司法公信力的信服,贬损国家司法权威。所以,应当构建检察官内部的惩戒机制,对于没有造成严重后果的瑕疵案件,应当给予检察官内部处分,让优秀的检察人员能够更好地发挥自身的价值,打击罪犯,惩恶扬善,维护国家法纪和人民的权益。

(三)完善检察官办案质量考核体系

1. 完善考核内容

一是增加网上办案行为规范考核。在质量考核方面,除事后评价外,还要强调事中过程控制,通过对网上业务办理过程中信息填录、文书制作、业务网上流转等相关操作的监督和管理,将案件整个诉讼进程纳入监督范围。二是增加相关信息公开考核要求。高检院开展检务公开工作,重要目的就是要通过公开促公正,通过外部监督强化内部行为规范,增加案件信息公开的考核实属必要。三是增加风险评估工作考核要求。案件风险评估同样关乎案件质量,有必要补充到考核中。

2. 改进考核程序

现行考核程序大都实行层级评查,就该院而言,实行三级评查制,分别是承办人、部门负责人、专职人员及检委会委员逐级评查。办案责任制改革后,检察官可依授权独立作出处理决定,不再实行层级审批,原监督模式已无法适应新的权力行使方式。

基于此，建议取消多层级评查，强化检察官主体地位和责任意识，加强自主管理。

3. 量化考核结果

建议加强对结果的量化设计，重点要合理体现差异化。一是在明确考核内容基础上，设定每项考核内容的考核标准，让检察官在办案过程中掌握考核标尺。二是合理、恰当设置各项考核内容的分值比重。三是实行基础项目和加分项目相结合的考核方式，在考察基本办案技能的基础上，加强对监督能力考核，对办案效果、监督成效好的案件依据不同标准设置加分项目，加大差异性体现。

4. 完善考核结果运用

对于案件质量考核的结果，笔者认为应采取"刚性"和"柔性"相结合的方式。一方面要纳入检察官整体办案业绩考核范围，成为司法办案绩效重要甚至关键指标，这可成为"刚性"运用方式。另一方面还应给考核结果留下"柔性"多样化应用空间。在内部管理方面，可以针对办案质量开展专项评优奖优工作，同时也可以将结果作为检察官职业培训、职级晋升、职务提拔等方面的重要参考依据。

（四）推进人员分类管理，完善检察官业绩评价体系

把司法责任制改革与检察人员分类管理、完善职业保障、内设机构等改革举措统筹协调推进。实现对检察官、检察辅助人员、司法行政人员的分类管理，坚持扁平化管理和专业化建设相结合，全面推开内设机构改革。完善检察官业绩评价体系，建立以履职情况、办案数量、办案质效、司法技能、外部评价等为主要内容的检察官业绩评价体系，促进检察官多办案、办好案。

五、结语

司法责任制背景下，检察官办案主体地位凸显，在这种情况

下,构建合理的司法责任制下的案件质量问责体系对于理顺检察业务工作关系,增强检察机关法律权威,减少冤假错案具有重要的历史和现实意义,对于巩固和发展具有中国特色的检察工作意义重大。因此案件质量评查工作既要强化内部监督,防止检察权被滥用,又要充分尊重检察官办案权威,防止监督干扰办案活动,需要较高的案件监督管理智慧。总体来看,当前检察机关案件质量评查处于案件规范评查的浅表阶段,还不能完全适应司法责任制改革要求的科学化、规范化、精准化。为全面落实司法责任制下案件质量问责机制,检察机关应通过积极开展案件质量评查活动,全面查摆和解决司法办案中存在的不规范问题,进一步强化对全市案件的质量监管,通过一系列措施,促进办案规范化,提升办案效率和质量。

探索与创新

检察机关监督行政强制措施的必要性与可行性

姚文卿[*]

【摘　要】　行政强制措施是行政主体的一项十分重要的强制性权力，行政主体在实施行政强制措施过程中享有相当的自由裁量权。尤其是涉及公民人身权、财产权的行政强制措施，其影响的深度和广度超过其他行政执法行为，一旦被行政主体滥用或实施不当，将会对行政相对人人身、财产合法权益造成严重损害。因此，在强化行政权监督的法治大背景下，行政强制措施必然成为规制行政权运行的重中之重。基于此，构建符合我国国情和现实特点的行政强制措施检察监督制度，显得尤为必要和迫切。

【关键词】　行政强制措施　检察监督　行政权

一、行政强制措施概述

行政强制措施作为检察机关监督的对象，调整范围广，直接针对公民人身、财产权益，与公民切身利益息息相关，具有明显的直接性和强制性。为建立适合我国国情的行政强制措施检察监督的具体运作机制，真正发挥法律监督之作用，首先要准确认识

---

[*] 作者单位：河北省唐山市曹妃甸区人民检察院。

和把握行政强制措施的本质、特点及类型,才能找准行政强制措施监督的切入点和突破口。

(一) 行政强制措施概念

《行政强制法》第2条第2款明确规定:"行政强制措施,是指行政机关在行政管理过程中,为制止违法行为、防止证据损毁、避免危害发生、控制危险扩大等情形,依法对公民的人身自由实施暂时性限制,或者对公民、法人或者其他组织的财物实施暂时性控制的行为。"从法律定义可以看出,行政强制措施具有以下特点:(1) 强制性和法定性。强制措施对相对人人身、财产具有直接的强制性,必须有法律依据,经过法律授权。(2) 紧急性。行政强制措施的实施条件具有紧急性,实施过程中必须伴有物理性活动。(3) 临时性和非处分性。行政强制措施是一种中间行为,而不是最终行为,是对相对人的人身、财产权利的临时性约束或处置,而不是最终处分。

(二) 行政强制措施的法律特征

行政强制措施作为一种具体行政行为,其主要具有以下基本特征:(1) 强制性。行政强制措施相对于其他具体行政行为而言具有更强和更直接的强制性,主要表现为当行政主体对某一相对人实施行政强制措施行为时,相对人负有容忍义务。如相对人违反容忍义务,将承担更为不利的法律后果。(2) 限权性。行政强制措施是对相对人人身权和财产权的一种限制。因其涉及相对人最为重要的两种权益,一旦被滥用或实施不当,将会对相对人的人身权、财产权造成严重损害。(3) 非制裁性。行政强制措施不是以制裁违法为直接目的,而是行政主体为实现某一行政目的采取的临时措施。它并不是对相对人人身、财产权利的剥夺,也不是对相对人人身、财产权利的最终处分,故它不以制裁、惩罚行政相对人的违法行为为目的。(4) 可诉性。根据行政法律规定,行政相对人如果认为行政强制措施侵害其权益,可以通过申请行政复议、提起行政诉讼和申请行政赔偿等方式获得救济。

（三）行政强制措施的分类

对于行政强制措施的种类，《行政强制法》作了专门的规定，分为以下几种：（1）限制公民人身自由。这是指行政机关依法对公民人身自由采取的临时性限制措施，主要包括盘问、留置、约束、强制带离现场、强制戒毒、收容教育等。（2）查封场所、设施或者财物。这是指行政机关为了保障行政决定有效作出或者保障行政决定得到有效执行，依法对行政相对人的场所、设施或者财物暂时封存的行为，查封对象有场所、工具、设施、设备、财物、资料、合同、账簿等。（3）扣押财物。这是指行政机关为了预防、制止违法行为、保障行政决定的执行，对行政相对人涉嫌违法的财物予以暂时扣留的行为，扣押对象是可移动的财物，对于不能移动的财物只能就地查封。（4）冻结存款、汇款。这是指行政机关为防止当事人转移或者隐匿违法资金，损毁证据，或者为保障行政决定得到有效执行，对当事人的账户采取的停止支付、禁止资金转移的强制措施。冻结的对象是当事人的账户资金，包括存款、汇款、有价证券等。（5）其他行政强制措施。如对于突发事件、金融业审慎监管措施、进出境货物强制性技术监控措施等特殊的行政强制措施。

行政强制措施是否属于检察监督的对象，主要看它是否涉及公民人身、财产权益方面的内容。"限制公民人身自由"涉及人身权，"查封场所、设施或者财物""扣押财物""冻结存款、汇款"，都涉及公民的人身权、财产权；"其他行政强制措施"也大多涉及公民的人身、财产权益，将之作为检察监督的对象，纳入检察监督的范围是顺理成章的。因此，只要是涉及公民人身、财产权益的行政强制措施，就属于检察机关的监督对象，检察机关均可以进行监督，应当纳入检察监督的范围。

二、对行政强制措施实施检察监督存在现实必要性

（一）权力制衡方面存在现实需要

如上所述，行政强制措施具有强制性、限权性等特点，其运用国家机器的强力来直接干预行政相对人的权利义务，属于典型的损益性行政行为，最具侵犯性，对公民的人身自由和财产权威胁性也最大。因此，必须预设一套科学的有效机制来控制其侵害风险。一方面，通过法律的制定构建权利保障机制，促使行政强制措施的正当合法行使，保障行政相对人的合法权益；另一方面，通过建立外部监督制约机制，对公权力行使进行制约和监督，才有可能为权利保障的实现提供必要的条件。检察权作为与行政权相独立的国家权力，其实施的监督具有客观性、专业性、公开性等特点，势必在督促行政机关依法行政、创新社会治理方面起到不可替代的作用。

（二）行政强制措施执行现状存在现实需求

《行政强制法》在很大程度上解决了实践中存在的一些问题，但我们也要看到，仍有诸多因立法缺陷产生的问题和难点亟待解决。同时，实践中部分行政执法人员思想认识不到位、自身素质亟待提高、执法环境复杂多变等原因，造成目前行政强制措施在实施过程中存在诸多问题。比如违反法定程序实施行政强制措施，无法定权限或超越法定权限实施行政强制措施，违法设立行政强制措施的种类，违法延长行政强制措施期限，以行政强制措施代替行政处罚等，严重侵犯了公民合法权益。因此，将行政强制措施纳入检察监督范围，可以发挥检察监督独特功能和专业优势，实现重点领域重点监督，更好地维护行政相对人的合法权益。

（三）监督机制的缺陷和不足产生切实需求

根据法律规定，行政强制措施具有可诉性，公民可以通过提起行政复议、行政诉讼的方式申请权利救济，甚至还可以申

请司法赔偿。这些传统的救济途径成为监督、规制行政权运行的重要组成部分。尽管我国行政权的监督主体是多元化的，但事实证明，各种监督主体和机制之间缺乏有效衔接，监督力度不够，现有的监督救济机制已不能适应对行政权力的有效制约和对公民合法权益充分保护的需要。因此，检察机关通过必要的拓展和延伸监督领域，加大对行政权的制衡，可以很好地弥补其他监督的不足。

三、检察机关探索行政强制措施监督具有可行性

（一）由检察权根本属性决定

行政强制措施是行政执法权的重要组成部分。《宪法》和《人民检察院组织法》均规定人民检察院是国家的法律监督机关。故检察机关的宪法定位决定了其有权对行政权的运行进行监督，这是依法治国的基本要求，也是权力制衡的必然要求。党的十八届四中全会《中共中央关于全面推进依法治国若干重大问题的决定》也为检察机关开展行政强制措施监督提供了最直接、最有力的政策依据。

（二）由检察机关自身具备的优势决定

检察机关的法律监督是一种专门性、程序性和事后性的监督，因此相较于其他监督主体，其所遵循的监督原则是事后监督、谦抑性监督原则，这样既有利于尊重行政权的独立运作，也有利于保障行政效率的实现。

四、构建行政强制措施检察监督制度的设想

（一）确定监督基本原则

目前，检察机关对行政强制措施实施监督尚未有明确法律依据，缺乏实施监督的法定程序和方式，该项工作需要我们在实践

中探索。因此，首先必须正确定位，在监督原则的把握上，不仅要遵循行政权运行规律，更要符合法律监督属性，确保审慎而有效地行使该项法律监督权。

1. 有限监督原则。检察机关对行政执法行为的监督必然是一种有限监督，这是检察机关自身定位和监督现状决定的。如果将所有行政执法行为全部纳入检察监督范畴，检察机关目前的监督能力和水平无法适应，也将影响行政权的顺利运行。因此，《中共中央关于全面推进依法治国若干重大问题的决定》明确了对监督范围进行必要限缩，其对象不具有列举加概括式的可拓展性，对行政强制措施的检察监督要同时满足两个基本条件：第一，行政机关针对公民实施的行政强制措施，不包括对法人和其他组织采取的行政强制措施。第二，行政强制措施涉及公民的人身权和财产权，不包括行政管制、限期整改等其他行政强制措施。

2. 事后监督原则。检察监督应当遵循法律监督活动的规律，以事后监督为主，同步监督为辅。遵循事后监督符合检察监督的法律监督属性，有利于尊重行政权的独立运作以及确保行政效率的实现。而从权利救济角度讲，行政机关本身具有行政自控和纠错机制，为相对人提供了权利救济途径。值得注意的是，对于涉及公民人身自由的行政强制措施，因其可能造成公民身体和精神侵害具有不可逆性，故对于该类强制措施的监督，在启动行政主体自行纠错程序的同时，检察机关可依相对人申请启动同步监督程序，及时纠正违法的行政强制措施或防止损害扩大。

3. 合法性监督原则。《行政强制法》对行政强制措施的设定和实施程序都作了严格的规定，检察机关探索行政强制措施的监督，其监督重点应针对行政强制措施的合法性开展，注重对行政强制措施的权力来源、具体种类、实施主体、方式等是否符合法律规定进行审查，确保行政强制措施的依法进行。

4. 必要性监督原则。一方面，从行政强制措施实施的必要性来监督。监督行政强制措施的实施是否合理，手段和目的是否适当,是否存在滥用行政强制措施的行为。另一方面,行政强制措施产生损害公民人身权益或者财产权益的后果才进行监督,没有损害后果的不进入监督程序。

(二) 监督方式探索

1. 检察建议。检察建议是检察机关履行法律监督职责的重要手段,具有灵活便捷、柔性非对抗、易于行政机关接受等特点。作为法律监督手段,检察建议在民事诉讼法和行政诉讼法中得到确认。最高人民检察院出台的《人民检察院检察建议工作规定》进一步规范了检察建议工作。对符合《行政强制法》第61条和第62条规定的违法情形,侵害公民人身权益或财产权益的,人民检察院应当向行政机关提出检察建议,督促行政机关依法纠正违法行政强制措施。

2. 抗诉。抗诉是指人民检察院对人民法院已经发生法律效力的判决、裁定、调解书,发现确有错误,依照法定程序要求人民法院对案件进行再次审理的诉讼行为。这是检察机关针对审判机关行使法律监督职权的重要方式,检察院提出抗诉的案件,法院应当启动再审程序对案件进行再次审理。检察机关抗诉必须具备下列条件:一是判决、裁定、调解书已经发生法律效力。在行政诉讼中,检察监督是一种事后监督,对于尚未生效的判决、裁定、调解书,人民检察院不能提出抗诉。二是具备法定的事由。《行政诉讼法》第91条对人民检察院抗诉的事由作出了明确规定,只有人民法院的判决、裁定或者诉讼行为具有该条规定的事由之一的,人民检察院才能提出抗诉。三是由有权的人民检察院提出。根据行政诉讼法的规定,只有最高人民检察院、上级人民检察院才有权提出抗诉;除最高人民检察院外,人民检察院无权对同级人民法院的裁判提出抗诉。

行政抗诉无论对于行政审判权还是对于行政权,都具有监督功能。特别是针对法院作出的涉及行政机关对公民人身、财产权益采取行政强制措施的行政裁判的监督,有利于维护国家利益和社会公共利益,维护司法公正和司法权威,保护公民的合法权益,保障国家法律的统一正确实施。

3. 支持起诉。支持起诉是公民因行政机关的违法行政强制措施遭受损害,但由于种种原因不敢或不能提起诉讼,检察机关支持作为行政行为相对人的公民、法人或其他组织对违法行政行为申请行政复议或提起行政诉讼的一种监督方式。其性质与民事支持起诉的起因、性质具有相似性,只是民事诉讼中检察机关支持起诉主要基于国家利益、社会公众利益。由于行政诉讼中未作出规定的可以参照民事诉讼法的规定执行,因此在行政检察监督领域,可以参照民事诉讼法中的规定去进行探索尝试。

在行政管理中,相对人屈服于行政主体的压力,不敢诉、不能诉的情况并不鲜见。支持起诉能防止行政主体给公民、法人或者其他组织施加压力,保障当事人平等地享有参与行政诉讼的机会。同时针对实践中,符合起诉条件的行政相对人向法院提起诉讼,法院拒绝接收起诉材料,或者在收到起诉材料后不出具收据、不予答复的现象,检察机关以支持诉讼的方式进行监督也会起到实际效果。

4. 公益诉讼。目前最高人民检察院在2016年1月出台的《人民检察院提起公益诉讼试点工作实施办法》和最高人民法院在2016年2月出台的《人民法院审理人民检察院提起公益诉讼案件试点工作实施办法》中均明确了检察机关提起行政公益诉讼的范围为"生态环境和资源保护、国有资产保护、国有土地使用权出让等领域负有监督管理职责的行政机关违法行使职权或者不作为,造成国家和社会公共利益受到侵害"。但是,笔者认为,对于行政强制措施侵害到国家和社会公共利益的,相对人没有也无法提起诉讼的情况下,检察机关也可以进行适当的尝试,但是应以限定的方式探索支持起诉为宜。

(三) 监督程序的启动

关于监督程序的启动,主要有依职权监督和依申请监督。在行政强制措施检察监督中，涉及检察权、相对人的私权利和行政强制权三种权力（利）。对于相对人的私权利来说，其与行政强制权之间的关系是救济与侵害的关系。《行政强制法》第8条规定："公民、法人或者其他组织对行政机关实施行政强制，享有陈述权、申辩权；有权依法申请行政复议或者提起行政诉讼；因行政机关违法实施行政强制受到损害的，有权依法要求赔偿。"据此，在行政强制措施检察监督中，由于行政强制措施已明确被纳入行政复议和行政诉讼的受案范围内，故在相对人可以选择救济途径的前提下，应当以当事人申请监督作为启动检察监督的主要方式。而依职权监督应被严格控制，以实施行政强制措施在损害相对人权益的同时损害国家利益和社会公共利益为限。

（四）监督手段的运用

对行政强制措施实行法律监督，必要的调查核实权是保证该项工作顺利开展的基础和前提。因此，检察机关在履行该项职能过程中有权开展相应的调查核实活动，从而真正了解事实，确保作出准确的处理决定。

浅析检察建议制度存在的问题及完善措施

蔡晓锦*

【摘 要】 检察建议是检察机关依法履行法律监督职能的重要手段,是检察机关参与社会治理、维护司法公正,促进依法行政,预防和减少违法犯罪,保护国家利益和社会公共利益,维护个人和组织合法权益,保障法律统一正确实施的重要方式。2018年10月26日修订的《人民检察院组织法》及2019年2月26日最高检发布的《人民检察院检察建议工作规定》均赋予了其新的定位。但在实践中检察建议制度的运行却并不理想,亟待进行完善。本文阐述了当前检察建议存在的问题,并通过深入分析原因提出了一系列完善措施。以期充分发挥检察建议的监督实效,实现其法律监督的价值,从而助推"四大检察"发展。

【关键词】 检察建议 问题 原因 措施

检察建议在检察工作中的作用举足轻重,其作为检察机关依法履行法律监督职责的重要手段,是检察机关参与社会治理,维护公共利益,服务大局的重要方式。实践中,因检察建议长期作为诉讼活动的辅助手段,与其他监督方式相比,其监督刚性和实效

---

* 作者单位:河北省玉田县人民检察院。

性相对不足。所以针对当前检察建议工作存在的问题，提出切实可行的完善措施，充分体现检察建议的刚性，推动检察建议发挥实效，事关检察机关全面强化法律监督理念的践行，是当前需要积极探索的重要课题。

一、检察建议制度存在的问题

近年来，检察建议运行总体趋向良好，但仍存在着一些问题，主要表现在以下几个方面：

（一）文书质量不高

主要表现为形式较为单一、语言较为笼统、内容难以贯彻、制作规范不一。从总体上来看，近年来制发的检察建议大部分是在办理个案中发现的，大多就事论事，缺乏建设性意见，能够针对多发性、社会性问题提出思考的高质量检察建议数量较少。且很多发生在相同领域的问题，未能以类案检察建议的形式发出，对同一机关的同类问题批量发放多份建议的现象仍然存在。行文结构及提出的整改措施具有雷同性，缺乏创新，不同程度地体现出调查不够深入、论据不够充分、说理不够透彻等问题，不能引起被建议单位的足够重视，没有切实发挥检察建议应有的作用。另外，个别检察建议内容简单、语言笼统，采取概括性、模糊性的方式描述相关问题，影响被建议单位的接受与认可程度。在分析问题和提出对策环节缺少针对性和可行性，给被建议单位的实际整改带来很大困难。此外，检察建议制作程序不够规范，在制作、签发、审批环节还存在一些问题。虽然《人民检察院检察建议工作规定》明确规定了检察建议应由检察院法律政策研究部门统一负责文稿审核、编号等工作，但目前实践中是由承办人自行制作检察建议书，并随案归档，且检察建议编号也未能做到以院为单位统一编号，而是各自科室自行编号，使得制发和管理混乱，同时也不利于被建议单位的查阅、效果反馈及执行。

（二）制约刚性不足

检察建议的生命在于落实，而落实的关键在于刚性。实践中，检察建议作为一种柔性监督方式，通常被视为参考性意见，刚性不足，强制性欠缺。部分单位对检察建议的重要性认识不够，对发现的问题无动于衷，对提出的整改和完善措施满不在乎，寥寥几行给予书面回复，敷衍了事，有时甚至存在抵触情绪，不予配合，消极对待。因此，导致相关措施和规范的落实情况也得不到保障，使检察建议的真实效力大打折扣。

（三）跟踪落实不到位

"检察建议绝不是发出去就了事，要紧紧盯住效果，监督落实情况。""要通过我们的努力，把所谓没有硬性要求的检察建议做成刚性、做到刚性！"这是张军检察长在2018年大检察官研讨班上的明确要求。部分办案人员对检察建议的后续工作重视不足，在检察建议发出后，满足于书面回复，未进行事后跟踪监督，未主动向被建议单位了解其执行情况和整改中存在的困难，致使落实情况不尽理想，有的虽然进行了跟踪访问，但由于缺乏监督手段，最终执行情况不理想。从而使检察建议失去了实际意义，浪费了司法资源。

（四）沟通交流不深入

办案部门尚未真正践行、贯彻"双赢、共赢、多赢"的理念，在检察建议制发前，与被建议单位的交流、沟通不够深入，虽然部分检察建议在发出之前，能够做到征求被建议单位意见，但与被建议单位沟通不多，交流不充分，未能全面了解被建议单位的实际情况及整改中可能遇到的问题，导致检察建议的可操作性不强，使落实整改效果受到影响。

（五）制发主动性不高

由于部分被建议单位认为检察建议会影响单位形象和业绩，对检察建议很反感，抵触情绪较大。这种态度直接影响了办案人员制发检察建议的积极性，使得个别办案人员完全是为了应付考核而制发形式千篇一律、内容无关痛痒的检察建议，导致检察建议只有数量，而忽视了质量要求。

二、检察建议存在问题的原因分析

经过分析发现，导致检察建议制度运行不畅和检察建议本身质量不高的原因，主要表现为以下几个方面：

（一）思想认识上重视不够

部分承办人对检察建议工作的重视不够，存在就案办案思想，缺乏延伸监督的意识，将主要精力放在对案件的剖析和研究上。尤其在目前检察机关特别是基层检察院普遍存在案多人少的情况下，检察官更加无法甚至不愿分出精力，通过检察建议这种方式参加经济建设及社会治理等工作。此外，承办检察官在制发检察建议之前不愿主动与被监督单位沟通、交流，认真听取被监督单位的意见，并了解实际执行过程中存在的问题，导致部分被监督单位对检察建议有淡漠、畏难情绪，多数情况下不愿积极配合。且被建议单位对检察建议的价值及重要作用认识不够，重视程度不足，认为检察建议不具有强制性，不管是否接受都无须承担相应责任，从而更加消极对待。

（二）制度设计上仍有欠缺

1. 法律依据欠缺。现行法律法规中没有关于检察建议的单独规定，《人民检察院组织法》中对"检察建议"只是有所提及，也没有具体规定。2019年修订的《人民检察院检察建议工作规定》对检察建议的内容、类型、适用范围及制发流程均作了较为详细的规定，但其主要是用于检察机关内部的章程规定，相对而言位阶不够。

2. 约束效力较弱。除公益诉讼诉前检察建议在限期内得不到回复可以启动公益诉讼程序有法律规定外，其他类型检察建议并没有立法层面强制的约束力，缺乏后续有力的监督举措，显得权威性不足。

3. 跟踪落实不力。检察建议发出后，多数情况下只是消极、单纯地依靠被建议单位的态度决定检察建议的效果，对被建议单位缺少跟踪监督及督促执行，甚至采取听之任之的态度。

（三）人员素质上有待提高

1. 责任意识原因。个别检察干警责任意识不强，对检察建议重视不够，认为主要任务就是办好案子，认为检察建议是"分外"工作，缺乏大局意识，不愿对办案中发现的问题进行深入研究，进而提出检察建议。

2. 业务能力原因。部分检察干警因缺乏案件敏感性和深度洞察力，对所办案件背后隐藏的各种违法隐患不能预判，不能及时发现案件背后存在的制度缺陷及规章漏洞；有些干警虽然能及时发现各种问题，但不愿花费时间进行深入调查研究，找出问题存在的根本原因，而是草草制作检察建议了事；有些干警虽然进行调查研判，但由于业务水平有限或实践经验欠缺，查找问题不准，提不出有针对性的对策，拿不出有效的措施，导致制发的检察建议质量较低，无法得到被建议单位的认可，这也是导致目前检察建议制度运行不畅的一个重要原因。

（四）工作机制上尚需健全

1. 考核机制。目前的考核机制对检察建议的比重不高，且侧重于将检察建议的数量作为评价标准，加之目前案多人少的现状，检察官业务能力和精力有限，这就导致了办案人员在制发检察建议时只重数量不重质量。且制发就是目的，对后期回访、督促漠不关心，对是否采纳和整改不闻不问。

2. 配套机制。检察建议的配套机制不健全。当前检察机关尤其是基层检察机关在开展检察建议工作的人力、物力、财力上都有欠缺，专业化建设、信息化支撑、人才培养等方面投入不足。

三、提升检察建议质效的建议及措施

检察建议是检察机关行使法律监督职能的重要体现,也是检察机关服务经济发展、参与社会治理的有效举措。因此,要改变检察建议从属性的观念;要树立检察建议即是办案的思想;要将检察建议工作作为强化法律监督的新的突破点和增长点,着力提升检察建议质效,使其充分发挥应有的作用。

(一)提高思想认识,筑牢为民理念

通过加强学习教育,提高办案人员的思想觉悟,将检察建议工作上升到恪守党的执政理念、践行为民服务原则的高度,让他们深刻认识到开展检察建议工作的必要性和重要意义。检察建议在宣传法制、教育群众、预防和减少犯罪,促进有关单位完善制度、强化管理、加强内部监督,提升诉讼效率、提高办案质量、维护社会稳定和保障民生权利等方面都起着不可替代的作用。这有利于进一步提升办案人员加强和改进检察建议工作的积极性和主动性。

(二)增强业务能力,确保文书质量

1. 找准监督切入点。当前,要围绕深入开展扫黑除恶专项斗争、防范化解重大风险、精准脱贫、疫情防范等工作,聚焦生态与环境保护、食品药品安全、破坏社会市场经济秩序等领域,重点关注民营企业合法权益的平等保护,持续加大对黑恶势力、污染环境、食药安全、金融经济及涉疫类犯罪的打击力度。找准发力点,使我们的工作融入党和政府的中心工作,为发展大局服务,解民之所盼,干民之所需,才能使检察建议充分发挥作用,才能彰显检察建议工作的生命力。

2. 注重程序规范化。按照《人民检察院检察建议工作规定》将检察建议的制作、签发、审批环节规范化、统一化。制发检察建议应当在统一业务应用系统中进行,实行以院名义统一编号、

统一签发、全程留痕、全程监督。要具备规定的文书要素项目，要符合高检院制发的封皮样式，要有语言精准、说理明晰、措施可行的内容。检察建议发出后，案管部门应定期开展检察建议专项评查，形成评查报告向业务部门反馈，从而推进检察建议规范化建设。

3. 增强问题针对性。办案人员在制发检察建议前，要深入调查研究，收集和掌握充分的原始数据材料，发现问题并找到问题的症结所在，分析原因、提出建议都要客观实在，重点突出。

4. 强化措施的可行性。提出的建议只有恰当合理且可操作性强，才能得到被建议单位的认同，也才能更好地执行和落实，发挥检察建议高效监督的作用。制发检察建议应充分考虑可能产生的法律效果和社会效果，要剖析问题的深层次原因，建议的内容要一针见血、言之有理、论之有据，避免模式化和模糊性。

（三）着力跟踪落实，务求取得实效

检察建议发出后，要做好后续工作，坚持回访，主动向被建议单位了解落实情况。对立即采取措施整改到位的予以肯定，对整改不及时、不到位的，应及时进行沟通，消除其畏难情绪，协助其健全制度，促其提高认识、解决问题、落实建议，对极个别置之不理或敷衍应付的，经检察长决定，可将相关情况报告上级人民检察院，通报给被建议单位的上级机关、行政主管部门或者行业自律组织等，必要时可向同级党委、人大报告，向同级政府、纪检监察机关通报，借力督促建议发挥实效。

（四）争取各方支持，形成监督合力

为充分发挥检察建议在创新社会治理、推动法治建设方面的作用，要整合多方力量，争取各方支持，深入将检察建议工作推进落实。

1. 争取立法部门的支持。完善法律体系，增加检察建议的权威性。以法规形式赋予检察建议强制性，使检察建议更好地发挥法律监督作用。

2. 争取被监督单位的支持。通过与被监督单位负责人进行座谈，消除他们的对抗情绪，提高整改落实的积极性。在发出检察建议之后主动进行跟踪回访，巩固监督成果，建立长效机制。

3. 争取同级党委、人大、政府、纪委、监委的支持。通过将检察建议工作向同级党委和人大报告，向同级政府、纪检监察机关通报，协同各方全力确保检察建议落到实处。

4. 争取有关专业、权威人士的支持。案件涉及的行业众多，专业性强，知识面广，针对一些专业性较强的问题，在制发检察建议时，可通过向专家咨询、委托鉴定等途径，增强建议内容的专业性，提高建议质量，确保其发挥好的效果。

（五）优化工作模式，完善配套机制

1. 健全考评制度。科学合理的考核评价机制对检察建议工作的顺利开展和检察建议功能的发挥有着至关重要的作用。应将检察建议与检察官个人绩效评定考核挂钩，实行量化和质化管理，既要保证数量，又要保证质量。引进激励机制，对社会影响大、效果明显的优秀检察建议作为典型进行宣传，给予奖励，大力推介精品案例。同时可以考虑将可操作性、社会影响力、被监督对象的满意度、检察建议的回复率和整改率等项目纳入检察建议业务考核指标。借此加强检察干警对检察建议的重视程度，调动他们开展检察建议工作的积极性。坚决避免重数量、轻质量，重发放、轻落实的现象出现。用科学合理的考核标准推进检察建议朝着质量更高、效果更好的方向发展。

2. 加强各项保障。一是加强人员保障。首先要采取有力措施强化学习，提高办案人员的业务水平和工作能力，为制发精品检察建议奠定基础；其次要培养办案人员的大局意识、担当意识、忠诚履职的品格和为民服务的情怀。努力提高检察干警敢于监督、善于监督、规范监督的能力。二是加强财物保障。在科技发展的大数据时代，制发高品质的检察建议，财力、物力保障及信息化、技术化等保障必不可少。例如对精品检察建议的奖励经费、对检察建议的媒体宣传、对专业案件的调查取证都离不开财物的投入。有力的财物支撑是检察建议发挥实效的坚强后盾。

检察建议制度作为各级检察机关履行法律监督职能的重要方式，经过了多年的理论研究和实践探索，已发展得相对成熟，检察人员的重视度、被监督单位的认可度和民众的知晓度都得到了一定程度的提升，为其发挥实效奠定了基础，但距离理想状态还有一定差距。这是一个漫长的过程，需要我们共同努力。笔者希望通过此篇文章，使检察建议工作获得更广泛的关注和更深入的思考，进而让检察建议制度的运行更为顺畅，作用能够更好地发挥，为法治中国和法治社会贡献力量。

正确把握涉检信访工作定位创建"枫桥经验"检察版

刘树利[*]

【摘　要】　本文就检察机关在新时代如何把握"枫桥经验"的核心精神和时代价值进行了理论研究,为检察机关在新时代坚持和发展"枫桥经验"提出了建议,综述了唐山市路北区人民检察院在涉检信访工作中践行"枫桥经验"的事迹。

【关键词】　"枫桥经验"　化解矛盾　涉检信访

一、"枫桥经验"与检察工作的契合点

1963年,浙江枫桥创造了"发动和依靠群众,坚持矛盾不上交,就地解决,实现捕人少、治安好"的"枫桥经验"。它坚持以一种积极的态度正视和化解矛盾,最大限度增加和谐因素,最大限度减少不和谐因素,最终实现新的和谐状态,[①] 是我国政法领域的一面旗帜。

"枫桥经验"是化解矛盾的经验,它发源于化解矛盾,服务于化解矛盾,丰富于化解矛盾,又在化解矛盾的实践中不断得以

---

[*] 作者单位:河北省唐山市路北区人民检察院。
[①] 王辉忠:《坚持枫桥经验所蕴含的和谐思想以"两个最大"理念推进公安工作科学发展》,载《公安学刊(浙江警察学院学报)》2008年第6期。

发展创新。而化解矛盾的目的是构建和谐人际关系,维护社会稳定,促进经济发展。检察机关作为国家法律监督机关,担负着维护人民合法权益、维护社会公平正义、维护社会和谐稳定的神圣使命,必须贯彻以人民为中心的发展思想,以"最大限度防范矛盾,最大限度化解矛盾,最大限度促进社会治理"为目标,正视案件背后人与人之间客观存在的矛盾纠纷,特别是在法条有限、事情无穷之间发挥检察智慧,用检察办案的"天时""地利"赢得"人和",此外还要从说事理、讲天理的角度增强普法理的力度,努力实现案结事了、定纷止争。

在化解新时期各类社会矛盾中,"枫桥经验"着力强调基层基础,坚持"预警在先、苗头问题早消化;教育在先,重点对象早转化;控制在先,敏感时期早防范;调解在先,矛盾纠纷早处理",最大限度地把问题解决在基层、解决在萌芽状态,努力做到"小事不出村,大事不出镇,矛盾不上交"。检察机关应当汲取"枫桥经验"的就地解决矛盾的精髓,既要依法慎捕慎诉,做到宽严有据、宽严有度,体现法的理性;又要积极开展刑事和解、检调对接,创新构建多元化矛盾化解机制,传送法的温情,用人性和情理疏释法律的刚性,将法律的严苛与社会的需要无缝对接。

二、坚持和发展"枫桥经验"的建议

(一)理性解读"枫桥经验"

"枫桥经验"并不是包罗万象的"大口袋",什么都可以往里面装。检察机关在践行"枫桥经验"的过程中,必须立足检察职能,体现"枫桥经验"的检察属性和特点,不能脱离法定职责行事。同时,也不是所有履行检察职能的工作都属于对"枫桥经验"的践行,要防止"枫桥经验"泛化现象。检察机关在新时代弘扬"枫桥经验",是要运用法治思维和法治方式,加强检察环节预防和化解社会矛盾机制建设,把化解矛盾纠纷贯穿司法办案全过程,妥善处理好涉检信访问题,最终实现张军检察长提出的"要完善检调对接机制,形成新时代枫桥经验检察版"的总体设计。

(二) 防范检察办案风险

1. 建立矛盾风险预测机制,及时发现可能影响社会稳定的苗头性、倾向性问题,将矛盾风险化解或控制在可控范围内。

随着经济社会发展,矛盾纠纷内容呈现出多样化、群体化特征,大量案件由矛盾纠纷引起,如邻里纠纷、感情纠纷容易引发故意伤害、非法拘禁等案件,经济利益的追逐容易引发强迫交易、敲诈勒索等案件,借贷纠纷容易引发涉众型金融犯罪案件等等。加强分析研判工作,实事求是、客观准确的排查既成矛盾纠纷及其隐患为检察办案所必须。案件管理部门作为风险预测的核心部门,在受案审查环节结合前期收集到的办案风险信息、告知当事人权利时当事人的反应等情况,对可能存在的风险隐患向办案部门发出提示,并发放矛盾风险预测登记表。控告申诉部门接收有关控告申诉的同样应当向办案部门详细提示。承办案件的检察官根据案情、当事人诉求、行为等进行评估,确定是否存在风险及风险大小,填写矛盾风险预测登记表,通过办案软件连通案件管理部门备案,认为有风险的呈报分管检察长及检察委员会确定风险,下好化解矛盾纠纷"先手棋"。

2. 建立矛盾风险防范机制,围绕"不激化旧矛盾、不引发新矛盾",完善和落实检察官以案释法等制度,确保当事人和检察办案之间实现和谐。

(1) 释法说理工作机制。掌握群众心理,使用群众语言,疏导群众情绪,以案释法,增强检察机关与当事人之间沟通,提高当事人对案件事实和法律的认识,促进以理服人,和平息诉。在内容上应以不予立案监督、不批捕、不起诉、不抗诉以及社会关注度较高、争议较大、可能引发上访或者社会群体性事件等案件为重点,在时机上宜选择与办案环节同步说理,在途径上选择检察法律文书和检察官口头释法说理并行。

（2）检务公开工作机制。对拟不起诉、拟作无罪不捕、拟作羁押必要性审查、拟立案监督及不立案监督、民事行政申诉拟不予受理或不支持监督申请、刑事申诉案件及群体性涉检信访等案件，在处理决定前先公开听证，全面听取犯罪嫌疑人及其律师、被害人及其诉讼代理人、证人、其他诉讼参与人和侦查人员等的意见；继而公开定案证据的审查、处理意见的论证程序；然后公开宣告终结性检察决定，并对诉讼参与人和旁听人员同步进行以案说法、以案促教，实现"办理一案，教育一片"的法治效果。

（3）案后跟踪回访机制。将因民间纠纷引起的刑事案件、重大恶性案件、可能引发群体性事件的案件、当事人双方矛盾突出对抗强烈的案件以及当事人反映强烈、可能引起矛盾激化和涉检上访的案件纳入必访范围，通过办案回访一方面能够及时了解当事人对案件结果的意见、情绪状况等，消除隐患，防范涉检上访等事件的发生；另一方面能够把检察办案与查漏补缺有机结合起来，灵活运用检察建议、案例剖析、警示教育等形式，对导致案发的原因进行深入研究，督促有关单位弥补漏洞、整章建制，积极推动社会矛盾风险"群防群治"。

3. 建立矛盾风险化解机制，杜绝就案办案，坚持少捕慎诉，综合运用宽严相济、刑事和解、认罪认罚从宽等制度，最大程度地减少司法办案的负面产出，实现案结事了。

（1）刑事和解工作机制。在办理因婚姻关系、邻里纠纷或地缘因素等民事纠纷引起的刑事案件和其他轻微刑事案件中，有针对性地开展刑事和解工作，运用调解、赔偿、谅解等方式，重构被犯罪行为损害的社会关系的对话机制。检察官在授权范围内与辩护方、被害方进行合理沟通，了解当事双方诉求，深层次分析加害人的犯罪原因及社会危险性，同步开展训诫教育。加害人向被害人当面致歉、赔偿损失，被害人接受加害人的道歉、物质赔偿。被害人的诉求得以表达，权益得到维护，创伤得到抚慰；加害人积极认罪悔罪，得以从轻、减轻或免予追究刑事责任，尽快回归社会。有效减少了社会对抗，修复了被破坏的社会关系。

（2）民事调处工作机制。对进入民事法律监督程序的案件，从维护法制统一的立场出发，审查法院裁判是否公正，辨析当事人利益分配是否得当，居中主持，提供沟通桥梁。当事人双方在法律规定范围内对生效裁判确定的权利义务进行重新安排，达成合意，合意后立即履行。既满足了恰当、公平、迅速等要求，也化解了矛盾纠纷，修复了双方关系，有效防止了因民事纠纷而引发的恶性刑事案件隐患。

（3）特殊群体保护机制。加强对未成年人、涉罪外来人员以及非公企业等群体的保护，彰显检察机关人文关怀。

一是建立未成年人观护帮教机制。以关怀问题少年为切入点，会同学校、学生家长、相关单位根据个案特征，量身定制帮教计划，配套开展亲职教育、心理辅导等措施，建立既教授技能、又进行监督的观护帮教基地，加强对涉罪未成年人的帮教挽救，加强对未成年被害人和监护困境儿童的关爱保护，加强对临界点未成年人的教育引导。引入党政机关、群团组织以及司法社工等社会力量，逐步构建起融合未成年人保护社会化工作体系和未成年人司法的社会支持体系于一体的全覆盖体系，全面加强未成年人司法保护工作。

二是建立涉罪外来人员管护机制。对犯盗窃、伤害等轻刑案件、主观恶性及社会危险性不大、但不具备取保候审条件的外来犯罪嫌疑人，落实外来人员与本地户籍人员羁押必要性审查中的"同城待遇"，选择能为外来涉罪人员提供良好的工作、生活、管理和教育条件的企业建立"阳光驿站"帮扶管教基地，解决对外来人员适用非羁押诉讼可能无法保障诉讼顺利进行的难题。

三是建立非公有制企业保护机制。准确把握罪与非罪的界限、法律与政策的界限，规范司法行为，改进办案方式方法。在办理非公企业经营管理者和关键岗位工作人员的犯罪案件时，加强与涉案企业及有关管理部门的沟通协调，严格慎用强制措施，帮助涉案企业做好生产经营衔接工作；确需查封扣押冻结的，要预留必要的流动资金和往来账户，减少对正常生产经营活动的影响。延伸职能，对接非公企业法律需求，开展个性化、常态化的法律服务，以法治方式助力企业防范化解风险，为企业健康发展提供司法保障。

（三）完善涉检信访机制

1. 完善引导机制。建立便捷畅通的诉求表达机制，畅通涉检信访渠道，构建"信、访、网、电"一体化接访网络，完善和提高远程视频接访系统、检察长信箱、检察微博微信等诉求载体的质量和效用，利用"互联网+"沟通，提供网上网下接待信访，建立预约接访、联合接访等便民利民涉检信访制度，常态化开展下访、巡访工作。引导涉检信访人进行合法理性信访，了解群众诉求，就地排查化解矛盾隐患。

2. 完善处置机制。严格落实首办责任制，促进初次信访事项规范化办理，防止初信初访变重信重访。实行群众诉求"有理推定"制度，凡是涉检责任部门不能提供证据证明信访人诉求无理的，重新开展对相关问题的调查处理。探索第三方参与涉检信访工作机制，充分发挥人大代表、政协委员、人民监督员、律师等在化解社会矛盾中的作用。强化司法救助工作机制，更好地保障被害人合法权益，体现人文关怀。健全依法终结涉检信访案件机制，对于符合终结退出情形的涉检信访案件，严格依法执行终结退出程序。

3. 完善协作机制。加强与公安、法院的配合和互相支持，有效解决调卷难、调查核实难、取证难等问题。与司法行政部门建立检调对接机制，依托人民调解委员会推进刑事和解。对重大疑难涉检信访案件，以及法律程序已经穷尽、合理诉求已经解决、仍坚持长期缠访闹访的当事人，也要说透法理、说明事理、说通情理，联动地方党委、政府和基层自治组织、行业组织、社会团体对其进行心理疏导和人文关怀，做好矛盾化解和困难帮扶工作。

三、在涉检信访工作中践行"枫桥经验"

唐山市路北区人民检察院践行"枫桥经验"，正确把握联系群众、保护权益、维护秩序的信访工作定位，坚持畅通信访渠道与维护信访秩序并重、创新机制与强化责任并举，做到了群众诉求合理的解决问题到位、诉求无理的思想教育到位、生活困难的帮扶救助到位、行为违法的依法处理，多年来未发生一起赴省进京涉检非访案件。该院的信访接待室自2004—2013年连续四届被最高人民检察院评为全国文明接待室，2014年、2017年连续两次被最高人民检察院评为"全国检察机关文明接待示范窗口单位"。

（一）夯实基础，信访接待服务规范提升

1. 以便民利民为原则，加强接待场所建设

坚持以便民利民和规范化管理使用为出发点，强化信访接待场所建设，推进检务公开，努力提升信访接待服务工作水平。一是建立健全安防系统。完善了扫描登记身份证件等接访前置程序，设置了安检系统，购置了防爆毯、防爆桶等紧急突发事件处理设备，有效保障了来访群众和检察机关办公的安全。二是完善接待场所建设。建立了"一站式"检务大厅、候访大厅、专用接待室、检察长接待室、远程视频接访室、心理疏导室、听证室等场所，各区域设置科学，功能完备。同时，还设置了法律宣传栏、电子触摸屏和LED显示屏，用于公示接访人员信息、检察长接待日安排、来访须知、受案范围、投诉指南、检察纪律等检务公开内容，让来访群众无须问询，一目了然。三是配置便民利民设施。开通了残疾人通道，在候访大厅设置等候椅、饮水机、专用物品寄存箱，为来访群众准备了应急医药用品和便民伞。

2. 健全信访工作机制，积极调处矛盾纠纷

探索群众工作对接机制，先后与区公安、法院、司法局等司

法机关、税务、国土、食药监、市场监督管理局等执法机关分别会签了《关于建立统一便民服务工作机制的实施意见》，对不属于本院办理的事务，确定应当接待负责办理的执法司法机关，通过电话等方式与该机关的便民服务中心进行协调联系，开具《便民服务卡》，将群众定向引导到相关执法司法机关办理，确保了群众诉求得到及时接待和解决。

完善亲民利民接访、办访多项工作机制，包括首办责任制、双向信访承诺制、限时办结制、检察长接待日、疑难案件公开听证、全院联动办访、涉检信访风险评估预警、信访隐患排查、领导包案及下访约访等工作机制，以解决属于本院受理范围内的诉求。通过多项机制的综合运用，并辅之以远程视频接访、心理疏导、公开答复、适时听证等多种手段，实现案件办理政治效果、法律效果和社会效果的有机统一，有效解决群众诉求，化解社会矛盾。

3. 规范信访接待工作，依法回应群众诉求

建立了涉检来信来访信息数据库，按照相关规定审批，及时分流、移送、备案并进行适时督办、规范答复，努力实现信访人、举报人息诉罢访。一是严格按照时限及时办理。控申部门收到举报材料后，严格执行台账登记制度，指定专人进行审查，按照程序进行分流，承办部门须在规定时限回复案件处理情况。二是答复的格式和内容符合要求，行文严谨、规范。答复内容包括认定的事实和证据、处理情况和法律依据，行文使用法律语言，强调用法条、讲法理，切实做到用语准确、逻辑清晰、说理充分。答复的同时进行释法说理，答疑解惑，确保让群众对法律规定、处理意见明白、清楚，避免产生认识歧义和理解错误。三是严格落实责任。答复内容由承办检察官、部门负责人、分管检察长层层把关，落实责任，并定期组织文书评查，切实提高文书质量，促进司法规范化，提高司法公信力。

(二)全程同步,社会矛盾防控化解日趋完善

1. 信访隐患排查经常化

实行信访隐患月排查制度,由控申部门每月牵头组织各执法办案业务部门进行一次集中排查,在重大活动、会议期间则临时调整为周排查、日排查。在排查过程中一旦发现信访隐患,办案部门及时制定化解预案,及时向控申部门通报情况,力争把信访矛盾化解在初始状态。同时,建立重大信息反馈报告制度,发现有可能赴省进京上访苗头案件,及时报主管检察长、检察长,由院领导直接调度指挥,整合相关部门力量,协调联动共同处置,彻底化解信访矛盾。

2. 风险评估预警每案化

严格落实涉检信访风险评估预警机制,研究制定了《关于建立涉检信访风险评估预警机制的实施意见》。各办案部门成为该项机制运行的主体,对办理的每个案件及时进行信访风险评估,妥善制定应对预案,把发生重大信访问题的可能性减低到最小范围。坚持在执法办案过程中同步防范矛盾,同步应对矛盾,同步化解矛盾,紧密结合各个执法环节制定化解方案,适时开展释法说理、心理疏导、调解和解工作,努力把不稳定因素消除在萌芽状态,做到依法处理、舆情引导和社会面管控相结合,实现了社会矛盾在执法办案过程中的防范和化解。

3. 重大信访化解多元化

针对疑难复杂、集体访等信访案件实行全院联动办访。业务部门指定精干力量配合控申部门,由检察长或包案领导统一指挥调度,对诉求中反映的案件线索进行评估。针对信访人的诉求,联动区委政法委、法院、公安、司法、信访、乡镇街道等相关单位共同接访,共同制定办访方案,综合运用法律指引、经济调节、协商民主、公开听证、道德教化、心理疏导等手段,把解决实际问题和解决思想问题结合起来,引导信访群众确立与当前经济社会发展水平相适应的理性预期,实现信访人息诉罢访,真正做到

以法为据、以理服人、以情感人,法律、政策、经济、感情不欠账。

4. 远程视频接访常态化

依托检察内网、12309、官方微信、远程视频接访系统等载体,构建"四位一体"的群众表达诉求平台,进一步拓宽、畅通民意诉求表达渠道,简化信访群众预约检察长、检察官的流程,开通信访24小时"绿色通道",保证"信访网电"件件有答复、事事有回音。针对远程视频接访系统使用率低、功能发挥不充分等问题,采取送法进社区等方式加强宣传引导,扩大使用覆盖面、增强应用效率效果,推进远程视频接访常态化,使信访群众足不出户就可以提出意见、反映诉求,推动上访向网访转变。

(三)多措并举,信访处置效能全面增强

1. 规范司法办案行为,从源头上预防涉检信访

牢固树立"强化法律监督,维护公平正义"的理念,规范司法行为,从办案源头抓起,减少和遏制涉检上访。一是加强检察队伍建设,不断提升干警的政治素养、专业素养和综合素养,努力造就一支司法理念先进、司法行为规范、司法质量过硬的新时代检察队伍。二是全面落实司法责任制,明确检察官办案权力清单,规范司法行为,强化案件监督管理,确保检察官严格按照法定权限和程序行使权力、履行职责,防止因违法办案、违规操作引发矛盾、问题。三是继续深化检务公开,自觉接受外部监督,以全面、全部、全程的公开形成对规范司法的倒逼机制,确保检察权始终在法治轨道上运行。

2. 健全司法救助体制,及时帮扶困难群众

按照"精准扶贫"的攻坚要求,强化司法救助在化解社会矛盾中的作用。一是有效落实司法求助的相关规定,公诉、控申、未检等多部门联动,在司法办案过程中积极参与案后帮扶、申请司法救助,尽量防止出现被害人因生活困难无法得到赔偿而引发的信访稳定问题。二是通过与政法各部门建立的司法救助案件信

息共享机制，及时互相通报司法救助案件的有关情况，使救助不管在哪个部门先行发生，其他部门都能在第一时间同步了解掌握，既保证了救助的及时性，又防止了重复救助。三是通过与民政、团委、妇联等多个单位制定《建立司法救助与社会救助衔接机制实施意见》，设立了检察主导、各家单位参与的联合救助平台，救助范围囊括了各类资金类救助、心理疏导、就业技能培训、就业岗位介绍、残疾帮扶、助学救助、结对帮扶、义工服务、医疗救助等，基本覆盖了被害人家庭有可能面临的各种生活实际困难。

3. 探索社会力量参与机制，构建信访共治格局

健全、拓展第三方参与信访问题化解的制度化渠道，组织动员社会力量参与矛盾调解、安置帮教、社区矫正等工作，引导当事人依法行使诉讼权利，增强信访群众对解决方案的认可度。一是与路北区司法局、唐山市律师协会建立了律师参与代理和化解涉检信访案件的工作机制，全面实行律师参与信访工作制度。二是与唐山市诚成青少年社会服务中心合作，组织心理咨询师等专业力量参与信访工作。三是主动邀请人大代表、政协委员、人民监督员参与重大敏感案件、涉众型案件、社会关注案件的公开审查和听证，检察官对作出决定的法律依据及当事人有异议部分，用通俗易懂的语言进行详细阐述，增进了诉讼参与人和第三方对检察机关办案过程和处理结果的了解和理解，做到了让当事人信服检察办案决定，胜败皆服、心服口服。

论未成年人刑事案件集中管辖制度

王济坤[*]

【摘　要】　随着社会意识形态的不断发展和变化,未成年人的刑事案件亦逐渐呈现出低龄化、复杂化、多样化等特征。传统的办案模式中未成年人的刑事案件依据行政区域进行划分管辖。在施行过程中,逐渐显露出司法资源分散、裁量标准与量刑尺度不统一等弊端,不利于未成年犯罪嫌疑人的司法保护。未成年人刑事案件集中管辖制度是在传统办案模式上的改革与创新,通过指定区院、筛选人才、扁平化管理等方式推进司法资源的优化整改,切实保护未成年人的合法权益。

【关键词】　未成年人刑事案件　集中管辖　现实考量

党的十九大提出,要深化司法体制综合配套改革,全面落实司法责任制,努力让人民群众在每一个司法案件中感受到公平正义。在司法改革求新求变的趋势之下,最高检宏观布局整体把握改革方向,微观调整细化布局分配,对内设机构的改革提出了改革要求和实施方针,内设机构改革的统一开展势在必行。笔者认为,在众多机构改革新举措中,未成年人刑事案件集中管辖的机构改革有其特殊的现实实践意义,值得探索与深思。习近平总书记曾经指出"全社会都要了解少年儿童、尊重少年儿童、关心少年儿童、服务少年儿童,为少年儿童提供良好社会环境",这就要求未

---

[*] 作者单位:河北省唐山市路北区人民检察院。

成年人刑事检察工作的检察人员倾注细心、耐心与专心。

未成年人刑事案件集中管辖,是指检察院在涉及未成年人刑事诉讼程序中,打破地域管辖为依据的案件分配标准,由上级检察院依据本辖区内实际办案量,指定某一基层检察院集中办理的过程。①

一、优秀经验借鉴

2016年8月,贵州省检察院出台《关于在司法体制改革中加强未成年人检察工作的意见》。2017年4月,贵州省安顺市西秀区人民检察院实行"捕、诉、监、防"为一体的办案模式,施行未成年人刑事案件"指定管辖、集中关押、集中捕诉、集中审理"改革。

2017年7月12日,江苏省镇江市人民检察院会签《关于确定丹徒、京口、开发区涉及未成年人刑事案件集中管辖的通知》,指定丹徒、京口、经济开发区辖区内的涉及未成年人刑事检察案件,由江苏省镇江市京口区检察院集中管辖。

2017年10月,广西壮族自治区柳州市人民检察院探索未成年人案件集中管辖制度,将全市未成年人刑事案件交由柳州市柳北区人民检察院统一管辖。同时成立广西首个未成年人检察办案基地,抽调未检专业人才入驻基地。

上述改革探索有其可取之处。第一,展示出各地方检察院在司法改革层面勇于创新、大胆实践的积极态度。第二,各地方检察院在改革探索中的优秀理论、先进经验、管理模式亦值得我们去学习、借鉴。同时应当看到上述改革探索也有其不足之处。各地方检察院虽然以"通知""意见"的形式制定未成年人案件集

---

① 参见姚兰志、陈晓梦、窦文慧:《未成年人犯罪集中管辖制度研究》,载《楚天法治》2017年第30期。

中管辖制度，但并未出台落实方案的具体细则，对于案件具体交办流程、手续交接、人员配置等问题的规定仍有待完善。

二、未成年人犯罪案件集中管辖的优势

（一）有助于裁量标准与量刑尺度的统一

现行依照地域管辖分配案件的，法律的理解与适用存在不同角度，导致各地方检察院裁量标准与量刑尺度不同，不同的标准与尺度就会导致案件本身的定性、量刑存在地区差异，而集中管辖的优势在于能最大限度地达到量刑平衡的目的。

现阶段，由于各地方检察院办理的未成年人刑事案件相对分散，加之案件主办人法律功底、业务素养以及量刑习惯均有不同，时常出现案件定性不统一、法定情节与酌定情节适用不一致的情形，使地区之间判决存在差异性。

下面举一案件，具体案情如下：2017年12月16日15时许，交警队民警在某市主干道路口执勤时发现董某某驾驶的车辆未悬挂后车牌照，交警遂要求董某某停车接受检查。董某某为逃避检查，加大油门驾车强行逃离，并将交警手臂刮伤。后一名交警驾车追缉董某某，导致警车撞向同向行驶的董某某的汽车，造成两车受损，交警、董某某、董某某车上乘客肖某某（未成年）受伤的交通事故。事故发生后，董某某弃车逃逸。后经鉴定，交警、肖某某伤情均构成重伤二级。另查明董某某系吸食毒品后驾驶车辆上路，且属无证驾驶、套用车辆号牌，结合其肇事逃逸情节，交警队认定董某某承担全部责任，交警及肖某某无责任。

因董某某交通肇事致1人以上重伤，负事故全部责任，且具有吸食毒品后驾驶机动车辆、无驾驶资格驾驶机动车辆、为逃避法律追究逃离事故现场等行为，交警队以董某某涉嫌交通肇事罪提起公诉，因本案中肖某某系未成年人，所以本案交由未检部门办理。针对本案，有以下几种不同观点：第一种观点认为交警队

出具的责任认定正确。董某某驾驶机动车辆致2人重伤,且具有吸食毒品后驾驶机动车辆、无驾驶资格驾驶机动车辆、为逃避法律追究逃离事故现场等情节,负事故的全部责任,应当以交通肇事罪追究其刑事责任。

第二种观点对交警队出具的责任认定的责任划分存在异议。认为本案中是因警车的不当追缉和操作失误而导致警车撞向同向行驶的董某某的汽车,进而发生的交通事故。因此,交警队认定董某某承担事故全部责任的责任划分错误,董某某应为次责或者无责任。在董某某承担次责或者无责任的前提下,即不构成交通肇事罪。

第三种观点认为董某某的行为不构成交通肇事罪,但构成妨害公务罪。其中不构成交通肇事罪的理由与第二种观点相同,在此不再赘述。董某某为逃避检查,加大油门驾车强行逃离,并将交警手臂刮伤。董某某以暴力方法阻碍国家机关工作人员依法执行职务,其行为构成妨害公务罪。本案最终以第三种观点对董某某以交通肇事罪提起公诉,法院亦已作出裁判。

每一起案件,都有不同角度、观点和法理依据。上述案件则是因为裁量标准与量刑尺度的不同,形成了不同结果的法律意见,进而导致案件定性与量刑直接影响到案件的审查结果。因此,统一裁量标准与量刑尺度势在必行。尤其是在未成年人身心健康受到社会普遍影响的今天,未检办案人员不仅需要在办理未成年人涉罪案件的过程中采取宽严相济、展现人文关怀、弘扬社会正义,更需要在办案结束之后依据案情对未成年人进行正确的价值观引导,使其能够正常回归社会。只有统一了裁量标准和量刑尺度才能取得法律效果与社会效果的"双丰收"。

(二)有助于司法资源的整合

受经济发展、地理位置以及人员流动性的限制,各地方办案量均不同程度存在差异。经济发展好、人员流动大的地区未成年人刑事案件相对较多,但极个别地区因为环境相对封闭,平均每年办理的未成年人刑事案件数量仅为个位数。在以地域标准分配案件的标准下，容易造成案件忙者越忙、闲者越闲两种极端情况。这种情况必然导致司法资源的浪费，不能形成司法合力。整合司法资源、统一管理案件、分配调度合理正是未成年人犯罪案件集中管辖的优势之一。

（三）有助于司法审判体制的完善

第一，对内有助于未成年人"捕、诉、监、防"一体化工作模式的形成。2012年最高人民检察院《关于进一步加强未成年人刑事检察工作的决定》确定了"捕、诉、监、防"一体化的工作模式，决定指出"设立未成年人刑事检察独立机构的检察院，由同一承办人负责同一案件的批捕、起诉、诉讼监督和预防帮教等工作"，其本质要求在于发挥未检部门职能、严格流程管理，其根本目的在于提高办案质量，确保未成年人案件的公正审理。未成年人犯罪案件的集中管辖保证了案件符合公众所预期的公正审判的前提下，以最少的投入，获取最大限度的诉讼效益，使"教育、感化、挽救"的工作方针贯穿于整个案件的审理过程。

第二，对外有助于公、检、法、司联动机制的形成。讯问未成年人时法定代理人在场制度、附条件不起诉制度、未成年人法定从轻制度、社区矫正制度等一系列特殊规定，均能看出法律对未成年人的保护，因此在办理未成年人刑事案件时，要从未成年人的生理成长与心理认知两方面综合考量，重要的是能够让未成年犯罪嫌疑人从思想上认罪服判、安心改造。认罪服判的前提就是保证程序正义与实体正义，在刑事案件办案过程中保证未成年人的合法权益不受侵害，公、检、法、司四部门加强沟通，使侦查、起诉、审判、执行四个阶段紧密配合，形成动态的联动保障机制。

（四）有助于专业人才的培养

在各地区的刑事案件的办案总量中，未成年人刑事案件所占比重相对较低，未检检察官往往兼顾办理交通肇事罪、盗窃罪、故意伤害罪等相对简单的成年人刑事案件,分散精力的同时相对延缓了未检检察官专业化进程。未成年人刑事案件集中管辖建立了专门的未成年人检察团队,可以依据未成年人的性格特点、家庭教育情况、案件类别等,规划出有针对性的办案流程。与心理咨询师、社区志愿者、教育工作者共同构建完善"回访帮扶""心理疏导""法治教育"机制,组建专业团队,吸收各行业的社会有生力量,借鉴学习各单位的先进经验。

(五)有助于未检品牌文化的建立

在集中管辖的同时,不断壮大未检团队,保证法治宣讲、社会活动等传统宣传模式有序进行的基础上,积极探索网络自媒体、视频教育课等新兴领域。使未检工作公开化、透明化,使人民群众了解未检工作、支持未检工作、监督未检工作,提升未检品牌的公众认知度,树立未检工作者的良好社会形象。

三、未成年人犯罪案件集中管辖的不足

(一)人员编制、办案经费分配有待商榷

未成年人刑事案件的管辖权集中收回后,各地方未检部门编制变更及部门改革显得尤为重要。对于被收回管辖权的未检部门而言,其人员编制的收回与保留问题、部门职权的合并变更问题、未检人才的调度与任用问题,诸多细节需要商榷。对于取得集中管辖权的未检部门而言,案件量增加,办案人员却没有相应增多,人员少、任务重变相加大了司法机关的工作压力。笔者建议,通过竞赛选拔的方式从各地方抽调未检人才,实行扁平化的人才聘用模式,注重检察队伍男女比例分配,保证人员年龄梯层分布平均。在人才配备充足的情况下,依据人才特长进行工作任务划分,内部设立不同职权小组,如办案小组、法治宣传及政策研究小组、网宣维护小组。其中办案小组主要负责未成年人刑事案件的批捕及审查起诉等检察业务,提升办案能力及专业素养,提高案件质

量。法治宣传及政策研究小组主要负责法制宣传的贯彻落实,品牌活动的开展推广,优秀经验的学习借鉴。网宣维护小组主要负责微博认证号、微信公众号等网络自媒体的运营与维护,保证信息的及时性、常态化更新。此外,办案经费应予以保证。

（二）司法协作、实施细则有待完善

公、检、法、司常以会签的形式签订实施办法落实工作机制,但由于传统地域管辖的办案模式已形成成熟的体系,因此从原有体系过渡到未成年人案件集中管辖这一新体系仍需协调磨合,实施过程中的衔接细节亦有待完善,集中管辖司法体系的建立任重道远。当前值得借鉴的集中管辖的司法衔接主要有以下几种模式：一是公安机关直接移送模式,即由案发地公安机关直接将未成年人刑事案件移送至集中管辖所指定的人民检察院。二是检察院横向移送模式,即由案发地公安机关将未成年人刑事案件移送至本辖区内人民检察院,再由本辖区内人民检察院将案件转送至集中管辖指定的人民检察院。三是上级检察院指定模式,即由案发地公安机关将未成年人刑事案件移送至本辖区内人民检察院,再由本辖区内人民检察院移送至上一级人民检察院,由上一级人民检察院指定集中管辖的人民检察院予以办理。

（三）跨区办案、异地办案存在不足

当指定集中管辖的人民检察院受理本辖区外案件后,假若案发地与集中管辖的检察院的辖区距离较远,送达法律文书、提审、帮扶教育等方面会因距离的增加而造成时间成本与工作成本的增长,造成司法资源的消耗。另外,操作流程相对烦琐、行政区域跨度长,尤其是涉及未成年人犯罪的刑事案件,案件的多次流转对于未成年人的教育、帮扶、心理疏导也会产生负面影响。

四、完善未成年人犯罪案件集中管辖的建议

对未成年人的司法保护日益受到重视,在司法体制改革如火

如茶推进的大背景下,未成年人刑事案件的集中管辖突破了传统行政区域管辖的限制,彰显了少年司法体制的特殊性与独特性。新的工作机制的建立必将伴随新的困难与挑战,司法改革的道路仍然任重道远。笔者拟提出如下建议:

(一)增置办案经费,优化人员配置

建立监督小组,以定期对账督查、不定期抽查的形式,对办案经费的划拨、使用情况进行监督,保证经费的合理合规使用。设立部门领导负责制,工作责任落实到人。对于抽调的人才施行职权分类的工作改革,依据人才的个人能力和性格特点,逐一分组。

(二)细化衔接流程,完善机构建设

集中管辖的人民检察院成立之前,邀请专家学者对机构建立的可行性进行评估,形成评估报告。集中管辖的人民检察院工作中要细化落实公、检、法、司四机关的衔接方案,同时对于出现的新问题新情况及时出台政策予以解决。协同其他机构单独设立未成年人案件集中管辖的专门机构,形成侦查、起诉、审判、帮扶为一体的一条龙服务。

(三)缩短办案距离,补足办案短板

在选择集中管辖检察院时,应考虑选定地理位置优越、交通便利、案源分布较多的检察院,这就使得大部分案件可以在本地办理,最大限度地节约司法资源。

五、结语

未成年人刑事案件集中管辖制度的形成需要一个坚持不懈、长期发展的过程,也是优秀法律人不断探索、开拓的过程。只有全面深化改革,才能真正贯彻落实"教育、感化、挽救"的工作方针。

基层民行检察发展之路径选择

杨建玲[*] 马淑亚[**]

【摘 要】 民行检察相较于刑事检察起步较晚,在30年的发展历程中,虽已取得了长足进步,但随着反贪反渎职能的转隶,"四大检察十大业务"协调发展的理念已摆在所有民行检察人的面前,如何整合优势力量,促进民行检察的整体快速发展是本文讨论的关键。

【关键词】 民行检察 发展 路径选择

一、民行检察整体概况

（一）民行检察之由来

1. 历史沿革

民行检察全称为"民事行政检察",最早起步于1949年12月的《中央人民政府最高人民检察署试行组织条例》中,实时的高检院下设三个业务处,一处对应一般监督、抗诉和刑事申诉三项职权；二处对应着办理普通刑事案件、监所监督；三处对应着民行监督,规定检察机关在民事方面有两项职权,一是对违法判决提出抗诉,二是代表国家公益参与民事诉讼。因职

---

[*] 作者单位：河北省唐山市路南区人民检察院。
[**] 作者单位：河北省唐山市人民检察院。

权扩张,随着民事诉讼法和行政诉讼法引入检察监督,至1988年,最高人民检察院正式成立民事行政检察厅,民行检察有了正式的机构。

1990年9月,"两高"联合发出《关于开展民事、经济、行政诉讼法律监督试点工作的通知》,在四川、河南等六省开展民事行政诉讼监督试点工作。1990年行政诉讼法和1991年民事诉讼法施行后,民事行政检察工作在全国逐步开展起来。

2019年1月,原来民事行政检察厅一分为三,分别是民事检察厅、行政检察厅和公益诉讼检察厅。

2. 维度选择

从宏观角度看,民行检察是对公权力的监督。我国《宪法》规定:"中华人民共和国人民检察院是国家的法律监督机关。"宪法赋予检察机关国家监督机关的法律定位。《人民检察院组织法》《民事诉讼法》和《行政诉讼法》均规定人民检察院对人民法院已经发生法律效力的民事、行政判决、裁定和损害国家利益、社会公共利益的调解书有权通过抗诉或再审检察建议进行监督;对民事、行政执行活动和民事、行政审判程序中审判人员的违法行为可以通过检察建议予以监督。在检察机关反贪、反渎、预防机构、职能和人员转隶后,在全面推进依法治国的大背景下,历史赋予了检察机关新职能,即开展公益诉讼工作,从而形成了现在"四大检察十大业务"的检察工作新格局。

从中观角度看,民行检察是对类案的监督与研判。民行检察的案件来源依据《人民检察院民事诉讼监督规则(试下)(以下简称《民事诉讼监督规则》)》和《人民检察院行政诉讼监督规则》(以下简称《行政诉讼监督规则》)的规定,途径有三:一是当事人向人民检察院申请监督;二是当事人以外的公民、法人和其他组织向人民检察院控告、举报;三是人民检察院依职权发现。除"当事人以外的公民、法人和其他组织向人民检察院控告、举报"多为个案外,当事人申请监督的案件可能因共同诉讼、农民工讨薪而致出现类案；依职权发现的案件，可因同一被执行人涉案众多而导致类案的出现。类案的出现为检察机关民行监督业务提供了理论和实践研究的范本。从理论上看，完善检察机关支持起诉制度；从实践上看，如何同时接待众多申请人，倾听他们的诉求是一难题；如何更好地化解众多申请人的矛盾，做好释法析理工作是另外一个难题。从共同点中区分不同，分而克之为上策；按诉请分类解答为中策；一一解答为下策。无论何策，其根本是维护司法权威、维护公平正义、维护人民群众切身利益。类案监督的重点在于"提取公因式"总结经验，弥补不足。

从微观角度看，民行检察是对个案的监督，意在维护司法权威，保障当事人合法权益，让"人民群众在每一起案件中都能感觉到公平正义"。从申请人的申请监督理由出发，以个案的基本案情为基础，以请求权基础结合法律关系为切入点，重点审查法院在认定案件时，事实认定和法律适用是否存在不当；申请人申请监督理由是否有事实和法律之依据。个案监督的重点在于以案说案，以案释法。

（二）民行检察之规定

自 1982 年《民事诉讼法（试行）》开始，检察院有权对民事审判活动实施法律监督就已成为一项基本原则予以确立，至 2012 年民事诉讼法大修，不仅涵盖了检察监督基本原则的重新表述，同时还在诸多具体制度和程序设计上予以充实、拓展和完善，在相当大程度上提升了检察监督的地位和作用，使得检察监督不仅仅停留在宪法层面，而是在检察制度层面获得了新的定位和内涵。

1. 法律层面

此处仅指狭义法律，由全国人大及其常委会制定。《宪法》规定："中华人民共和国人民检察院是国家的法律监督机关。"《民事诉讼法》第 14 条规定："人民检察院有权对民事诉讼实行法律监督。"第 208 条规定："最高人民检察院对各级人民法院已经发生法律效力的判决、裁定，上级人民检察院对下级人民法院已经发生法律效力的判决、裁定,发现有本法第二百条规定情形之一的,或者发现调解书损害国家利益、社会公共利益的,应当提出抗诉。地方各级人民检察院对同级人民法院已经发生法律效力的判决、裁定,发现有本法第二百条规定情形之一的,或者发现调解书损害国家利益、社会公共利益的,可以向同级人民法院提出检察建议,并报上级人民检察院备案;也可以提请上级人民检察院向同级人民法院提出抗诉。各级人民检察院对审判监督程序以外的其他审判程序中审判人员的违法行为,有权向同级人民法院提出检察建议。"第 235 条规定:"人民检察院有权对民事执行活动实行法律监督。"

《行政诉讼法》第 11 条规定:"人民检察院有权对行政诉讼实行法律监督。"第 93 条规定:"最高人民检察院对各级人民法院已经发生法律效力的判决、裁定,上级人民检察院对下级人民法院已经发生法律效力的判决、裁定,发现有本法第九十一条规定情形之一,或者发现调解书损害国家利益、社会公共利益的,应当提出抗诉。地方各级人民检察院对同级人民法院已经发生法律效力的判决、裁定,发现有本法第九十一条规定情形之一,或者发现调解书损害国家利益、社会公共利益的,可以向同级人民法院提出检察建议,并报上级人民检察院备案;也可以提请上级人民检察院向同级人民法院提出抗诉。各级人民检察院对审判监督程序以外的其他审判程序中审判人员的违法行为,有权向同级人民法院提出检察建议。"第 101 条规定:"人民法院审理行政案件,关于期间、送达、财产保全、开庭审理、调解、中止诉讼、终结诉讼、简易程序、执行等,以及人民检察院对行政案件受理、审理、裁判、执行的监督,本法没有规定的,适用《中华人民共和国民事诉讼法》的相关规定。"

2. 司法解释层面

有关民事行政检察监督的司法解释有《民事诉讼监督规则》和《行政诉讼监督规则》等。

3. 其他类型层面

"两高"《关于对民事审判活动与行政诉讼实行法律监督的若干意见（试行）》、最高人民法院审判监督庭、最高人民检察院民事行政检察厅《关于办理民事诉讼检察监督案件若干问题的会议纪要》、最高人民检察院民事行政检察厅《关于规范省级人民检察院办理民事行政提请抗诉案件的意见》、最高人民检察院民事行政检察厅《关于人民检察院派员出席民事行政抗诉案件再审法庭工作的若干意见》等。

（三）民行检察之框架

《民事诉讼法》第208条；《行政诉讼法》第93条；《民事诉讼监督规则》第7条、第11条及第13条及《行政诉讼监督规则》第2条、第5条的相关规定，为民行检察搭建了主体框架。

1. 案件受理类型。包括生效裁判监督（含损害国家利益和社会公共利益的调解书的监督）、对审判程序中审判人员违法行为监督、执行活动监督三大类型。

2. 审查监督主体。审判程序中审判人员违法行为监督和执行活动监督采用同级监督模式，而生效裁判类监督（排除再审检察建议形式）的抗诉形式采用"上下级监督模式"，为"倒三角"格局。

3. 审查监督形式。针对生效裁判和损害国家利益、社会公共利益的调解书可以采用"上下级监督模式"的抗诉，亦可以采用同级监督模式的再审检察建议。针对执行活动监督和审判程序中审判人员违法行为监督多以检察建议、辅助于纠正违法、建议更换办案人员的形式予以监督。

二、民行检察之现状困境

民行监督的核心在于生效裁判监督，它是审判活动监督和执行活动监督的基础，无生效裁判监督无法发现审判活动是否违法；

无生效裁判监督亦无法鉴别执行活动是否合法。在"依职权发现"有严格法律限制下,案件来源主要在于当事人申请,囿于我国四级两审终审制,致使检察机关对民事、行政生效裁判监督适用"上抗下"的"倒三角"格局,造成基层很"闲",市院太"忙"的局面。

(一)市级人民检察院的视角

当事人对于一审民事、行政裁判,往往会采取上诉的模式,一方面是为了充分利用四级两审终审制度的优势,另一方面是为了满足再审申请的需求。案件经上诉而成为生效裁判的民事、行政案件,其对应的监督机关是地市级检察院。由于二审生效的民事、行政裁判案件远远多于一审,直接影响就是地市级人民检察院办理的民事、行政生效裁判案件数量远超出基层院。作为地市级检察院经常疲于应付大量生效裁判案件,而无暇顾及执行活动监督案件和审判程序中审判人员违法行为监督案件,更甚少有时间能开展对下指导。以唐山市检察院为例,2017—2019年共办理生效裁判案件1483件,办案检察官平均每人办案量均为300件/年,可见办案压力之大。

(二)基层人民检察院的状况

以笔者所在院2015—2019年办理的民行案件为例(详见下表图),可见案件来源比例失调,这是由多方面原因造成的。

年度	办案总数	案件来源		案件性质	案件类别
		依申请	依职权		
2015	4件		1件	个案监督	生效裁判类
		1件		个案监督	执行活动类
			1件	立案监督	审判活动监督类
			1件	类案监督	改进工作类

续表

内容 年度	办案 总数	案件来源		案件 性质	案件 类别
		依申请	依职权		
2016	24 件		1 件	个案监督	审判活动监督类
			19 件	类案监督	执行活动类
		1 件		个案监督	生效裁判类
		1 件		个案监督	生效裁判类
		1 件		个案监督	生效裁判类
		1 件		个案监督	生效裁判类
2017	6 件	2 件		个案监督	执行活动类
			1 件	个案监督	生效裁判类
		1 件		个案监督	生效裁判类
		1 件		个案监督	执行活动类
		1 件		个案监督	执行活动类
2018	18 件	1 件		个案监督	生效裁判类
			17 件	类案监督	执行活动类
2019	13 件	2 件		个案监督	生效裁判类
		1 件		个案监督	生效裁判类
			4 件	类案监督	执行活动类
			1 件	个案监督	审判活动监督类
		1 件		个案监督	生效裁判类
		1 件		个案监督	生效裁判类
		1 件		个案监督	生效裁判类
		1 件		个案监督	生效裁判类
		1 件		个案监督	生效裁判类

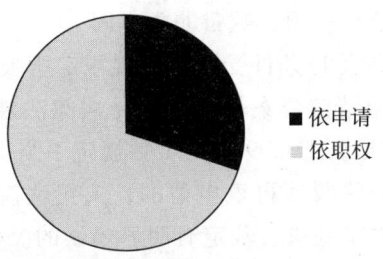

1. 案件的来源有法律法规明确规定

从《民事诉讼监督规则》《行政诉讼监督规则》的编撰体例来看，《民事监督规则》列"受理"为第四章，共涉及20个条款（第23条至第43条），明确规定了当事人向检察机关申请监督的程序要求和检察机关在履行职责中发现案件的程序要求。其中，涉及当事人申请监督的案件受理有17条（第23条至第40条）；剩余3条（第41条至第43条）规定了检察机关在履行职责中发现案件的受理情况；《行政诉讼监督规则》列"受理"为第二章，共涉及5个条款（第5条至第9条），明确规定了当事人向检察机关申请监督的程序要求和检察机关在履行职责中发现案件的程序要求。其中，涉及当事人申请监督的案件受理有4条（第5条至第8条）；仅第9条规定了检察机关在履行职责中发现案件的受理情况。

从上述条款的分配比例看，不论是《民事诉讼监督规则》还是《行政诉讼监督规则》皆采用了以当事人申请监督为主、以检察机关在履行职责中发现为补充的案件来源体系。同时，《民事诉讼监督规则》和《行政诉讼监督规则》均规定控申部门负责受理当事人对生效民事判决、裁定、调解书的申请监督，当事人认为审判程序中审判人员违法行为及执行活动存在违法情形的申请监督；亦规定了民事行政检察部门负责对受理后的民事诉讼、行政诉讼监督案件进行审查，从而确立了受审分离的案件办理体制。类似于侦监、公诉审查公安移送的刑事案件，不同之处仅在于一个是外部移送，一个是内部移送。但司法实践中，控申科能受理的案件囿于前置条件所限，数量非常有限。

2. 监督案件的受理条件受法律法规规定所限

（1）当事人申请监督案件的受理受法律法规规定的前置条件所限。《民事诉讼法》第 209 条第 1 款规定了当事人申请监督的前置条件为：人民法院驳回再审申请的；人民法院逾期未对再审申请作出裁定的；再审判决、裁定有明显错误的。《民事诉讼监督规则》第 31 条以《民事诉讼法》第 209 条第 1 款为依据，列举了当事人对生效裁判、调解书申请监督，检察机关不应当受理的情形。第 32 条是对民事一审生效裁判的监督申请不予受理情形的规定，确立了对一审生效裁判的有限监督原则。当事人对一审裁判不上诉，而待其生效后转向检察机关申请监督，检察机关原则上不予受理，只有存在有不可归责于当事人的客观原因，检察机关才予以受理（本条于 2018 年 9 月 15 日暂停执行，致使 2019 年生效裁判案件受理数有所提升）。第 33 条是关于当事人对审判人员违法行为和执行活动违法情形申请监督不予受理情形的规定，本条要求当事人认为人民法院民事审判程序中审判人员存在违法行为或者人民法院民事执行活动存在违法情形的，应依据民事诉讼法的相关规定向人民法院提出异议、申请复议或者提起诉讼，在穷尽法院的所有救济程序后，违法情形仍旧存在的，才可以向检察机关申请监督。还需特别注意的是，当事人慑于人民法院享有执行权，害怕一旦向检察机关申请了执行活动监督，人民法院会更加消极地执行生效法律文书，使得手中的法律文书变成"一纸空文"。

《行政诉讼法》没有明确规定当事人申请监督的前置条件，但依据其第 101 条的规定："人民法院审理行政案件，关于期间、送达、财产保全、开庭审理、调解、中止诉讼、终结诉讼、简易程序、执行等，以及人民检察院对行政案件受理、审理、裁判、执行的监督，本法没有规定的，适用《中华人民共和国民事诉讼法》的相关规定。"当事人针对生效裁判、调解书申请监督，也应符合《民事诉讼法》第 209 条第 1 款的规定。《行政诉讼监督规则》第 6 条规定了当事人申请监督的期限为 6 个月；第 7 条规定了不予受理当事人申请监督的情形，整合了《民事诉讼监督规则》第 31 条、第 33 条的规定。

上述《民事诉讼监督规则》和《行政诉讼监督规则》的条款，均为当事人申请监督规定了不同程度的前置条件，是为了充分实现法院自我纠错功能，体现检察监督的谦抑性，同时也直接导致当事人申请监督的案件能最终进入民行部门审查的极少。

（2）检察机关在履行职责中发现的案件受严格的受理条件所限。《民事诉讼监督规则》第 41 条和《行政诉讼监督规则》第 9 条均规定了检察机关在履行职责中依职权监督的案件情形，以"损害国家利益或者社会公共利益，审判、执行人员有贪污受贿、徇私舞弊、枉法裁判等行为"为限，且无任何兜底条款。严格限制依职权监督案件，是为了谨慎使用检察机关主动介入权，不影响人民法院审判权和执行权的正常运行。

三、民行检察之破局之钥

（一）员额机制下的检察官办案团队

《人民检察院组织法》第 8 条规定："人民检察院实行司法责任制，建立健全权责统一的司法权力运行机制。"司法责任制改革的目标是通过健全司法办案组织，科学界定内部司法办案权限，完善司法办案责任体系，以构建公正高效的检察权运行机制和公平合理的司法责任认定、追究机制，做到谁办案谁负责、谁决定谁负责，即"员额制"。

将查办力量向上集中，形成一定的规模，反而更能发挥规模效应，保持人员的机动性，扩大社会认知。若基层院单兵作战，除了因综合业务造成损耗外，还有上下协调、与外部其他机关的横向协调，费时费力，影响效率。

地市级人民检察院员额检察官和基层人民检察院员额检察官之间可以组成检察官办案团队，以地市级人民检察院员额检察官为主，通过统一业务应用系统，将案件流转至基层人民检察院员额检察官系统上，由基层人民检察院员额检察官进行初步审查，由地市级人民检察院员额检察官进行复查并作出最终决定。地市级人民检察院员额检察官和基层人民检察院员额检察官对案件发生分歧时，可以提请检委会予以决定。在统一业务应用系统上流转的案件，计入地市级人民检察院员额检察官和基层人民检察院员额检察官各自的办案数。选择"员额+员额"，而非"员额+检辅"，是为了保证办案的责任心。由于办案数各自计入，相应的考评标准可以参考提请抗诉案件的评价标准。即初审意见被采纳的，年底考核加分；初审意见被否决，年底考核减分，以防止基层人民检察院员额检察官出现案件非本院受理而敷衍了事的态度。"员额+员额"的检察官办案团队既能缓解地市级人民检察院生效裁判案件案多人少的矛盾，又能提升基层民行员额检察官的办案能力。同时，对案件的质效亦有很大的提升。

（二）民行检察一体化，参照人民法院执行上提的人员规划

所谓检察一体指"各级检察机关基于领导关系，构成有机统一整体，检察官在上命下从的关系中根据上级检察官的指示命令执行职务。按照这一原则，检察权的行使必须保持整体的统一，所有检察机关被视为一个命运共同体"。检察一体的核心在于通过相关权力义务的设定，使检察机关对内构成一个统一的、科层制的组织，对外为一个不可分的整体。具体操作可以参照人民法院执行提级的人员规划模式，基层民行检察部门向上级集中，在地市级检察院设常设机构，人财物统一收归地市级检察院统一管理。基层院仅设置派出机构，并以所处地域为整合点，设立"分处"，"分处"下设科室。业务由地市级检察院按区域统一进行调配，事务由派出的"分处"统一负责，科室负责具体执行工作。科室在执行过程中发现重大、疑难、复杂案件的，层报地市级检察院

常设机构解决。加强机构之间的纵向联动,解决民行生效裁判监督的"倒三角"格式;加强机构之间的横向联动,针对执行活动及审判程序中审判人员的违法行为,采用跨区域监督,打破过去"同级监督"中"不好监督、不愿监督、不敢监督"的思想壁垒,推进人民法院"执行乱""执行难"的破解进程。

综上所述,民行检察的长足发展关键在"人","人"的能力重在培养。重新对民行办案人员进行再组合,是新形势下对民行检察的新要求、新使命,是"四大检察"全面协调发展的关键,更是为了满足人民日益增长的对美好生活的需要的使命所在。

检察环节律师权利与监督实证研究

刘树利[*]

【摘　要】　律师制度是中国特色社会主义司法制度的重要组成部分,是国家法治文明进步的重要标志。党的十八大以来,律师制度改革不断深化,律师执业保障机制不断完善。本文以唐山市路北区人民检察院保障律师执业权利工作为实证,对检察环节律师权利保障工作存在的问题进行具体分析,探索在检察一体化视野下,进一步完善律师权利与监督机制的有效途径。

【关键词】　检察环节　律师权利保障机制　监督机制

律师制度是中国特色社会主义司法制度的重要组成部分,是国家法治文明进步的重要标志。党的十八大以来,律师制度改革不断深化,律师执业保障机制不断完善。检察机关和检察人员应当充分认识律师在法治建设中的重要作用,认真贯彻落实各项法律规定,尊重和支持律师依法履行职责,依法为当事人委托律师和律师履职提供相关协助和便利,切实保障律师依法行使执业权利。

一、现行的律师权利保障法律规定

2014年12月,最高人民检察院印发《关于依法保障律师执业权利的规定》;2015年9月,最高人民法院、最高人民检察院、

---

[*] 作者单位:河北省唐山市路北区人民检察院。

公安部、国家安全部、司法部联合发布《关于依法保障律师执业权利的规定》(以下简称"两个规定"),对检察机关依法保障律师执业权利提出了明确要求。

2017年4月14日,最高人民法院、最高人民检察院、公安部、国家安全部、司法部、全国律师协会联合下发《关于建立健全维护律师执业权利快速联动处置机制的通知》,针对当前律师执业权利保障中存在的突出问题,对律师执业权利保障提出了总体要求,进一步明确了维护律师执业权利范围和途径,完善了维护律师执业权利快速受理机制和联动处理机制。

2018年10月26日,第十三届全国人民代表大会常务委员会第六次会议修正的《中华人民共和国刑事诉讼法》在第一编总则第四章"辩护与代理"中详细地规定了辩护律师的会见权、通信权、阅卷权、申请调取证据权、收集证据权、拒绝辩护权、申诉、控告权等一系列权利。

二、律师权利保障与监督机制的价值

(一)检察机关履行法律监督职能、维护法律正确实施的要求

律师与检察官同属法律职业共同体,都以维护犯罪嫌疑人的诉讼权利、保障法律的正确实施、维护公平正义为目标。律师执业权利的保障程度,关系到当事人合法权益的维护,关系到司法制度的完善和发展,关系到社会公平正义的实现。重新定位律师权利保障工作,有利于充分发挥律师在司法过程中应有的作用,更好地维护当事人的合法权利,维护司法公正。

(二)构建合理刑事诉讼结构、保障和促进司法程序公正的需要

长期以来,相对于检察机关而言,律师在刑事诉讼中一直处于弱势地位,这势必会产生司法专横现象,对控、辩、审三角构造的平衡稳定造成侵害。而且,如果辩护律师的诉讼地位和权利

得不到合理的认识和有力的保障,诉讼中的辩护职能就会弱化,不利于全面客观挖掘案件事实情况,不利于实现司法公平公正。

(三)检察机关适应新时期司法工作,保障人权、促进社会和谐稳定的要求

随着刑事诉讼法的修改,刑事诉讼的体系和规则有了更为精细、科学的设计,这也对检察机关的工作提出了更严格的要求。检察人员要正确处理好与律师的关系,把他们从定位为"对手"转变为"帮手",认真听取他们对案件处理的意见,以求客观、全面地审视案件,作出公正的处理结论,为社会的和谐稳定提供强大的法律后盾。

三、检察机关依法保障律师执业权利的实践

近年来,唐山市路北区人民检察院以构建配套保障制度体系为契机,进一步更新司法理念,规范司法行为,改进司法作风,以信息化手段为依托,进一步优化软硬件设施,打造优质服务平台,通过"四个一"举措(即签约律师信息备案一次完成、预约事项一个工作日安排、来访接待一分钟办妥、事项办理一站式服务)为律师提供周全、便利、快捷的服务,积极保障律师的执业权利,构建了检察机关与律师的良性互动关系。

(一)转变司法理念,着力构建配套保障机制

一是推动检察人员转变司法理念。坚持从思想教育、制度保障和检查整治入手"三管齐下",着力转变检察人员陈旧的司法理念,全面认识检察人员和律师的角色定位。全体检察人员积极支持律师依法开展工作,主动加强与律师的沟通协作,推动形成彼此尊重、平等相待、相互支持、相互监督,正当交往、良性互动的新型检律关系。

二是构建保障律师依法执业的制度体系。制定《基层人民检察院检察权运行流程规范》,明确了案管办与相关业务部门在保障

律师诉讼权利方面的职责，在律师接待工作中的工作衔接程序和协作配合义务，涉及律师会见、阅卷、调查取证、控告申诉等法定权利的保障，律师接待工作流程和要求的细化，检察人员与律师交往行为的规范等方面内容，形成了具有全面性、规范性和实用性的保障律师依法执业的制度体系。

三是建立完善沟通联系机制。与路北区司法局、唐山市律师协会建立情况通报、会商协调、联席会议等工作机制，通过定期走访、召开座谈会、举办"检察开放日"等多种形式，主动征集律师在检察环节依法行使权利过程中遇到的困难以及保障律师权利行使的意见建议，共同研究、商讨解决办法。

（二）畅通信息渠道，保障律师知情权

一是主动公示案件信息。依托案件信息公开网深化检务公开，打造阳光司法新机制。严格限制不公开案件范围，运用信息化手段及时公开程序性信息，建立终局性法律文书统一上网和公开查询制度，不断拓宽案件信息公开化工作成效，便利律师执业。

二是网上预约主动推送。依托案件程序性信息查询平台，主动向案件辩护律师推送在办案件的程序性信息。在案件进入受理审查逮捕、移送审查起诉、提起公诉等重要程序节点时，平台同步自动以短信形式推送案件相关程序性信息，保障律师及时知晓相关案件信息。

三是传统方式确保告知到位。辩护律师依法了解犯罪嫌疑人涉嫌罪名、检察机关受理时间、办案期限、办案部门、处理结果、强制措施等案件信息，接待人员一般即当时口头告知，对需要核实有关情况的，则在次日前告知相关信息。

（三）优化硬件设施，保障律师阅卷权

一是建设了一站式检察服务中心。为律师提供网上申请预约、电子卷宗刻录、文书推送告知、参与信访接待等便捷服务。律师可以通过0315—12309民生服务热线、"北检案管"微信服务号或案件信息公开网等方式预约阅卷、提出交换证据和意见、建议。

二是设置多功能阅卷室。阅卷室共 40 平方米，可以容纳 8 名律师同时查阅刑事案件电子卷宗，提供卷宗免费刻录服务。辩护律师只要"三证"齐全，无须预约，无须等待，当场提出，当场阅卷，阅卷时间可节约 40 分钟/本。对不方便当地阅卷的外地律师，则邮寄送达加密的刻录光盘。

三是开辟独立的律师会见室。为实现律师阅卷和会见互不干扰，设置了专门的律师会见室，用于办案人员会见律师听取意见。听取律师意见以"圆桌会议"形式进行，保证律师在平等的氛围中与办案人员交流。

（四）听取律师意见，保障律师取证权

一是规范听取律师意见的工作要求和方法。研究制定《听取辩护律师意见笔录》和《工作记录》的格式样本，统一工作文书制作。对于在审查逮捕、审查起诉等诉讼阶段，辩护律师要求听取意见的，办案人员能够当面听取的，制作听取意见笔录，附在案卷中备查。不能当面听取的，采用电话、书信等形式，同时制作工作记录。

二是采信律师合理意见保障被告人合法权益。坚持检察官的客观公正义务，对律师提出的无罪、罪轻等辩护意见与有罪证据同等重视，主动调查核实，确保对被告人定罪准确、罚当其罪。

三是主动调查取证夯实指控犯罪证据基础。对辩护律师提出的重要辩护意见，办案人员并不一味依律师申请才收集和调取证据，而是主动调查核实有关证据材料，准确、全面查明犯罪事实。

（五）转变办案方式，保障律师质证权

一是积极探索审查逮捕案件的公开听证程序。审查逮捕职能在检察办案职权中具有相对较强的司法属性，对以公开听证方式办理审查逮捕案件作了初步尝试，将公开听审范围主要限于事实清楚、证据确实的案件，使辩护律师能够集中精力对犯罪嫌疑人社会危险性问题提出证据，充分发表意见。

二是积极探索不起诉申诉案件的公开听证审查。决定不起诉是检察机关具有终结诉讼效果的一项重要职权,为了增强司法程序透明度,保障申诉人代理律师的质证权和辩论权,积极探索不起诉申诉案件的公开听证审查。

三是积极参加庭前会议。庭前会议以控、辩、审三方参加的会议形式开示证据,检察官能够就证据、程序问题充分与律师交换意见,便利律师在庭审中提出实质性辩护意见。

(六)履行监督职责,着力完善权利救济机制

一是建立律师接待工作评价机制。在12309检察服务中心、律师阅卷室、会见室的醒目位置公布保障律师执业权利相关规定和检务督察联系方式,畅通律师投诉渠道。

二是受理控告申诉履行法律监督职责。对辩护律师关于办案机关及其工作人员阻碍其依法执业的申诉、控告,切实履行法律赋予的监督职责,认真审查,及时答复,做好释法说理工作。

三是建立案件回访制度。由督察室、案件管理办公室从律师业务数据库中随机抽取回访案件目录,每季度以电话形式回访接待的律师,查看检察机关接待承诺事项是否依法及时办理,了解律师对网上预约阅卷、案件程序信息推送的知晓情况,听取律师对检察司法个案和整体工作的评价,通过数据核查的方式检验承办人司法办案的质量。

四、检察环节律师权利保障工作存在的问题

基于检察机关和律师在控辩上的对抗关系,律师在办案过程中经常遇到"三难问题",即"会见难、阅卷难、取证难"。最高人民检察院对全国检察机关贯彻执行"两个规定",依法保障律师执业权利情况的专项检查,发现了以下问题和不足:一些基层检察院便利律师参与诉讼和权利救济的基础设施建设不完善,信息化技术保障不到位;阻碍律师依法执业问题较多,但由于一些律师思想上存在顾虑,有的地方法律监督力度不够等因素,导致

到检察机关控告申诉的案件较少；保障律师会见权、阅卷权，听取律师意见等工作还有待加强等。检察机关对律师违法执业的监督途径也有待探索。实践中，少数律师通过搞"舆论审判"，进行误导性宣传、评论，甚至肆意炒作案件，给检察机关依法独立办案施加案外压力，还有极少数律师歪曲事实、伪造证据，诱导、威胁他人提供虚假证据等不法手段干扰检察官办案等。检察机关在保障律师执业权利的同时，也要强化对律师执业活动的监督。

五、在检察一体化视野下，进一步完善律师权利与监督机制

当前检察机关的律师权利保障工作主要通过案件管理部门归口负责律师接待，审查逮捕、审查起诉等办案部门负责保障律师权利实施，控告申诉检察部门负责律师执业权利受到侵犯后的受理、调查、处理、反馈。律师权利保障关乎检察工作全局，实践中我们更倾向于从发挥服务职能的角度实现对律师权利的保障，而监督职能存在弱化倾向。因此要从检察一体化的角度出发，构建律师权利保障新格局。

（一）树立律师权利保障一体化运作理念

坚持检察工作一盘棋的思想，从检察一体化的角度出发，树立内部融合、外部协作的律师权利保障一体化运作理念。检察机关司法办案部门、综合业务部门既要明确职责分工，更要加强协作配合，在保障律师权利的共同目标下，强化部门联动，做好律师权利保障的各项工作。特别是审查逮捕、审查起诉等检察环节要严格落实"两个规定"。

（二）建立专门机构保障律师执业权利

依托12309检察（举报）服务中心，建立律师参与诉讼和权利救济的专门通道，突出律师服务和救济功能，不断升级案件信息公开系统，逐步建立和完善律师身份证明等信息识别系统，提

高电子卷宗制作水平,为律师提供网上申请预约、电子卷宗刻录、文书推送告知、参与信访接待等便捷服务,进一步畅通律师申诉和控告渠道,建立健全维护律师执业权利快速联动处置机制,确保律师执业权利受到侵犯后第一时间受理、第一时间调查、第一时间处理、第一时间反馈,及时有效保障律师依法执业。

(三)构建检察环节律师依法执业的监督机制

检察机关还要对律师执业权利的实现建立起有效的监督制约机制,即检察环节对律师违法违规及犯罪问题防范和处理机制,规范检察官与律师的接触交往行为,及时受理、审查律师违法违规行为,规范律师涉嫌犯罪案件的管理及办案程序,保障诉讼活动顺利进行。检察机关也应加强与司法局的联系,定期召开律师座谈会,及时了解律师基本信息、执业状态的变更情况,对在律师接待过程中发现的律师违法违规违纪行为,及时通报司法局,共同保障律师接待工作顺利开展。

(四)建立良性互动的新型检律关系

检察机关应当主动加强与司法行政机关、律师协会和广大律师的工作联系,通过业务研讨、情况通报、交流会商、定期听取意见等形式,分析律师依法行使执业权利中存在的问题,共同研究解决办法,共同提高业务素质。以业务学习交流为目的,以会议、讲座、论坛为载体,打造双方的沟通平台,促进双方相互尊重、相互理解。开设网上信息平台,开辟控辩双方的沟通渠道,扩大网上服务功能,在线解决律师对案件办理过程中的质疑。

图书在版编目（CIP）数据

检察理论与实践新知. 第一辑/贾志宏主编. —北京：中国检察出版社，2020.12
ISBN 978－7－5102－2531－4

Ⅰ.①检… Ⅱ.①贾… Ⅲ.①检察机关－工作－中国－文集 Ⅳ.①D926.3－53

中国版本图书馆CIP数据核字（2020）第259522号

检察理论与实践新知（第一辑）

贾志宏　主编

出版发行：	中国检察出版社
社　　址：	北京市石景山区香山南路109号（100144）
网　　址：	中国检察出版社（www.zgjccbs.com）
编辑电话：	（010）86423704
发行电话：	（010）86423726　86423727　86423728
	（010）86423730　86423732
经　　销：	新华书店
印　　刷：	保定市中画美凯印刷有限公司
开　　本：	A5
印　　张：	11.625
字　　数：	286千字
版　　次：	2020年12月第一版　2020年12月第一次印刷
书　　号：	ISBN 978－7－5102－2531－4
定　　价：	46.00元

检察版图书，版权所有，侵权必究
如遇图书印装质量问题本社负责调换